STEMPFER, L.

AF259232

LA TERRE
DES PATRIARCHES

OU LE

SUD DE LA PALESTINE

TOME II

Hébron, Bersabée, Désert de Juda, Masada,
Engaddy, Thékoa.

Par l'Abbé MORAND

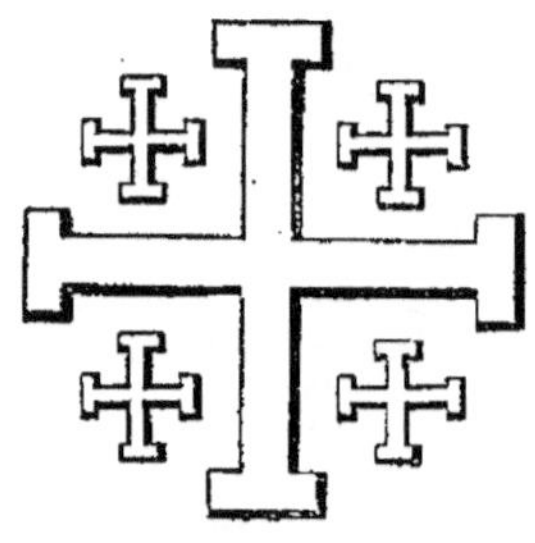

LYON

LIBRAIRIE VITTE ET PERRUSSEL

3, place Bellecour, 3

1883

LA TERRE DES PATRIARCHES

LYON — IMPRIMERIE ALF. LOUIS PERRIN

LA TERRE
DES PATRIARCHES

OU LE
SUD DE LA PALESTINE

TOME II

Hébron, Bersabée, Désert de Juda, Masada,
Engaddy, Thékoa.

PAR L'ABBÉ MORAND

Debeo vobis
Et voveo totum quicquid amore.
F. S. G.

BIBLIOTHÈQUE NATIONALE — R. IMPRIMÉS.

DÉPOT LÉGAL
Rhône
N° 683
1885

LYON
LIBRAIRIE VITTE ET PERRUSSEL
3, place Bellecour, 3

—

1883

 'EXTRÊME *frontière méridionale de la Pales-
tine est encore aujourd'hui peu connue.
Quelques rares voyageurs la traversent en*
venant du Sinaï à Jérusalem par Petra, Bersabée et
Hébron. Les tribus de Juda et de Siméon qui dressèrent leurs tentes dans cet ancien pays de Chanaan
s'en éloignèrent bientôt; la première pour se rapprocher de Jérusalem, foyer de la vie religieuse et
politique; une fraction considérable de la seconde
retourna sur ses pas.

Si de nos jours, un voyage à travers ces mornes
solitudes est pénible et dangereux, il a bien aussi ses
charmes. Notre vie intellectuelle ne se compose que
de réminiscences, puisque le présent nous échappe et
que l'avenir ne nous appartient pas. Les régions jadis
peuplées, maintenant désertes, peuvent donc être pour

celui qui les explore, une source de jouissances par les souvenirs que réveillent leurs ruines : la séduction qu'elles exercent sur notre esprit et notre imagination est en raison du rôle que les habitants de ces contrées jouèrent sur la scène du monde.

La Providence avait amené sur ce petit coin privilégié du globe deux peuples chargés : l'un de répandre la civilisation matérielle, l'autre de conserver l'idée d'un Dieu unique et de faire l'éducation des générations futures par le Christianisme.

Quand on étudie attentivement l'histoire des premiers âges, on s'aperçoit bien vite que les Chananéens et les Hébreux tiennent une large place dans le plan divin du gouvernement du monde, sous des rapports, il est vrai, diamétralement opposés. Les premiers, libres-penseurs de ces époques, venus des bords du golfe persique pour préparer la Judée aux seconds, ne vécurent que par les sens dont ils s'appliquèrent à développer les appétits. Ils n'oublièrent jamais que les descendants de Sem les avaient d'abord expulsés des rives de l'Euphrate et, plus tard, de la Palestine. Aussi quand les ouvriers tyriens travaillèrent au temple de Jérusalem, sous Salomon, pour se reconnaître entre eux et éliminer les ouvriers sémites, inventèrent-ils des signes particuliers qui devaient rester le type de ceux qui sont encore usités aujourd'hui dans la franc-maçonnerie. Avant de disparaître, les enfants de Cham, tyriens, sidonniens, égyptiens, nous ont laissé des ruines de monuments, témoins irrécusables de leur génie et, sous ce point de vue, nous ne pouvons leur refuser un souvenir.

Les libres-penseurs, héritiers des haines jalouses des Chananéens pour les besoins de leur système, prétendent que nous ne devons rien à la famille de Sem, ni en politique, ni en philosophie, ni en poésie, ni en éloquence. Je renvoie le lecteur à la politique sacrée de Bossuet, à l'histoire de la poésie des Hébreux, par Herder; à la Poésie Sacrée des Hébreux, par Lowth; à l'histoire de l'Art judaïque, par de Saulcy. On pourrait ajouter à ces noms celui de Mgr Plantier.

Pendant que les Sémites surent lire l'Ancien Testament, leur livre, Dieu fit couler sur leurs champs le lait et le miel, mais dès qu'ils en perdirent le sens religieux, ils moururent comme nation.

Les peuples modernes qui s'éloigneront de l'esprit de l'Évangile, le livre des chrétiens, pourront connaître ce triste sort, ou par un autre châtiment, revenir à un état de barbarie; alors les enfants des hommes successeurs des Chamites, persécuteront les enfants de Dieu. Il semble qu'il s'engage un duel à mort entre l'esprit et la matière.

La matière a été vaincue deux fois, la première à la chute des empires d'Orient, la seconde à celle de l'empire des césars. Car ces empires n'avaient d'autre système religieux que le panthéisme, la négation de l'esprit. Une troisième tentative commence aujourd'hui. On ne peut refuser une grande habileté aux sectaires qui promènent sur le globe leur désolante doctrine. Ils échoueront tôt ou tard, comme leurs devanciers.

Pendant de longues heures, sous un ciel brûlant, enveloppé d'un tourbillon de poussière que soulevaient les pieds de nos chevaux, je me suis surpris quelquefois à répéter les paroles d'Ézéchiel transporté en songe au milieu d'un champ couvert d'ossements : « Qui soufflera sur ces os arides et blanchis pour les revêtir de chair et leur donner la vie ? » Ma voix n'avait d'autre écho que celle de mon drogman, pressant mes moucres par ces brèves paroles : « Allah rouh, de par Dieu, marche ! »

Les larmes qui tombent dans la mer se changent en perles, dit un conte indien. Celles des religieux catholiques rendront à la poussière du désert sa primitive fécondité ; elles feront descendre d'en haut les bénédictions d'Isaac sur Jacob et Esaü, la rosée du ciel et la graisse de la terre.

On s'étonnera peut-être de mes sympathies pour les Arabes, que plusieurs voyageurs représentent comme pillards, voleurs. A les entendre, cette race ne vivrait que de rapines. Rien de plus faux. Les habitants des déserts, nomades ou sédentaires, font un grand commerce de grains, de bestiaux ; ils sont riches en troupeaux : chevaux, chameaux, moutons, chèvres, brebis. Ils alimentent les marchés d'Hébron, de Jérusalem, de Damas, des villes du littoral de la Méditerranée, d'Alexandrie à Constantinople. Ce sont leurs chameaux qui transportent toutes les marchandises des principales villes du Levant à Bagdad, au golfe persique. Avec ses troupeaux, un Bédouin fait de l'argent quand il veut. S'il a horreur du travail manuel, il fait cultiver la terre par les fellahs et, en général, il traite ses fermiers avec douceur.

Les tribus les plus solitaires sont visitées par des négociants qui achètent des chameaux, des chevaux, des moutons, des brebis, des chèvres, de la laine, du blé, de l'orge, des olives, du sésame et des plantes pour faire du savon. Les troupeaux se multiplient d'une manière incroyable : leurs propriétaires sont de magnifiques déguenillés, il échangent leurs marchandises contre du riz, du café, de la poudre, des fers de lances, du coton, très recherché des Bédouins. Au désert, l'argent est inutile; il ne trouve pas, comme en pays civilisé, des occasions d'être dépensé.

De toutes les familles humaines, la race arabe seule a conservé son indépendance. Un Anglais, venu en Orient pour nouer des relations commerciales avec les tribus des environs de Palmyre, ayant réuni plusieurs scheikhs, leur conseillait de se mettre sous la protection de l'Angleterre. Après avoir entendu l'explication de ce mot protection, tous montèrent à cheval et disparurent. Ibrahim Pacha se faisait illusion quand il disait, en 1841, au colonel Rose, consul anglais : « Jusqu'ici personne n'a soumis les Arabes, je suis le seul à qui ils n'osent plus résister. » Quelque temps après cette affirmation, les soldats égyptiens tombaient sur la route entre la mer Morte et Gaza. J'ai vu, dans ces parages, mes moucres soulever les crânes blanchis des soldats du Pacha avec le bout du canon de leur fusil, et les jeter au loin avec mépris.

Les Arabes sont, dit-on, des sauvages, des hommes sans intelligence. Je ne sais pas si cette classe de gens tout à fait incultes est comparativement plus nombreuse que chez nous, mais ce que je sais, c'est que ces sauvages sont les descendants d'une race qui a écrit son nom sur la mosquée de Cordoue, l'alhambra de Grenade, sur les monuments du Caire et de Damas. Les ouvriers spéciaux que Méhémet Ali fit venir d'Europe pour creuser le port d'Alexandrie et construire des vaisseaux, furent surpris de la rare habileté avec laquelle les Arabes du Nedjed apprirent à travailler le fer et le bois : en peu de temps ils manièrent le tour, le laminoir, tous nos outils, et jetèrent la fonte aux moules.

S'ils mendient c'est parce qu'ils n'ont pas ces établissements de charité qui nourrissent peut-être le quart de la population en Europe. Il est vrai, des guerriers de sentiers, des guerriers de lances, des écumeurs de routes fouillent parfois le midi de la Palestine. Mais, dans les rues illuminées de Paris, de Londres, sous les yeux de cinquante mille agents de la police, des industriels vous débarrassent de votre monnaie, bien plus habilement que l'arami le plus adroit.

Malgré les fatigues de mon modeste genre de voyager, ma vie sous la tente m'a laissé de vives impressions que les années n'ont pas affaiblies. A quoi attribuer la fascination que cette existence errante de l'Arabe exerce sur l'imagination? C'est peut-être parce qu'elle nous rapproche de la vie patriarcale, la vie de nos pères, dont la Bible a tracé un poétique et séduisant tableau. Serait-ce encore parce qu'elle est en harmonie avec les dispositions des âmes tristes et rêveuses, désireuses d'échapper aux réalités de la vie par la solitude et la contemplation?

A l'époque de mon voyage, les ouvrages des savants palestinologues que nous avons aujourd'hui n'avaient pas encore paru. La Bible, l'historien Josèphe, Eusèbe, saint Jérôme, les anciens pèlerins chrétiens et juifs, Reland, Irby et Mangles, Chateaubriand, Michaud et Poujoulat furent mes seuls guides. Pour compléter mes notes, j'ai souvent consulté et cité de Saulcy, de Luynes, de Vogüé, Louis Lartet, Victor Guerin, qui ont demandé aux sciences humaines, surtout à l'histoire profane, à l'archéologie, à l'épigraphie, à la géologie la confirmation matérielle des récits bibliques.

« L'amour de l'étude a créé les voyages, dit saint Jérôme. » Ce mot distingue le voyageur intelligent du simple curieux. Je compte sur l'indulgence du premier.

> Quo magis his debes ignoscere, candide lector,
> Si spe sunt, ut sunt, inferiora tua.

LA TERRE DES PATRIARCHES.

CHAPITRE VIII.

Départ de Bethléhem. — L'oued Ourthas, ancien Etham. — Les
Vasques de Salomon. — Aqueduc. — Légende. — Pays des
Amorrhéens, des Héthéens. — Paysages. — Ruines. — Beth-
sour. — A'in ed-Dirouch. — Fontaine de Saint-Philippe. —
Haloul. — Gad le Voyant.

E sud de la Palestine de Bethléhem à Bersabée
comme la région connue anciennement sous
le nom de désert de Juda, jouissent rarement
d'un calme complet; les diverses tribus qui s'y promènent
avec leurs troupeaux, bien que de la même race, sont
souvent en guerre les unes avec les autres. On se dis-

1

pute la possession d'une source, d'un puits, d'un pâturage : les plus nombreuses abusent de leur force, empiétent sur leurs voisines plus faibles. Les bergers entrent en querelle et souvent en lutte, comme au temps des Patriarches. Tous ceux qui se mettent hors la loi, les proscrits, trouvent un asile assuré dans ces vastes solitudes et prennent parti dans ces guerres de tribus, qui se généralisent rapidement : en un instant ces déserts silencieux retentissent de cris, de coups de feu. Les populations sédentaires ne sont pas plus calmes : celle d'Hébron surtout est animée d'un incroyable fanatisme ; tout étranger lui paraît suspect. Dans des circonstances semblables, ce qui peut arriver de moins désagréable au voyageur, c'est la perte de son bagage ; encore est-il à peu près sûr d'être rançonné par les deux partis. Les Pères de Terre-Sainte sont assez au courant de l'état psychologique de ces nomades. Quoiqu'ils n'eussent pas reçu de mauvais renseignements de ces régions depuis mon séjour à Bethléhem, ils crurent cependant devoir me prévenir qu'une excursion à Hébron, à Bersabée, dans l'ancien désert de Juda, sur les bords de la mer Morte, est dangereuse et très pénible. Quand ils me virent bien décidé à ne pas renoncer à mon projet d'exploration, ils se mirent à ma disposition et cherchèrent à aplanir les difficultés que je pouvais rencontrer. L'important pour moi était d'avoir un bon guide, connaissant le pays et en bonne intelligence avec les scheikhs des tribus du sud et de l'est. Le P. Bruno me dit avoir rencontré chez un Bethléhémite chrétien un bédouin qui lui apportait des coquillages de la mer Rouge ; il pensait que je pourrais peut-être, par son intermédiaire, me mettre en rapport avec cet habitant du désert. Ce fut pour moi un trait de lumière. Motivant ma visite sur mon intention d'acheter des chapelets, j'allai immédiatement à l'atelier du Bethléhémite, et après un marché conclu, je lui demandai d'où il tirait ces fruits et ces nacres. Il me répondit qu'ils lui venaient d'un pays lointain, par un marchand musulman. Là-dessus j'abordai directement la question, je lui développai mon intinéraire, dont l'exécution dépendait d'un conducteur intelligent et fidèle. Le Bethléhémite m'écouta attentivement, puis il me dit : « Le voyage que tu veux faire est très pénible, mais si Alinéba se détermine à t'accompagner, tu n'auras rien à redouter des tribus dont tu traverseras le territoire ; Alinéba connaît tous les scheikhs du sud et de l'est, il est en bonne intelligence avec eux. Ennemi de Méhémet-Ali et de son gouvernement, il a rendu autrefois de grands services à ces tribus insoumises : il les tenait secrètement au courant des forces, des projets et des mouvements des Egyptiens. Vint un moment où ses agissements furent découverts, mais averti à temps, il se cacha dans les cavernes de la mer de Soufre pour laisser passer l'orage ; ses biens furent confisqués, sa femme tuée avec son jeune enfant. Il travaille aujourd'hui à se reconstituer une fortune ; il a fait deux fois le voyage du Caire, souvent celui du Sinaï. C'est tout ce que je sais sur lui. » Je remerciai le Bethléhémite de ces renseignements et le priai de faire part de mon projet à Alinéba. Il accepta gracieusement cette mis-

sion. Je rentrai au couvent très content de la tournure
que prenait ma négociation. J'étais d'avance informé
qu'il n'y avait pas un chrétien à Hébron, et j'avais pris
à Jérusalem une lettre du juif Ruben pour Lévi son co-
réligionnaire, représentant d'une maison de commerce
du Caire.

A quatre heures, pendant que je causais avec le
P. Bruno, Alinéba arriva. C'était un vrai Arabe, élancé,
maigre, bien proportionné, doué de cette dignité native
particulière à sa race ; sa longue barbe un peu grison-
nante lui allait à merveille ; un vaste turban lui couvrait la tête, une abbaya rayée lui enveloppait le corps
emprisonné dans une ceinture jaune et rouge; des
manches fendues de son gilet sortaient des bras nerveux ; il avait déposé sa chaussure à la porte. Je le
reçus avec politesse, assis à l'angle droit du divan,
place d'honneur, faisant semblant de me lever avec
une légère inclination de tête, selon la coutume orientale dans la réception d'un inférieur par son supérieur. Alinéba toucha de sa main droite son front et
sa barbe, la porta ensuite sur son cœur en disant :
« Tout ce qu'il y a d'intelligence dans ma tête est à
toi, et tout ce que mon cœur renferme d'affection,
t'appartient ; si tu me prends pour guide, tu peux
compter sur ma fidélité ; vois ce poignard, il a deux
tranchants, mais ma langue n'en a qu'un ; les pas de
mon coursier seraient plus rapides que ceux de la
mort pour frapper celui qui t'attaquerait ? » Je sais,
lui répondis-je, que ta bouche est fille de la vérité,
cela me suffit.

Nos conventions furent bien vite exposées. Alinéba se chargeait de me procurer des chevaux, d'avertir les scheikhs sur le territoire desquels je passerais et de traiter avec eux. Je n'avais plus qu'à me préoccuper de moi. Après ce simple et net arrêté, on fuma quelques tchibouks et nous nous séparâmes. Le lendemain, un peu avant le lever du soleil, je trouvai mon guide à la porte du couvent avec deux mauvais chevaux, qui, heureusement, ne devaient nous servir que jusqu'à Hébron. Je montai le plus vigoureux. J'avais dans mon porte-manteau quelques livres, des cartes, cinq ou six petits pains, des olives, ma zemzémie pleine d'eau, du thé froid, que je recommande au voyageur. Un chapeau à larges bords, assez semblable à celui de Robinson, m'abritait contre les rayons du soleil. En général, ceux qui traversent ces solitudes s'entourent de gardes, se munissent de firmans et portent d'abondantes provisions. Je n'étais pas assez riche pour voyager aussi luxueusement. Alinéba avait changé son turban contre une kafié à raies jaunes et cramoisies, dont les extrémités garnies de glands flottaient sur ses épaules. Il avait son fusil en bandoulière et un yatagan à sa ceinture.

Nous traversâmes la place qui sépare le couvent de la ville, nous tournâmes à gauche et, un peu avant d'arriver au sommet de la colline, nous descendîmes par le flanc sud dans l'Oued-el-Rahib, vallée des moines, qui prend plus loin le nom de Ta'amirah et court vers la mer Morte. Presque au bas de la colline, sur le revers opposé à Bethléhem, on remarque deux ouvertures pratiquées sur un aqueduc qui traverse un réservoir voûté. J'appris des Arabes que ce puits était alimenté par un canal souterrain venant de loin. La longueur de la corde qui suspendait le sceau servant à puiser l'eau, donnait huit mètres de profondeur. Cette eau est celle de l'aqueduc salomonien qui franchit la vallée El-Rahib sur une boursouflure, à la tête de l'oued au couchant. La pente sud est couverte de vignes, d'oliviers, ainsi que le bas du vallon où la végétation est parfois très abondante. Le versant qui lui fait vis-à-vis est parsemé de figuiers. Un sentier tracé dans un sol pierreux nous conduit sur un plateau crayeux, entouré à droite et à gauche de monticules bleuâtres. Çà et là nous rencontrions quelques broussailles, des îlots de verdure, mais le plus souvent les pieds de nos chevaux heurtaient les affleurements de rochers tapissés de lichens microscopiques, de couleur jaunâtre.

A ma droite, les montagnes semblaient s'élever et se rapprocher. Nous cotoyâmes un mur en pierres sèches qui entourait une vigne au milieu de laquelle on voyait une cabane en forme de tour; les ceps étaient vigoureux, les branches chargées de longues grappes étalées sur un sol d'un jaune d'ocre.

Alinéba me fit un peu appuyer sur la gauche pour aller reconnaître l'aqueduc suspendu aux flancs escarpés de l'oued Ourthas. Par ses nombreuses sinuosités et ses lacets, ce canal parcourt au moins huit fois la distance en ligne directe des Vasques à l'entrée du Haram.

Je laissai à ma droite, derrière les montagnes de

l'est, à cinq kilomètres à peu près, le couvent de Saint-George, le El Khader des Arabes. Il est situé à la naissance et sur le côté occidental de l'oued Bettir. Les Grecs, qui en sont les possesseurs, conservent la chaîne qui lia le saint martyr, laquelle, selon Quaresmius, qui se fait l'écho d'une légende, a le pouvoir de guérir les fous et les lunatiques. Ce monastère, celui de Sainte-Croix et de Mar-Elias, reçoivent des redevances des habitants de Beit–Djalla ; mais les moines fournissent à chaque cultivateur une somme d'argent et des bestiaux pour travailler les vignes et les terres leur appartenant. Le village voisin du couvent est sous sa dépendance. Là, se trouve le point de division des eaux entre la mer Morte et la Méditerranée. Le versant est les jette dans l'oued Ourthas, et le versant opposé les dégorge dans l'oued Bettir.

Félix Fabri visita ce couvent en 1483. Ce n'était alors qu'une masure adossée à l'église et habitée par deux moines qui lui montrèrent l'empreinte du pied du cheval de saint George et la chaîne miraculeuse. Il vit les ruines de l'ancienne habitation encore fort étendues à cette époque. Tandis qu'il se dirigeait vers la chapelle, un Arabe saisit la bride du cheval du pèlerin, l'arrêta, le menaçant de le frapper, s'il ne payait un droit de passage. Un des religieux, compagnon de Fabri, fit observer à ce Bédouin qu'ils étaient pauvres et n'avaient pas d'argent. « Si vous êtes pauvres, vous deux, celui-ci est au moins riche, dit-il, en désignant le voyageur, puisqu'il porte une croix d'argent. Il n'y avait pas d'espoir d'échapper à la rapacité du maraudeur, aussi les moines allaient-ils appeler à leur se-cours le chef de ces travaux, alors ordonnés par le sultan pour amener à Jérusalem les eaux des piscines de Salomon, lorsque l'Arabe, devinant leur intention, prit la fuite.

J'avais déjà vu deux fois les traces de l'aqueduc. Nous descendîmes dans l'oued Ourthas par la pente escarpée du nord-est. Cet oued commence aux Vasques, se dirige au nord-est, puis à l'est, contourne le pâté de collines connues sous le nom de Kharitoun que domine la montagne des Francs et se perd dans la vallée Ta'amirah.

Je passai subitement d'une contrée stérile, rocheuse, désolée à un véritable paradis terrestre. Si nous en croyons la tradition, ce serait dans l'oued Ourthas qu'il faudrait placer le jardin de Salomon, « ce jardin fermé » du Cantique des Cantiques, créé par le plus fastueux des rois, séjour délicieux auquel il compare sa bien-aimée. Josephe nous raconte que le puissant monarque, vêtu de blanc, monté sur un char, escorté de ses gardes, venait chaque matin se promener sous ses ombrages frais et parfumés. Sans doute, c'était le lieu choisi pour l'étude de ses fleurs, que Salomon nommait toutes par leur nom, dont il connaissait la structure et les mœurs, depuis la plus humble jusqu'à l'arbre le plus superbe que ses navigateurs lui apportaient des îles et des contrées lointaines. Sans doute, ce fut là aussi qu'il composa le *Cantique des Cantiques*, et ses écrits pleins de comparaisons tirées des plantes et des arbres.

L'imagination la plus riante et la plus féconde ne dépasserait pas la réalité en décrivant la beauté de l'oued Ourthas. Réunissez dans un seul lieu les plus beaux paysages qui ont captivé vos regards, plantez dans ce coin de terre les arbres les plus rares, répandez à pleines mains les fleurs les plus odorantes, faites jaillir d'un rocher sous la mousse une source limpide qui coule sous les orangers, les myrtes, les grenadiers, les vignes, qui abreuve ces mille fleurs que Flore éparpille là où il y a de l'eau, de l'ombre et de la chaleur, vous n'aurez qu'une idée imparfaite de cet Eden.

Robinson avoue, qu'il n'a pas vu en Asie un site plus enchanteur. Des montagnes sourcilleuses, sévères, âpres, mais richement nuancées, encadrent ce tableau. Une chose seule le dépare : c'est le kiosque d'un juif devenu protestant. La couleur rose et l'architecture rococo de ce bâtiment contraste étrangement avec les teintes du paysage, et plus encore avec les souvenirs. Ce juif avait pris, pour exploiter son jardin, huit ou dix américains de Philadelphie, qui, un beau matin, ne pouvant résister à l'esprit d'en haut, quittèrent leur patrie, traversèrent l'Océan, arrivèrent à Ourthas, prêchèrent, tout en donnant des leçons d'agriculture, à des Arabes ignorant leur langue. Mais bientôt réduits à la plus affreuse misère, mourant de faim, ils se disputèrent avec le juif protestantisé, se sauvèrent à Jaffa, victimes d'hallucinations devenues rares aujourd'hui, mais très communes autrefois parmi les sectes dissidentes. Depuis mon retour, un riche Anglais est venu s'établir à Ourthas. A la culture des fleurs, il a joint celle des pommes de terre, qui lui donnent huit récoltes par an. La nation anglaise est celle qui fournit le plus d'écrivains cherchant à infirmer les traditions catholiques et niant l'antique fertilité de la Terre-Sainte, tant affirmée par la Bible. Mais voici que la Providence amène ici un jardinier, sorti de l'Angleterre, qui prouve à tous ceux qui veulent ouvrir les yeux, que cette terre, quand elle est cultivée, est d'une fécondité inépuisable, car il est impossible de trouver sur le globe un sol plus abondant en fruits, en arbres, en légumes. Deux sources qui ne tarissent jamais, A'in Ourthas et A'in Etham, arrosent ces jardins. D'où viennent ces eaux ? On découvre partout dans la vallée et les environs des vestiges de canaux, qui les amenaient et les réunissaient sur un seul point.

Une grotte sépulcrale, les fondations d'une tour carrée, un mur en pierres brutes, un rocher taillé sur trois faces, première assise d'un édifice salomonien, deux croix remontant aux Croisades, un fragment de moulure, une salle de bains ornée de colonnes de marbre blanc de style corinthien et, à côté, un réservoir, voilà tout ce qui reste aujourd'hui des siècles passés. Les débris gothiques, les voûtes effondrées que vit Cootwich, ne sont plus.

Ibrahim Pacha fit brûler Ourthas en 1834, pour punir les habitants d'avoir pris part au soulèvement des habitants de la Palestine. Le village a été reconstruit sur le flanc nord de la colline, au milieu des ruines du premier. Les quelques Arabes qui n'ont pu rebâtir leurs maisons, se réfugient dans des cavernes.

Une de ces grottes abrita Samson après qu'il eut battu les Philistins. C'est là que trois mille hommes de la tribu de Juda vinrent le prendre, le lièrent étroitement et le livrèrent à ses ennemis. L'hercule juif brisa sa chaîne. Il est question d'Etham dans Josué et les Paralipomènes. « J'ai élevé des ouvrages magnifiques, dit l'Ecclésiaste, j'ai bâti des maisons, et j'ai planté des vignes. J'ai fait des jardins et des vergers, et je les ai remplis d'arbres de toute espèce. J'ai creusé des réservoirs pour arroser la forêt de mes jeunes arbres. » De tant de magnificences il ne reste qu'un souvenir, un regret. Roboam fortifia cette ville d'Etham, dont le nom ne se retrouve plus ensuite dans l'Écriture. Pendant plusieurs siècles les voyageurs n'en font plus mention.

Après un moment de repos sous de frais ombrages, je regagnai la cime de la colline; de là, on peut se rendre compte de la topographie des lieux en les parcourant du regard. L'oued Ourthas se creuse profondément en fuyant au nord, se divise en deux branches au-dessus du village : l'une vient du sud-sud-ouest; c'est, je pense, la continuation de la vallée El-Tuheishémeh, cachée par les montagnes du midi; l'autre arrive de l'ouest des Vasques de Salomon, aux pieds desquelles une troisième vallée aboutit encore sur la gauche. Toute cette région supérieure, stérile, déboisée, est mouchetée de blanc, de jaune, de larges taches rougeâtres.

Les piscines El-Bourak, les étangs, sont trois immenses réservoirs superposés; ils sont évidemment de la plus haute antiquité, bâtis en pierres carrées, dans la partie la plus escarpée d'une vallée, à son sommet, du côté du couchant. Leur axe n'est pas sur la même ligne. Ils se vident complètement l'un dans l'autre : car le fond du plus élevé est de niveau avec la surface de l'eau du second quand il est plein ; il en est de même de celui-ci avec le troisième. On voit par les traces des eaux qu'ils s'exhaussent graduellement, en suivant l'inclinaison de la vallée, en sorte que, quand ils débordent en bas, l'eau n'atteint pas les bords de l'extrémité opposée. La surface du fond coupée dans le roc vif n'est pas plane, mais présente une série de paliers ou de ressauts sans régularité jusqu'aux premières assises des murs d'enceinte, à peu près perpendiculaires. Derrière ces murailles se trouvent de la terre ou le roc taillé et nivelé, une couche de mortier très dur. Un ciment très puissant revêt tout l'intérieur de ces bassins.

Voici les dimensions de ces réservoirs :

Ils occupent une étroite vallée qui descend par trois étages bien marqués de l'ouest à l'est avec une légère déviation. Je commence par la vasque inférieure, c'est-à-dire à l'orient.

Piscine inférieure :

Longueur	177	mètres.
Largeur à son extrémité orientale	83	—
Largeur à son extrémité ouest	45	—
Profondeur à son extrémité est	15	—

Piscine du milieu :

Entre celle-ci et la précédente il y a	49	mètres.
Longueur	129	—
Largeur à son extrémité orientale	70	—
Largeur à son extrémité ouest	30	—
Profondeur à son extrémité est	12	—

Piscine supérieure, la plus occidentale :

Distance de la précédente	49	mètres.
Longueur	116	—
Largeur moyenne	60	—
Profondeur à l'est	8	—

Il y a dans les environs d'Aden des réservoirs plus vastes que ceux de la Judée, attribués à Salomon. Les habitants des pays chauds se sont toujours ingéniés à trouver des moyens pour conserver les eaux, soit celles des sources, soit celles du ciel.

La vasque supérieure, c'est-à-dire la plus occidentale, et la vasque inférieure ou la plus orientale sont étayées en dedans par des contreforts pour résister à la poussée des terres. Celle du milieu est creusée dans le roc vif et par étages, en retraits les uns sur les autres; les contreforts lui sont inutiles. On descend dans la première par un escalier à l'angle sud-est; dans la seconde par deux escaliers, l'un placé à l'angle nord-est, l'autre à l'angle nord-ouest; de même pour la troisième où l'on a accès par un premier escalier à l'angle sud-est, et par un second à l'angle nord-est.

Après avoir achevé ces réservoirs, Salomon pouvait dire dans l'Ecclésiaste : « J'ai fait des choses magnifiques. »

Les murs qui séparent ces vasques sont en solide maçonnerie, en blocs plus gros que l'appareil latéral. Ils ont été dans ces derniers temps l'objet d'un examen sérieux et consciencieux d'hommes compétents, tous s'accordent à dire qu'ils remontent à Salomon. C'est sans doute à ces étangs qu'il fait allusion dans l'Ecclésiaste cité plus haut. Le grand roi se servit utilement des flancs rapprochés de deux montagnes réunies au moyen d'un barrage, en sorte qu'il recueillit facilement et arrêta les eaux pluviales des hauteurs et des sources voisines. Ces travaux immenses, que complètent d'autres travaux au sud et à l'ouest sont encore aujourd'hui dans un bel état de conservation, et font l'étonnement et l'admiration des voyageurs. Les réparations modernes, d'ailleurs insignifiantes, se reconnaissent aisément.

En partant de l'angle nord-ouest de la seconde vasque, on voit un ruisseau sortir d'un canal effrondé et tomber dans un bassin ouvert ; de là, il retombait autrefois dans le réservoir après l'avoir longé quelques pas. Nous suivîmes ce cours d'eau indiqué par une traînée de plantes couvertes de fleurs, puis un sentier à peine tracé au milieu de champs incultes, et nous arrivâmes à l'orifice d'un trou ou d'un puits caché sous les broussailles. C'était l'entrée de la célèbre fontaine Scellée du Cantique des Cantiques, l'A'in Saleh des Arabes, qu'un beau figuier ombrageait en 1598. Alinéba s'engagea le premier dans cet entonnoir, je le suivis sans hésiter. Je dois avouer que je n'aperçus pas les marches d'escalier signalé par les voyageurs ; je me laissai glisser le long d'un rapide couloir et j'arrivai au bas plus vite que je ne m'y attendais. Nous allumâmes une bougie, et quand mes yeux furent habitués à cette demi-obscurité, je reconnus que j'étais sous des galeries voûtées en plein cintre, formant presque une croix. Les deux branches principales se dirigent de l'ouest-nord à l'est-sud ; celle de l'ouest-nord a quinze mètres de long, celle de l'est-sud, douze. Elles sont coupées à angle droit par un autre bras plus court qui aboutit à l'entrée. Les voûtes ont six mètres de haut, quatre de large ; l'appareil sans ciment se fait remarquer par la régularité des assises et le jointoyage ; elles étaient jadis couvertes de mosaïques. C'est de la branche de l'ouest-nord que jaillit la source, du pied d'un rocher abrupt, d'un blanc semé de taches couleur de rouille, contre lequel s'appuient les murs latéraux. « Ces chambres, dit Maundrell, sont couvertes de belles arcades de pierre ; peut-être l'ouvrage même de Salomon. »

Le petit ruisseau coule sur un lit rocheux parsemé de pierrailles et de cubes de mosaïques. A l'extrémité opposée à la source, l'eau pénètre dans un canal souterrain qui l'amène à l'angle nord-ouest de la vasque supérieure, où elle n'entre pas de suite, mais tombe dans un bassin artificiel pour s'y diviser. Une partie de l'eau arrive à un aqueduc le long des rives nord des réservoirs, tandis que l'autre s'engouffre dans une chambre voûtée de dix-huit mètres de long, sur deux et demi de large, et à l'extrémité de laquelle elle rencontre un dégorgeoir carré, aboutissant au réservoir supérieur. L'aqueduc cité plus haut continue sa course le long des côtés nord des étangs, versant la moitié de ses eaux dans celui du milieu et l'autre dans le troisième.

Il semblerait que ces réservoirs n'étaient pas alimentés par cette fontaine seule, car on trouve dans la vallée du sud un canal descendant rapidement à l'est, et se dirigeant à l'angle sud-est de la vasque inférieure. Alinéba me dit qu'il avait entendu parler d'une belle source dans ce vallon du midi, mais que déviée de sa route par des pierrailles, elle avait pris une autre direction jusqu'ici ignorée. Plus bas, il y a encore des traces d'un autre tunnel dans ce même oued, arrivant aux pieds des étangs. Mon guide me conduisit sur les bords d'une source dont l'eau se mêle à celle qui sort des bassins.

A l'extrémité orientale de la vasque inférieure on a construit un énorme arc-boutant, dans lequel on a ménagé une chambre voûtée qui recueille toutes les eaux et les laisse s'en échapper.

L'aqueduc qui alimentait d'eau Bethléhem et Jérusalem avait à la naissance trois branches : la première venait du nord-ouest de la fontaine Scellée, la seconde de l'extrémité orientale du réservoir inférieur, et la troisième de la vallée du midi.

Autour de ces bassins, on remarque partout des rigoles creusées dans le rocher pour y amener les eaux pluviales.

Les chambres voûtées, les galeries, les couloirs, les
tunnels, les aqueducs, les puits, ne sont pas tous découverts dans les environs des vasques; des fouilles
conduites avec intelligence auraient d'heureux résultats pour la science. Les Chananéens, les Patriarches,
les Juifs, convaincus qu'avec l'eau, le sol de la Palestine était inépuisable, n'épargnèrent rien pour la recueillir, l'utiliser. L'eau des sources était sacrée jadis
comme encore aujourd'hui.

En 1483, le soudan Cath-Ouba ordonna d'immenses
travaux au sud des réservoirs. Il voulait y amener les
eaux des sources d'Hébron, pour les conduire ensuite
à Jérusalem. D'innombrables travailleurs vinrent de
l'Egypte; ils coupèrent des montagnes, comblèrent
des vallées, construisirent des aqueducs, des puits.
On répara les anciens canaux, on en créa de nouveaux, le soudan prodigua l'or, l'argent, les sueurs
de ses peuples pour arriver à son but. Les Juifs
crurent qu'il voulait les rappeler à Jérusalem, et
reconstituer leur nationalité; les Chrétiens pensèrent
que ce renégat tourmenté de remords, se repen-
tant de son apostasie, avait l'intention de revenir
à la religion qu'il avait abjurée et de rendre la Ville
sainte aux disciples de Jésus-Christ; les Musulmans
s'imaginèrent que Jéruralem deviendrait la capitale de
l'Islam. Les vestiges de murs, de tunnels, de puits qu'on
rencontre de loin en loin dans ces parages appartiennent sans doute à cette époque.

Soliman le Magnifique fit quelques réparations à
l'aqueduc d'Etham, en 1577; on lit, en effet, dans l'ou-

vrage d'un pèlerin juif, intitulé *Jechus - ha - Abot* : « Maintenant dans l'année 5297, c'est-à-dire 1537, on entreprit d'élever les murailles de la ville, par ordre du sultan Soliman dont Dieu veuille exalter la gloire. On a fait dériver une grande source dans le temple. »

Voici, d'après M. de Saulcy, le tracé de l'aqueduc depuis les vasques jusqu'au Haram à Jérusalem. « A partir de la vasque inférieure, l'aqueduc longe, pendant près d'une lieue kilomètrique, le flanc nord de la vallée d'Urtâs : il monte ensuite au nord, en contournant de nombreux ravins pendant trois kilomètres jusqu'à Beit-Lhem, qu'il enveloppe complètement par un lacet de près d'une lieue, pour reparaître au nord de Beit-Lhem, à quatre cents mètres au plus du point où il s'est infléchi et redescendre au sud-est, afin de tourner autour du village ; puis il remonte au nord pendant une lieue environ. Arrivé à un kilomètre au sud de Bar Elias, il court au nord-est, sur une longueur de deux kilomètres, fait un contour de quinze cents mètres en redescendant au sud, et remonte ensuite au nord-ouest, sur une longueur de cinq kilomètres. Là, il traverse le Birket-es-Soulthan sur un pont-aqueduc, contourne ensuite le mont Sion pour entrer dans les flancs de cette montagne. Il vient ensuite déboucher daus l'escarpement du roc qui dominait le Xistus et la vallée du Tyropæon, à l'ouest du temple, c'est-à-dire du Haram Ech-Cherif. La sortie de l'aqueduc est encore très bien conservée en ce point, mais à partir de là, il est complètement ruiné et a disparu. Depuis la source El-Bourak jusqu'à ce point, le développement total de l'aqueduc de Salomon est de vingt kilomètres au moins, et ce chiffre est certainement exact, à un kilomètre près. »

Sans tenir compte des nombreux accidents du sol, cet aqueduc traverse deux dépressions considérables dans son parcours : la première au sud et l'autre au nord de Bethléhem, et une profonde vallée, celle de Hinnom. Des réservoirs à Bethléhem, il conserve une pente insensible au milieu de cette contrée montagneuse, mais au-delà il monte et descend. Il est ouvert de distance en distance sur les crêtes, quelquefois profondément enfoui sous terre ou à la surface, et alors l'humidité qui s'en exhale abreuve une multitude de fleurs. On croit qu'il se divisait en deux branches avant d'entrer dans la ville, car l'architecte anglais John, en creusant les fondations du temple protestant, découvrit à plusieurs mètres sous terre, d'abord une chambre voûtée et, au-dessous, un aqueduc ancien qu'il suivit pendant soixante mètres dans la direction du couchant. Ce canal, tantôt creusé dans le roc, tantôt en maçonnerie cimentée à droite et à gauche, d'un pouce d'épaisseur et couvert de grosses pierres, n'a pu avoir d'autre destination que celle de fournir de l'eau potable, puisqu'il est percé de distance en distance pour permettre d'y puiser.

Près des réservoirs, les tuyaux de conduite sont en terre cuite et enfermés entre des pierres façonnées à cet effet, le tout cimenté et recouvert d'une bonne maçonnerie. Plus loin, ce n'est plus qu'un tube en pierres noyées dans le ciment. Voici comment s'exprime

Maundrell sur ce travail qu'il croit remonter à Salomon : « Les pierres des tuyaux sont entaillées l'une dans l'autre avec un filet tout autour de la cavité, pour empêcher que l'eau n'en puisse sortir. Outre cela, les pierres sont attachées ensemble par un ciment si fort, qu'on les romprait plutôt que de les séparer, bien que cela soit une espèce de marbre grossier. De plus, ces pierres étaient encore couvertes d'autres pierres plus petites en forme d'étui, avec du mortier très fort »

« Le canal, dit M. de Saulcy, taillé dans des blocs enterrés, est recouvert par d'autres blocs qui s'enchevêtrent à l'aide de petits arceaux circulaires, alternativement en saillie et en creux, de dix centimètres d'épaisseur. Les blocs ont un mètre de largeur, de quatre-vingts à quatre-vingt-dix de hauteur. On ne peut m'apprendre d'une manière bien précise, où aboutit cet aqueduc. L'enfant qui m'accompagne prétend qu'il relie les Bouraks, c'est-à-dire les fameuses vasques de Salomon à la ville de Jérusalem, où il apporte leurs eaux. Quoique dépouillé presque partout de son revêtement, cet aqueduc conduit encore de l'eau très pure. »

Arculphe est l'écrivain le plus ancien du moyenâge qui ait fait mention de l'aqueduc, et encore ne parle-t-il que d'un pont jeté sur la vallée de Hinnom, mais évidemment il a voulu décrire le canal passant sur ses arches. En 1336 et 1350, Guillaume de Baldensel et Ludolphe de Suchem racontent que les citernes de Jérusalem se remplissaient d'eau venant d'Hébron par un canal souterrain. Le journal de Gumpenberg, en 1449, rapporte le même fait, et, en 1483, Félix Fabri s'exprime de même. Un peu plus tard, Cootwich décrit les Vasques et l'aqueduc d'une manière plus explicite que ses prédécesseurs.

Les Talmudistes et les pèlerins s'accordent à dire que l'eau arrivait d'Etham à Jérusalem pour le service du temple. Il y avait sur la plate forme de l'édifice sacré un réservoir dont la situation correspondait à la chaussée sur laquelle l'aqueduc actuel traverse l'ancien Tyropæon pour parvenir au Haram. Isaac Chelo pense que les eaux de la fontaine d'Etham étaient conduites à Jérusalem par de solides tuyaux. Uri de Briel, en 1575, est du même sentiment.

J'ai vu l'eau de la fontaine Scellée sortir de la source, entrer dans l'aqueduc, au point où l'oued Ourthas se courbe brusquement et prend la direction de l'est; je trouvai le canal découvert, plein d'eau. C'est cette même eau qui traverse un bassin ou plutôt un puits en bas et au sud de Bethléhem ; c'est encore le même courant que M. de Saulcy et Robinson ont observé un peu au-dessous du tombeau de Rachel, et, plusieurs fois sur le mont Sion, je me suis rafraîchi les mains et le front avec l'eau que je puisai dans l'aqueduc.

Nul doute que ce canal ne soit aussi ancien que les Vasques, et qu'il ne remonte à l'époque salomonienne. Il complète une série de travaux admirables ayant pour but d'alimenter Jérusalem et de fournir aux Lévites l'eau nécessaire aux cérémonies religieuses. L'irrigation des jardins n'était qu'un accessoire. Le caractère de la construction indique une haute antiquité :

c'est l'opinion de presque tous les savants voyageurs.
Il n'y a rien dans le style de ce travail qui puisse le
faire regarder comme étant d'une époque romaine
quelconque. Ce n'est pas un ouvrage byzantin, ni du
temps des Croisades ; les chroniqueurs de ces guerres
n'en parlent pas ; c'est encore moins une construction
sarrasine ou turque.

Schultz, consul de Prusse à Jérusalem, a lu, sur le
pont de la vallée d'Hinnom, une inscription arabe,
dont voici la traduction : « Au nom du Dieu très miséricordieux, le seigneur sultan, El-Melik-en-Nasser-Me-
hamed, seigneur de la foi, commandeur des croyants,
fils du sultan El-Melik-el-Mansour Kelaoun, a ordonné
la construction de cet aqueduc béni. » Malheureusement, la pierre qui portait la date a été brisée. Mais
le sultan Mansour Kelaoun, de la dynastie Mamelouk Be-
harite, régnait entre 693 et 741 de l'Hégire, 1294 à
1340 de l'ère chrétienne. Ce sultan ne fit que réparer
cette partie de l'aqueduc, puisque, d'après Arculphe,
il existait en 697 de Jésus-Christ.

Williams, voyageur anglais, croit que Ponce Pilate
donna le plan de cet ouvrage et le fit exécuter ; il s'appuie sur un passage de Josephe, dans lequel l'historien raconte que ce procurateur romain se rendit
odieux aux Juifs parce qu'il employa le trésor sacré à
amener des eaux à Jérusalem d'une distance de 400
stades. Il n'y a pas, ajoute le savant auteur d'Holy City,
des traces d'un autre aqueduc qu'on pourrait lui attribuer, traces qui seraient arrivées jusqu'à nous, puisque ce travail fut considérable et comparativement

moderne. Mais il n'y a rien de romain dans cette construction, suivant les hommes compétents en cette matière. Le texte de Josephe est peu explicite, il dit que
le gouverneur romain amena des eaux dans la ville ; il
jeta sur la vallée le pont à neuf arches, et tout au plus
il fit quelques réparations à l'ancien canal, alors peut-
être détérioré en plusieurs endroits comme il l'est encore aujourd'hui.

On a prétendu que les voûtes cintrées d'Ain Saleh
ne peuvent pas remonter au-delà de l'époque romaine,
parce que ce genre de voûte était inconnu aux anciens, qu'elles datent, par conséquent, de Ponce Pilate. Mais M. de Saulcy et plusieurs archéologues, regardent comme appartenant aux rois de Juda les voussoirs à l'angle sud-ouest du Haram-ech-Cherif, restes
du pont Xystus.

« Cette opinion, ajoute M. de Saulcy, reporte un
peu plus haut l'emploi de la voûte, eu égard à l'opinion généralement adoptée, faute de faits contraires
bien constatés, que l'usage de la voûte est postérieur
de plusieurs siècles à l'époque que le pont salomonien
lui assigne. Une fois de plus, les théories conçues au
fond d'un cabinet d'étude, auront reçu un démenti ;
il n'y a rien là qui doive nous étonner. Au reste, j'a-
jouterai, pour épargner un ennui à ceux qui seraient
tentés de s'inscrire en faux contre ce fait architec-
tural incontestable, qu'une magnifique voûte, de douze
mètres de hauteur sous clef, a été retrouvée tout ré-
cemment par mon ami M. V. Place, dans les merveilleuses fouilles de Ninive. Il faudra bien pour celle-là,

qu'on lui attribue à tout au moins six cent vingt-cinq ans d'antériorité à l'ère chrétienne, puisque l'an 625 avant Jésus-Christ est la date de la destruction de Ninive. »

En attribuant à Ponce Pilate la construction d'Ain-Saleh et de l'aqueduc, il faut aussi lui attribuer les excavations des Vasques, et tous les travaux identiques des environs, ce qui n'est pas admissible, ne repose sur aucun document et est contraire à une tradition constante, qui attache le nom de Salomon à ces gigantesques travaux, dont l'exécution a dû avoir lieu dans un temps de splendeur, et non pas à une époque où Jérusalem était en pleine décadence.

J'ai lu quelque part qu'Abou Nabout, le Père du bâton, gouverneur de Jaffa, fit réparer un canal par ordre de Soliman, pacha d'Acre. En 1856 et en 1860, Kiamil et Souraya, gouverneurs de Jérusalem, réparèrent l'aqueduc et amenèrent les eaux d'Etham dans les bassins du Haram. Mais, en 1863, les Bethléhémites brisèrent ces conduits pour se servir de l'eau des vasques. Quand l'aqueduc est coupé, l'eau n'arrive plus, quand la coupure est réparée, elle continue son cours.

Le Kelaah-el-Bourak, le château des Etangs, est situé au nord sur une petite plaine. C'est un édifice carré, crénelé, avec une seule porte au couchant, du côté de la fontaine Scellée ; cette porte s'ouvre sur une cour intérieure. Il paraît qu'il y a eu autrefois ici un bâtiment destiné soit à garder les eaux, soit à repousser les Bédouins, servant peut-être aussi de kan aux cara-

rannes de Jérusalem à Hébron. En 1598, Cootwich
rouva ce fort ruiné et dans les débris un fragment
gothique. D'après Surius, en 1648 il renfermait une
garnison. Doubdan et Maundrell parlent de ce château
qui, lorsque Mariti le visita, était la résidence d'un
Arabe, chargé de percevoir un impôt sur les voyageurs. En 1834, les Bédouins battirent Ibrahim Pacha
près de là. Les murs sont en appareil ordinaire, de
couleur sombre; ils entourent une cour carrée autour
e laquelle règne une galerie voûtée, appuyée sur
uatre piliers et quatre colonnes alternant. Les piliers
'angles ont des colonnes engagées. Au second étage,
a galerie n'a pas de parapet. Les arcades basses et
outenues par des colonnes de divers diamètres, cou-
onnées de chapiteaux tellement frustres, qu'il est dif-
cile à dire à quel style ils appartiennent, paraissent
ur le point de s'écrouler. Les portes sont en mauvaises
lanches; en montant les premières marches de l'es-
alier, qui est au sud-est, on remarque dans le mur
ne pierre chargée de caractères arabes, au-dessus
n commencement de palme et un fragment de rinceau.

Quand je visitai ce castel, il était gardé par une fa-
ille arabe, logée dans une chambre supérieure; qua-
re petits enfants se vautraient dans la poussière à côté
e leur père.

Entre ce bâtiment et la fontaine Scellée, le sol est
arsemé de gros cubes de mosaïques, comme ceux
u'on rencontre sur l'emplacement d'anciens édifices:
e qui indiquerait l'emplacement d'une cité ancienne,
eut-être l'Etham biblique.

1.

Effendi, veux-tu entendre une légende, pendant que tu déjeuneras? me dit Alinéba, en me servant des olives sur une feuille de figuier. — Oui, commence! Alors tout en dégustant des findjanes de café et en fumant son narghileh, mon guide me raconta l'histoire suivante :

« Il y a de cela bien des années, vivait un vieillard nommé Elias. C'était un bon musulman, faisant régulièrement son namaz et récitant sans trop de précipitation les quatre-vingt-dix-neuf attributs d'Allah. Un jour que, prosterné le front contre la terre, il déplorait l'aveuglement des hommes, il voit devant lui, en se relevant, une forme humaine, noyée dans une vapeur diaphane et parfumée; puis il entendit ces paroles : Elias, je suis le Miséricordieux; mon œil ouvert sur tous mes enfants te contemple avec amour, car je n'ai pas sur la terre un plus fidèle serviteur : chaque jour ajoute à ta couronne une perle que mes anges vont chercher au fond de l'Océan, où elles se forment de la lumière condensée; je te choisis pour aller annoncer mes intentions aux hommes et ramener les égarés dans la bonne voie; mais comme les méchants sont incrédules des signes de ma puissance te suivront. Va! et partout où tu passeras, des arbres sortiront spontanément de la terre, des fleurs naîtront sous tes pas, toute la nature se revêtira de la plus riante verdure. Elias demeura un instant sans parole, les yeux au ciel, les mains sur la poitrine. Il se mit aussitôt en devoir d'accomplir sa mission. Tout autour de lui reverdissait, on ne l'appela plus que le prophète Verdoyant.

Les hommes devinrent-ils meilleurs ? je n'en sais rien.

« Un scheikh, propriétaire de la montagne pelée que tu vois au couchant, calcula de suite le profit qu'il pourrait tirer d'Elias ; il voulait l'avoir à sa disposition, non pas pour régler sa conduite et ses mœurs sur celles du favori d'Allah, mais pour augmenter ses richesses. Il aposta trois de ses esclaves sur le chemin du Verdoyant, avec l'ordre de l'arrêter et de le lui amener. Il fut ponctuellement obéi. Je connais ton pouvoir merveilleux, lui dit le scheikh, regarde ces champs arides, ils m'appartiennent, tu peux les couvrir de gras pâturages, mes nombreux troupeaux en ont besoin ; demain nous ferons une promenade ensemble, tu auras soin de répandre tes bénédictions sur cette terre brûlée, en attendant tu passeras la nuit dans une cellule, où tu réfléchiras à ton aise.

« Le matin, le scheikh se fit amener le prophète ; pour qu'il ne put se dérober, il lui mit au cou une chaîne dont il tenait l'extrémité et lui ordonna de marcher devant lui. Mais il arriva que tout séchait sous les pas d'Elias. Les moissons se couchaient, les arbres languissaient et mouraient. Vous comprenez, Effendi, que ce n'était pas ce que le mécréant avait espéré, aussi outré de colère il menaça le Verdoyant de le jeter dans les Vasques ou de le tuer. Le malheureux vieillard, accablé de fatigue et de soif, supplia son bourreau de le laisser descendre dans la fontaine Scellée. L'impie y consentit, se promettant bien de ne pas abandonner le bout de la chaîne ; il pensait aussi que cette condescendance rendrait son captif plus traitable. Dès qu'il fut sous la voûte, le canal s'élargit, la chaîne s'allongea, puis se rompit, le chemin se fermant derrière lui, le sépara à jamais de son persécuteur, qui mourut peu après dans un accès de folie. Le prophète but de l'eau de la fontaine : c'était l'eau de l'immortalité. »

Pendant cette histoire, un enfant m'avait apporté d'Etham un rayon de miel, enveloppé d'une feuille de mûrier, sur un fragment d'écorce. En visitant cette oasis, j'avais remarqué de nombreuses fissures dans un rideau de rochers d'où sortaient des abeilles ; là étaient des ruches intérieures, peut-être contemporaines des Vasques de Salomon, car à moins de faire jouer la mine et de déchirer une large partie du roc, il n'est pas possible de prendre ce miel caché dans les entrailles de la montagne. Il y a encore aujourd'hui beaucoup d'abeilles sauvages en Palestine. J'en ai trouvé près des Vasques, à Thékoa, à Saint-Jean-du-Désert, à Bersabée. Marin Sanutus raconte que les soldats d'Edouard Ier moururent après avoir mangé une trop grande quantité de fruits et de miel.

Pour peindre l'abondance du lait et du miel en Palestine, on a employé diverses images ; si le lait n'y coule plus comme autrefois, on peut dire que le miel y est encore aussi abondant qu'à l'époque de Jonathas et de saint Jean-Baptiste. L'abeille de la Terre-Sainte diffère sous quelques rapports de celle de l'Europe. Excepté peut-être dans le nord, on ne trouve pas ici l'*apis mellifera*, l'espèce domestique de nos contrées ; mais l'*apis ligustica* qui peuple les ruches, les rochers et les troncs des vieux arbres. Elle est plus petite que la nôtre, le thorax et l'abdomen sont ornés d'une raie d'un jaune très éclatant, avec de longues antennes, elle est assez semblable à la guêpe quant à la forme. Les essaims sortent en automne ; dans chaque communauté, il y a beaucoup de neutres ; l'aiguillon de cette abeille est fort aigu, la piqûre douloureuse, son vol est rapide, strident. Les Bédouins du désert de Juda vendent leur miel à Jérusalem.

Les environs des réservoirs sont peuplés de perdrix, d'alouettes des bois, de chardonnerets, de loriots, de linottes, qui viennent s'abreuver aux sources, se remisent et nichent dans les broussailles ; les rochers sont pleins de hibous vivant en bonne intelligence avec de petits aigles qui percent les airs de leurs cris.

On n'était plus au printemps, quelles fleurs avaient couvert le sol avant que nous l'ayons foulé ? On dit qu'à cette époque les alentours des Vasques se couvrent littéralement de fleurs : ce sont des adonis que les Arabes appellent pleurs de Jésus, une grande variété d'iris, de cyclamens, de lychnis, de rosa cœli, d'anemona coronaria, de lis, de cistes, de scabieuses, de auges.

Notre exursion ou plutôt notre étude des lieux était terminée, nous remontâmes à cheval et nous nous avançâmes au sud-ouest, au milieu de hautes herbes sèches, chargées d'aigrettes blanches et de fleurs rouges ; nous doublâmes la Vasque supérieure et nous gravîmes les flancs de la colline opposée ; nous nous avançâmes au-dessus d'une crête que nous suivîmes un instant. Cette contrée, en apparence stérile, parsemée de rares arbustes, se tapisse spontanément de verdure aux premières pluies d'hiver ; en examinant le sol avec attention, j'y remarquai des detritus de graminées très variées. Les collines, les oueds s'enchevêtrent, se mêlent, se croisent, c'est un réseau inextricable ; chaque vallée porte un nom, la rencontre de plusieurs forme des carrefours où il y a presque toujours un puits ou une citerne. Le bas de ces oueds est ordinairement en bonne terre, les flancs sont couverts d'herbes, les sommets souvent nus ; en général le roc pointe un peu partout. Le regard glisse parfois le long d'une gorge, s'arrête sur une crête, ou parcourt une série de mamelons d'une teinte uniforme. A ma gauche, la montagne des Francs domine tout ce paysage, plus loin celles de l'Arabie nageant dans une vapeur diaphane ; au sud, un horizon sans borne. Ces horizons illimités, ouverts devant le voyageur, semblent lui dire que sa destinée est de marcher toujours. L'Oued-el-Biar doit son nom à plusieurs puits.

Mon guide me fit observer au fond d'un vallon des ruines couronnées de broussailles, des pans de murs que les Arabes appellent Deir Benat, couvent de filles. C'était là qu'il y avait, au temps des Croisades, un couvent de femmes dont le souvenir se conserve avec le nom de ces ruines.

J'entrai dans le pays des Amorrhéens, des Héthéens. Je lis dans le xxe chapitre de Josué, que cinq rois de ces nations se liguèrent et attaquèrent le capitaine juif, qui les défit et les repoussa jusqu'à Hébron. Dans cette circonstance, Dieu prolongea le jour pour donner aux

Israélites le temps de détruire leurs ennemis. Il fit pleuvoir sur eux une pluie de pierres. Ceux qui ne veulent voir dans cette pluie qu'un accident naturel, admettent un plus grand prodige, car il est bien extraordinaire qu'une telle grêle arrive si à propos, qu'elle suive les fuyards, épargnant les Juifs, mêlés quelquefois à leurs adversaires.

Les Amorrhéens, les Héthéens, étaient de race chananéenne. Les premiers s'emparèrent d'abord des montagnes qu'on appela plus tard, montagnes de Juda; ils s'établirent ensuite au sud de Sichem ; les seconds habitèrent les environs d'Hébron et de Bersabée. A l'époque d'Abraham, ils possédaient la première de ces villes, puisque le patriarche acheta la double caverne d'un homme de cette tribu. Ils vinrent ensuite à Bethel. Urie était Héthéen, Esaü épousa deux Héthéennes, Salomon avait des femmes de cette race. Les peuples primitifs, comme ceux qui les ont remplacés aujourd'hui, changeaient de pays, vagabondaient au milieu des déserts, se mêlaient sans perdre leur nationalité.

Lorsque Jacob bénit ses enfants, il dit à Juda : « Il liera son ânon à la vigne, à la vigne le fils de son ânesse; il lavera sa robe dans le vin, et son manteau dans le sang de la vigne : ses yeux seront plus rouges que le vin, ses dents plus blanches que le lait. » Les vignes qu'on cultive aujourd'hui dans l'héritage de Juda sont magnifiques.

Les montagnards de ces parages émigrent chaque année dans la plaine de l'ouest pour moissonner le blé, qui y mûrit plus tôt que sur les hauteurs. A cette époque, les hommes portant leur bagage, les femmes les enfants, quittent, les uns leurs villages, les autres leurs tentes. La Bédouine suit son mari et travaille plus que lui. Son manteau lui sert de robe, de voile, de lit ; elle y enveloppe ses enfants, ses ustensiles de ménage, c'est quelquefois un lien pour lier son bois, un sac pour sa farine ou son blé ; étendu sur deux pieux il lui servira de tente ; elle le transforme encore en tapis, en essuie-main, en panier pour aller au marché ; on ne pourrait dire enfin à quel usage il ne sert pas. Le départ des moissonneurs est très curieux ; un Léopold Robert y trouverait là une scène des plus originales, des plus mouvementées.

Je cheminai quelque temps tantôt sur les cimes, tantôt sur les flancs de collines, où je heurtais çà et là des blocs cimentés, des pierres taillées, des décombres, des débris de murs d'habitations ou de soutènements d'anciennes terrasses. J'arrivai sur les bords de l'Oued-el-Biar, petit coin de terre parsemé d'arbres, d'arbustes, de champs cultivés. Les puits nombreux de cette vallée expliquent cet îlot de verdure et ces bouquets d'arbres dont les racines pénétrent dans les entrailles de la terre pour y pomper l'humidité et l'eau qui les abreuvent.

Bereikout, sur un monticule, amas de maisons ruinées, avec les vestiges d'un ancien fort, domine la vallée Berachal qui passe à Thékoa, vallée de bénédiction où Josaphat célébra sa victoire sur les Moabites et les Amorrhéens. Beit Fedjar, qui est plus au sud, ren-

ferme un oualy. Pour arriver à ce village on monte
par des gradins naturels et cependant fort régulièrement espacés; Alinéba me dit que les populations des
environs ensevelissent leurs morts dans une vaste caverne creusée en plein roc. Partout à droite et à gauche, au bas des collines et sur leurs sommets, on remarque des ruines, on trouve des citernes, des puits,
le paysage est parsemé de broussailles, de chênes
verts nains.

J'allai me reposer un instant sur une hauteur à l'ombre de deux chênes, qui seraient remarqués par la
grosseur de leurs troncs dans les plus belles forêts du
nord. Ils sont au milieu d'un fouillis d'arbustes, d'ar-
bousiers, de lentisques. Un peu plus loin, je trouvai
quelques fellahs logés dans des ruines avec des légions
de lézards, de scorpions et de serpents. Ils cultivaient
du tabac, des légumes, et je pense un peu de blé. Une
fellalhine m'apporta des figues. Un de ces fellahs ne
fit aucune difficulté de me laisser entrer dans sa maison, composée de quatre murs et à ciel ouvert ; quelques-unes de ces habitations sont cependant voûtées ;
à toutes, les matériaux sont d'époques chananéenne,
juive, grecque, arabe, romaine : que de tristes faits,
de lamentables évènements ces pierres n'ont-elles pas
été témoins! Leur présence atteste que jadis ce pays,
aujourd'hui désert, était peuplé. Il est très facile de
reconnaître, sur presque toutes les hauteurs, des arasements de murs qui entouraient un fortin. L'un de ces
bordjs, dont je ne retrouve pas le nom, peut-être Kau-
fin, était construit en gros blocs; la terrasse qui le

couronne est à demi écroulée. En bas, se trouve un beau réservoir au milieu de figuiers, de chênes nains et d'oliviers.

Beit Oummas n'est qu'un amas de ruines avec une mosquée abandonnée, dédiée à Naby Matha; c'était peut-être une église chrétienne sous le vocable de saint Mathieu. Jedin, Djedour, représente le Gedor du xve chapitre de Josué. C'est un petit monceau de ruines, au milieu desquelles végètent cinq ou six arbres. M. de Saulcy signale dans le voisinage le Bir-el-Hadj-Rhamadham. Là commencent les traces d'une voie, qui disparaissent et reparaissent de temps à autre.

Je descendis dans l'oued Arreb ou A'aroub, où il prend naissance : il se divise en deux branches, l'une l'oued Jehar, l'autre l'oued Ghar, toutes les deux se jettent dans la mer Morte, la première sous le nom de oued Dérégeh, la seconde sous celui de oued Areijeh, au sud d'A'in Djedj. La tête de cette vallée est parsemée de puits, l'eau de quelques-uns déborde. Les eaux réunies sont amenées par un canal à un birket très grand, fort bien construit, cimenté intérieurement, avec un escalier pour y descendre. Anciennement, disent les Arabes, elles allaient par des aqueducs, une partie à Jérusalem, l'autre à Hérodium.

Le paysage change tout à fait de physionomie. Les broussailles, les chênes nains sont partout remplacés par des oliviers, des figuiers et des vignes; le chaume garnit le bas des vallées, les arbres ombragent les versants des collines dont les sommets, souvent couronnés de tours, se cachent sous une couche de verdure.

A chaque instant des perdrix, des cailles, partaient à mes pieds, ou couraient devant mon cheval; des troupeaux animaient la campagne; les bergers les gardaient armés de fusils, de lances ou de longs couteaux. Je traversai les champs pour aller reconnaître les ruines de l'antique Bessur de Josué, aujourd'hui Bordj-Sour, ou Bethsour. Wolcott est le premier qui ait proposé d'identifier Bordj-Sour avec le Bessur de Josué, le Betsur des Paralipomènes et d'Esdras; son nom actuel, les débris antiques ne permettent pas de doute sur cette identité. La ruine la plus importante se présente sous la forme d'une tour dont un seul côté est debout; elle avait quatre mètres cinquante centimètres de face; les premières assises remontent à l'époque judaïque, les autres datent des Croisades. Le sol est jonché de pierres taillées, de fragments de colonnes, d'arasements de murs, de fondations d'édifices publics ou particuliers. Du côté du sud, aucunes traces de remparts; le rocher s'avance comme un éperon coupé perpendiculairement. Au-dessous de la tour, à l'orient, on voit trois grottes sépulcrales creusées dans le roc, à une hauteur d'un mètre. Bethsour était une petite forteresse, si on ne considère que l'étendue de son assiette, mais elle avait une grande importance parce que sa possession rendait maître de la route de Jérusalem à Hébron. Josephe en parle comme d'un des points les mieux fortifiés de la Palestine. On croit reconnaître dans ce fortin les vestiges d'une église à trois absides demi circulaires, correspondant à trois nefs.

Le verset du xve chapitre de Josué nous apprend

que Bessur était situé entre Halhul et Gedor, plus rapproché de la première que de la seconde. Roboam la fortifia ; les habitants travaillèrent aux murs de Jérusalem au retour de la captivité. A la tête de dix mille hommes, Judas Maccabée mit en déroute Lycias, général d'Antiochus le jeune qui assiégeait cette ville avec soixante-cinq mille hommes. Antiochus Eupator renvoya Lycias recommencer ce siège, lui donna cent mille fantassins, vingt mille chevaux, trente-deux éléphants. Judas attira les Syriens dans une embuscade, pénétra dans leur camp pendant la nuit et leur tua quatre mille hommes. Ce fut en 165 avant Jésus-Christ que le héros juif remporta ces victoires. Josephe raconte ces mêmes faits. Mais le lendemain il fut obligé de se retirer devant des forces supérieures : Bessur manquant de vivres capitula. Bacchides en fit une place de refuge. Simon Maccabée la reprit après un long siège et augmenta ses fortifications en 145. Ce fut près de cette ville que Nicanor livra une bataille où il perdit la vie.

Eusèbe et saint Jérôme citent Bethsour. Nous trouvons son nom dans le Pèlerin de Bordeaux.

Sous le règne d'Adrien, les Juifs se révoltèrent, s'emparèrent de Jérusalem, couronnèrent Bar-Cocheba, c'est-à-dire le fils de l'Étoile, et le reconnurent pour le Messie-Roi, annoncé par les prophètes. Jules Sévère, général romain, marcha contre cette formidable insurrection, reprit aux révoltés toutes les places fortes, et enveloppa les débris de la malheureuse nation juive, enfermée avec son chef dans Bither ou Bithar, qu'on a toute raison de croire être l'ancienne Bessur. Après un siège de trois mois et demi, les Romains prirent la ville d'assaut et massacrèrent tous les Juifs qui s'y trouvèrent. Le fils de l'Étoile périt dans un combat. Le rabbi Akiba, auteur du soulèvement, fut roulé entre des dents de fer et expira dans d'horribles souffrances. Ce malheureux avait peut-être assisté au même supplice des chrétiens condamnés par Bar-Cocheba, pour n'avoir pas voulu le reconnaître Messie et Roi. La Judée, dépeuplée par ces exécutions, devint un désert. Selon Dion Cassius, cinq cent quatre-vingt mille Juifs furent tués, un plus grand nombre vendu sur les marchés.

En grimpant sur les décombres d'un mur j'aperçus derrière une pierre, exposés aux rayons du soleil, cinq superbes lézards : c'était une famille. Le père leva sa tête plate pour me regarder, la mère inquiète couvrait ses enfants de ses plis et replis. A la prière de mon drogman, j'envoyai au gros lézard deux plombs, qui lui brisèrent le crâne ; il y porta ses pattes comme pour se débarrasser de quelque chose d'incommode. Il n'avait pas fait le moindre mouvement pendant que je prenais mon arme, ses yeux rouges fixés sur moi ; il mesurait quatre-vingt-cinq centimètres de long, ses pieds étaient comme des mains, sa bouche montrait deux rangées de dents très aiguës. Alinéba le prit, et l'écorcha très adroitement ; il se proposait de faire de sa peau un fourreau de poignard ou un sac pour son beurre.

A quelques minutes des ruines dont je viens de parler, on arrive à A'in-ed-Diroued ou ed Dhéroueh, sur le chemin d'Hébron. Au levant de la voie antique on trouve un rocher taillé à pic de sept ou huit mètres de haut, regardant le nord-est. Il n'y a pas de doute que ce rideau rocheux n'ait été façonné sur plusieurs points : on y a creusé des sépulcres semblables à ceux qu'on rencontre partout en Judée. Du pied du rocher, dessous un fragment de maçonnerie, jaillit une belle source ; l'eau tombe dans une auge et se perd. Les vestiges d'un mur de clôture d'une église ou chapelle, deux citernes vides, voilà tout ce que je vois ici. L'église à trois nefs, voûtée en blocage, orientée de l'est à l'ouest, mesure vingt-trois pas de long sur quatorze de large.

Nous lisons dans saint Jérôme : « Bethsour dans la tribu de Juda ou de Benjamin est aujourd'hui le village de Bethsoron, situé à vingt milles de Jérusalem sur la route d'Hébron, et auprès de laquelle une fontaine sortant du pied de la montagne est absorbée par la terre qui l'avait produite. » Les Actes des Apôtres rapportent que c'est ici que l'eunuque de la reine de Candace a été baptisé par Philippe. » C'est l'opinion d'Eusèbe et du pèlerin de Bordeaux. Les avis sont partagés sur la situation de cette source, et cependant les paroles du solitaire de Bethléhem sont explicites. Il est vrai que depuis longtemps les pèlerins qui visitent la Terre-Sainte, Cootwich, Zuallart, Quaresmius, les églises latine, grecque, arménienne, croient que la fontaine qui a fourni l'eau du baptême de l'eunuque est celle que les Arabes appellent A'in-Hanieh, connue sous le nom de Saint-Philippe, située sur le revers nord de l'oued El-Verd qu'on traverse en allant de Bethléhem à Saint-Jean-du-Désert. Mais on fait observer que cette tradition, qui ne paraît pas remonter au-delà des Croisades, doit céder le pas à la croyance primitive consignée dans Eusèbe et saint Jérôme, dans le pèlerin de Bordeaux. Quelle préférence, en effet, ne doit-on pas accorder à des écrivains si dignes de foi, dont les deux premiers vivaient à une époque rapprochée de ces faits et dans les lieux mêmes où prirent naissance ces traditions.

Le texte sacré dit que l'eunuque était sur un char; or il ne semble pas que la route qui passe à Saint-Philippe ait jamais été établie pour les voitures; celle qui cotoie les hauteurs d'où sort l'A'in-ed-Diroued, conserve encore les traces d'un ancien pavé. Il est d'ailleurs rationnel de supposer qu'un bon chemin reliait Jérusalem à Hébron du temps même de David et de Salomon, puisque cette dernière ville avait été longtemps la capitale du royaume.

Dans le moyen-âge, on confondait Bettir avec Beth-sour, et comme il y a des sources auprès de ces deux villes, on prit peu à peu l'habitude de transporter à celle qui était plus abordable les souvenirs attachés à l'autre.

L'historien des Actes appelle cette route « déserte, » parce qu'elle était abandonnée, et que, alors comme aujourd'hui, les caravanes se rendant de Jérusalem à Gaza passaient par Ramleh et puis se dirigeaient au sud à quelques kilomètres de la mer.

Halhoul, que saint Jérôme appelle Elul et Alule, est

situé sur une hauteur couronnée d'une mosquée qui fut peut-être un oratoire chrétien. Les voyageurs juifs, Isaac Chelo, Parchi, Benjamin de Tudèle, citent ce village ; l'un d'eux y place le tombeau de Gad le Voyant ; Ibn Batuta, celui de Jonas. Niebuhr a entendu dire que c'était celui de Nathan. Schubert visita cette localité en 1837 ; il ne nomme pas Halhoul, mais il semble partager l'opinion de Niebuhr sur le nom du prophète enseveli dans le sépulcre voisin des ruines qu'il décrit.

L'Ecriture ne nous apprend rien sur le nom de la patrie de Gad. Nous lisons son nom pour la première fois dans le 1er Livre des Rois, chapitre XXII, v. 5. Il donne à David, réfugié auprès du roi de Moab, le conseil de revenir dans le pays de Juda. Plus tard, David ayant ordonné à Joab, général de son armée, de faire le dénombrement de son peuple, Gad, au nom de Dieu, vint lui reprocher cette faute et lui laisser le choix entre trois châtiments : la famine pendant sept ans, une inquiétude continuelle de la part de ses ennemis pendant trois mois, et une peste durant trois jours. Le coupable choisit cette dernière punition. Pour préserver Jérusalem de ce fléau, David, sur le conseil du Voyant, dressa un autel au Seigneur. Le premier livre des Paralipomènes nous apprend que Gad fut l'historiographe du règne de David.

Je savais qu'en Palestine, dans le sud surtout, tout le monde porte des armes ; ce fut donc sans étonnement comme sans crainte que je rencontrai nombre d'hommes armés, qu'il fussent à pied ou à cheval. Les uns avaient des fusils, les autres des pistolets, ceux-ci des lances, ceux-là d'énormes bâtons, tous des poignards ou des yatagans. L'Arabe aime principalement deux choses : son cheval et ses armes ; il ne sort jamais que monté sur l'un et chargé des autres. Il y a des voyageurs qui, préoccupés de craintes chimériques, dès qu'ils aperçoivent des hommes armés, conduisant leur monture avec dextérité, visitent aussitôt les capsules de leurs fusils, se rangent en bataille et se préparent à une vigoureuse résistance. Quand après avoir dépassé ces redoutables adversaires, qui saluent amicalement ou, ce qui arrive le plus souvent, ne daignent pas même les honorer d'un regard, ils viennent à se compter et qu'ils reconnaissent que personne n'a été ni blessé, ni tué, ni enlevé, ils ne manquent pas d'attribuer à leur contenance militaire d'avoir échappé à un danger imminent. Les drogmans, les moucres se gardent bien de les détromper, soit pour flatter leur amour-propre, soit plutôt encore dans l'intention de faire valoir leurs services. Le cavalier dont la rencontre a causé ce déploiement de force n'est souvent qu'un paisible cultivateur ou un marchand allant où ses affaires l'appellent. Quelquefois pendant la nuit, les moucres poussent des cris aigus, montent à cheval, disparaissent comme l'éclair, tirent des coups de feu, reviennent subitement, annonçant bruyamment que la bataille a été chaude, que leur vigilance a déjoué une surprise, et que si l'ennemi n'a pas laissé des morts sur le terrain, il y a certainement des blessés. Tout cela n'est qu'un jeu pour faire payer aux pèlerins de la poudre très chère. Dans une semblable circonstance, après leur rentrée au campement, je demandai à faire partie de l'expédition si les ennemis se représentaient et s'avisaient de venir troubler mon sommeil ; je les priai aussi de laisser approcher les maraudeurs car j'avais entre les mains un moyen infaillible de les arrêter à une distance respectueuse.

CHAPITRE IX.

Haram Ramet-el-Khalil. — Chêne d'Abraham. — Kirbet-en-Nasara. — Arrivée à Hébron. — Une maison juive. — Hébron actuelle. — Ses divers quartiers. — L'oued El-Khalil.

Es ruines d'Halhoul ne sont qu'à quelques kilomètres d'Hébron que les Arabes appellent El-Khalil ou l'ami de Dieu. Pour eux cet ami de Dieu est Abraham qui habita dans le voisinage de cette ville. Dans cette région l'aspect de la campagne change ; elle se couvre d'oliviers, de chaumes, de diverses cultures ; les bassins, les vallons, les collines portent les traces de travaux antiques ; des murs de pierres sèches marquent les propriétés ; on découvre de distance en distance des fragments d'une voie qui remonte à n'en pas douter à un âge reculé. J'escaladai un petit mamelon ; Alinéba me conduisit à travers champs à d'énormes ruines qu'il appelle Haram Ramet-el-Khalil, c'est-à-dire l'enceinte de la hauteur de l'Ami de Dieu ou d'Abraham. Mon moucre nomme ce monticule Bir-el-Khalil, puits de l'Ami. On remarque d'abord de nombreux débris d'habitations couvrant un terrain inégal et couronnant une petite colline, et au milieu de ces matériaux disséminés çà et là, les fondations d'une vaste enceinte très bien indiquée de deux côtés; les deux autres sont ensevelis sous un amas de terre amenée par les eaux. La façade du sud-ouest a soixante-dix mètres de long; une autre face au nord-ouest qui fait angle droit avec la première en a cinquante. Un vide se trouve au milieu pour un portail. Ces murs n'ont que deux assises au-dessus du sol; elles donnent un peu plus d'un mètre de haut; il ne paraît pas que cette enceinte ait jamais été plus élevée; ainsi cet édifice n'a pas été achevé, si toutefois l'architecte a eu l'intention de construire un bâtiment. Les matériaux sont beaux : une des pierres mesure cinq mètres de long. Les assises consistent en trois blocs superposés de champ sans ciment; le revêtement extérieur est plus soigné que celui de l'intérieur, de menus matériaux remplissent l'intervalle entre les deux; les pierres sont lisses, sans bossage.

Cet Haram est sur un plan légèrement incliné; une partie de l'intérieur est de niveau avec le seuil de la porte, le reste se soulève par deux ressauts. Un large puits est creusé à un angle de cette enceinte. Il n'y a entre ces quatre murs ni débris de sculpture, ni fûts de colonnes, ni autres restes, mais les pentes de la colline sont parsemées de pierres taillées à encadrements, de fragments de colonnes et de morceaux de poterie.

Selon quelques voyageurs ce serait au-dessus des montagnes, près de ces ruines, que se trouverait la ligne divisant cette région en deux versants : l'un, celui de l'ouest, s'inclinant vers la Méditerranée, l'autre, celui de l'est, vers la mer Morte. Là donc s'élèverait l'épine dorsale de ce système montagneux. La formation géologique qu'on remarque le long du chemin est simple ; le rocher a le même caractère à peu près partout : ce n'est pas du calcaire, mais une espèce de craie durcie semblable à la formation supérieure jurassique, avec de rares débris organiques. Les strates crétacées sont difficiles à étudier parce qu'elles s'enfoncent subitement et sont enfouies sous des broussailles ; cependant elles se livrent parfois aux regards par assises horizontales s'étageant l'une sur l'autre. Les oueds coupant la route à l'est vont à la mer Morte, les autres à l'ouest vers la Méditerranée. Les torrents, par des érosions séculaires, ont ouvert ces gorges, ces fissures, ces crevasses, ces vallées creusées si capricieusement dans le courant des âges, formant des îlots, des mamelons, des masses à conglomérats, des dépôts avec infiltrations, des gisements concrétionnés renfermant dans leur sein des blocs d'une conformation anormale. Celui qui habite les climats de l'Europe, où s'étale une végétation abondante, trouve par la comparaison que ces montagnes, ces collines, ces vallées sont d'une stérilité à nulle autre pareille. Qu'il observe les arbrisseaux qui couvrent le sol, il reconnaîtra diverses espèces d'arbres nains : des chênes à feuilles aiguës, des arbrisseaux épineux, des genévriers, des genêts, et celui surtout que les

Arabes appellent rethem, dont il est question dans le xxxe chapitre de Job, v. 4.

Dès les premiers âges du christianisme, la tradition a regardé les ruines que les Arabes nomment aujourd'hui Haram Ramet-el-Khalil comme le lieu du campement d'Abraham. Le Patriarche après avoir reçu de Dieu l'ordre de quitter la Chaldée vint dans le pays de Chanaan, se sépara de Loth son neveu et se retira près du chêne de Mambré ou Mamré à Hébron. Là, il éleva un autel au Seigneur et fit alliance avec Jéhovah. Le même lieu fut le théâtre de la scène d'Agar. Abraham, dit la Bible, se leva dès la pointe du jour, il prit du pain, une outre pleine d'eau, la mit sur l'épaule d'Agar, lui donna son fils et la renvoya. Agar portant Ismaël se retira au sud d'Hébron, dans le désert de Bersabée. Que le voyageur, cheminant dans ces lieux y relise cette simple histoire, il la trouvera empreinte d'une mélancolie inexprimable. Il lui semblera voir Agar telle que le Guerchin nous l'a représentée, s'éloignant à regret, mais sans paraître essayer de fléchir le superbe vieillard qui lui intime l'ordre de partir.

Un jour Abraham assis à la porte de sa tente, vit subitement trois hommes devant lui. Dès qu'il les eut aperçus, il se prosterna et adora, puis fidèle observateur des lois de l'hospitalité, il invita ces étrangers à se reposer sous un arbre, leur servit du beurre, du lait, et un veau choisi dans son troupeau. Pendant qu'ils mangeaient, le Patriarche était debout. Un de ces messagers célestes lui prédit la naissance d'Isaac et lui annonça la destruction des cinq villes coupables.

L'arbre qu'on appelle chêne d'Abraham est à quelques pas des ruines près d'une source, A'in Sebta, dans l'oued du même nom. Il est assez singulier que cet arbre soit tantôt un chêne, tantôt un térébinthe, et cela dans le même auteur. Tristram dit qu'il y a au nord d'Hébron des bosquets de chênes magnifiques, de l'espèce *Quercus pseudo-coccifera*, que les Arabes nomment Scindian. Celui qui était devant moi est énorme : il a neuf mètres de circonférence ; il est rond, sain, plein de vigueur, de hauteur moyenne ; il se divise en trois branches qui sont elles-mêmes de gros arbres, mais dont l'une est plus forte que les autres ; ses feuilles petites, rondes à angles aigus, et d'une couleur cendrée sont innombrables et forment une tente impénétrable aux rayons du soleil. Cette abondance de feuillage prouve la vigueur de l'arbre. Il est bien certain que ce chêne n'est pas celui sous lequel Abraham se reposa, car dans l'épitaphe de sainte Paule, saint Jérôme raconte que cette illustre patricienne alla voir les vestiges du chêne d'Abraham. C'est à cet arbre que le docteur fait allusion lorsqu'il écrit à Pammachius : « J'apprends que tu as fait construire un Xenodochium au Port-Romain, et que tu as planté un rameau de l'arbre d'Abraham sur les rivages de l'Ausonie. » Mais il est vrai de dire qu'à l'arrivée du Patriarche dans les environs d'Hébron, il y avait un chêne ou térébinthe, si vous voulez, qui lui prêta son ombre, et que cet arbre était près du puits de l'Ami de Dieu, à un angle du Haram.

Eusèbe, dans ses démonstrations évangéliques, dit

que le térébinthe était regardé comme sacré non-seulement par les chrétiens, mais par les païens qui honoraient sans le savoir le Christ apparu au Père des croyants.

D'après Nicéphore, on aurait élevé autour du térébinthe des autels sur lesquels on offrait des victimes, des bœufs, des coqs, des boucs ; on y brûlait des parfums, on y pratiquait en un mot tous les rites du paganisme. Un puits voisin se comblait souvent des objets qu'on y jetait pour apaiser les dieux. Les habitants de la Palestine, de la Phénicie y accouraient en foule à certaines époques ; des fêtes y étaient célébrées solennellement par les Juifs en mémoire de leur père Abraham, par les Grecs à cause de l'apparition des anges, et par les chrétiens parce que la naissance de Jésus-Christ y avait été annoncée. Eutropia, belle-mère de Constantin, avertit l'empereur de ce culte idolâtrique, et provoqua l'édit qui ordonnait la destruction des idoles et l'érection d'une basilique. C'est à ce sujet que l'empereur adressa à Macaire et aux autres évêques de la Palestine cette lettre remplie de pieux sentiments dans laquelle il blâmait les prélats, et Eusèbe de Césarée en particulier, d'avoir laissé profaner un lieu aussi saint ; il décrète la construction d'un temple magnifique, digne de la majesté de Dieu, et il menace les profanateurs de sévères punitions. Les édits impériaux furent rigoureusement observés, une église fut érigée en ce lieu et on en écarta avec soin toute cérémonie qui se rapprochait du paganisme. Encore fallut-il attendre du temps que les vieilles habitudes du culte

idolâtrique disparussent entièrement. L'historien Socrate parle de la construction de ce temple, et Sozomène, comme Nicéphore, raconte que les païens allu-
maient des cierges au-dessus de l'orifice du puits,
qu'ils y versaient du vin et y jetaient des gâteaux.

Nous trouvons souvent dans les histoires des anciens
peuples les traces d'un culte divin rendu à quelques-
uns des beaux arbres de nos forêts. On consultait les
chênes de Dodone ; les Gaulois honoraient ce roi des
forêts sur lequel les druides coupaient le gui, symbole
de l'immortalité ; Isis entendait gémir son époux dans
un arbre devenu colonne d'un temple de Syrie, Adonis
se cachait sous l'écorce d'un pin, Athis dans l'amandier
en fleurs ; suivant Hérodote, Xerxès ornait de guirlandes un platane de l'Asie-Mineure. Aujourd'hui les habitants de l'Arabie centrale, les Bédouins du Sinaï, du
désert de Palmyre, entourent d'un respect religieux
des arbres que la tradition désigne comme ayant été
les objets de la vénération de leurs aïeux. J'ai vu sur
le Carmel un arbrisseau isolé armé de longues épines,
chargé d'oripeaux de toutes les couleurs. Les Russes,
encore aujourd'hui, viennent prier aux pieds des bou-
leaux et des chênes qu'ils regardent comme sacrés. A
la naissance de la vallée du Jourdan, près le petit village de Sybeiya, on aperçoit de loin sur un mamelon
un énorme bouquet de verdure ; arrivé près de ce massif, on ne trouve qu'un seul chêne énorme dont le
tronc assis sur de vigoureuses racines, se dresse et
porte plusieurs branches qui sont elles-mêmes des arbres d'une grosseur plus qu'ordinaire. Les branches

s'étendent symétriquement, s'arrondissent et forment un dôme parfait; on les tient relevées pour que les animaux ne les broutent pas. Cet arbre de trente-sept pieds de circonférence est plein de vigueur; son feuillage est d'un beau vert, son écorce lisse, ses racines et son tronc sont très sains. Il pourrait abriter un régiment tout entier. Il n'a pas de légende, personne ne sait son âge. Peu de voyageurs le visitent, parce qu'il n'est pas sur la route suivie ordinairement. Cet arbre-là aussi est souvent chargé de chiffons. Dans mes voyages en Suisse, je me suis quelquefois reposé sur les hautes prairies sous de vieux sapins qui prêtaient leur ombre aux bergers et à leurs troupeaux. Ces pasteurs me racontaient avec émotion les légendes de ces vénérables patriarches connus de leurs ancêtres; c'étaient pour eux de fidèles amis, de puissants protecteurs : ils s'agenouillaient à leurs pieds pour prier et s'appuyaient contre leurs troncs au moment de l'orage. N'y a-t-il pas dans cette sorte de culte universellement répandu une réminiscence de l'arbre de vie du paradis terrestre? Quatre fleuves jaillissant des racines de cet arbre, arrosaient ce jardin de délices. Le petit ruiseau qui murmure sous les coudriers de votre jardin, la rivière qui fait verdir vos prairies, le fleuve qui charrie vos marchandises descendent des arbres des forêts.

L'Itinéraire de Bordeaux au ive siècle, Sozomène au ve, Adamnan au viie, et tous les voyageurs qui les suivirent, placent au Haram Ramet-el-Kalil la scène racontée dans la Genèse. Il n'y a pas de doute sur l'identité de ce lieu. Les Juifs, vendus par ordre d'Adrien en

135 pendant une foire tenue dans cet endroit, prouvent que peu après Josephe il était connu et fréquenté.

« La colline de Mambré, dit Arculphe, est couverte d'herbes et de fleurs ; là, j'ai vu un tronc d'un bel arbre, tout couturé de coups de hache parce que les pèlerins veulent en emporter des fragments. »

Brocard ou Burchard raconte qu'il prit du bois de l'arbre sous lequel était Abraham quand il reçut les trois anges. « C'est, dit-il, un arbre du genre *Ilex*, il a des feuilles un peu plus larges que celles du lentisque ; ses fruits sont en tout semblables à ceux du chêne ; c'est un rejeton de l'ancien. »

Bernard le Sage trouva sur la colline de Mambré un chêne dont la hauteur était le double de celle d'un homme. Cet arbre, planté au milieu des champs, était près d'une église.

Marin Sanutus assure que le tronc du térébinthe existait encore à l'époque de son pèlerinage.

Maundeville se fait l'écho d'une tradition qui veut que les feuilles de cet arbre séchèrent lorsque les Juifs crucifièrent Jésus-Christ.

Félix Fabri, Belon, Gennesius croient que cet arbre était un chêne, Quaresmius, Troilo, Celsius, un térébinthe. La version syriaque traduit le mot hébreu Balut par chêne à épines.

Tout concourt donc à justifier l'authenticité de la tradition qui fixe près des ruines en question la visite des anges à Abraham ; c'est là aussi que se trouvait l'arbre à l'ombre duquel se reposait le Patriarche. Cette opinion a été adoptée par les musulmans; j'en trouve la preuve dans les noms qu'ils donnent aux ruines, au puits, à une montagne et à un petit vallon : Haram Ramet-el-Khalil, l'enceinte de la hauteur de l'Ami de Dieu; Bir-el-Khalil, le puits de l'Ami de Dieu; Djebel-el-Batrak, le mont du Patriarche; Hallet-el-Bothmeh, la place du Térébinthe.

M. de Saulcy place le térébinthe d'Abraham un peu plus bas à droite de la route, près de ruines que les Arabes appellent Khirbet-en-Nasara, ruines des Chrétiens.

« Pour moi, dit M. de Saulcy, c'est là qu'était le bosquet de Mambré, ou, si l'on aime mieux, le fameux térébinthe; car là, le nom l'indique comme les ruines elles-mêmes, il y a eu un important établissement chrétien, au milieu duquel je suis disposé à chercher l'église bâtie par l'ordre de Constantin et par les soins d'Eusèbe, évêque de Césarée, pour écarter de ce lieu vénéré les pratiques du paganisme. » On ne trouve ici aucune trace de l'église dont parle le savant voyageur.

Le térébinthe n'est pas très commun en Palestine aujourd'hui; ses fleurs en grappes, de couleur pourpre, pendent au bout de la tige tintée de rouge, garnie de feuilles assez semblables à celles de l'olivier, mais de couleur verte; le fruit est une baie comme celle du genévrier, pâteux et juteux; il ne devient plus gros que quand il est piqué par un insecte. Les branches et la hauteur de cet arbre ne sont pas en rapport avec son tronc.

Tout ce que je viens de dire explique la présence des vastes ruines semées çà et là sur ces collines et leurs pentes. Mais appartiennent-elles à un édifice religieux ou profane? L'appareil de ces murs n'est pas juif; il n'y a aucune ressemblance entre ce mode de construction et celui de date hébraïque incontestable employé à Jérusalem et à Hébron. L'Itinéraire de Bordeaux, 333, mentionne comme Socrate, une basilique construite dans le lieu appelé Chêne de Mambré. Arculphe vit près d'Hébron les murs d'une magnifique basilique du côté du Chêne de Mambré. Troilo pense que là était l'église érigée par Constantin. C'est l'opinion des chroniqueurs des Croisades, de Zuallart et des voyageurs qui le suivirent.

Tout porte donc à croire que les débris épars un peu partout appartiennent à un temple chrétien, que les murs debout aujourd'hui le protégeaient, qu'il s'élevait au milieu de cette enceinte et que les architectes avaient pris pour modèle le Haram qui enveloppe les tombeaux des Patriarches à Hébron. Mais ni les matériaux, ni leur jointoyage ne ressemblent à ce que nous voyons dans ce dernier monument.

C'est probablement à Khirbet-en-Nasara que se trouvait la maison de la Bienheureuse Marie dont parle Quaresmius, et qu'il appelle ainsi parce que, d'après la tradition, la Mère de Jésus et saint Joseph y passèrent une nuit alors qu'ils se réfugiaient en Egypte. Le frère Gonsalez Antoine qui écrivait en 1679, raconte qu'il a visité à un mille d'Hébron le bourg de la Vierge; Darvieux cite ce même village. Il y a près de là des ruines considérables : des arasements de murs, des tronçons de colonnes, de belles citernes. Ces débris attestent que là existait une populeuse cité.

Ce fut dans une des charmantes et fertiles vallées qui entourent Hébron que les espions envoyés par Moïse cueillirent le raisin dont la grosseur prodigieuse excita dans le camp des Israélites l'ardeur d'aller conquérir une terre d'une telle fertilité.

Du Haram Ramet-el-Khalil à Hébron, la route s'incline sensiblement du nord au midi ; elle est pavée naturellement mais très mauvaise ; elle côtoie des champs de céréales, des bosquets d'oliviers, des vignes entremêlées de figuiers, d'abricotiers ; de temps en temps de petites tours se mêlent au paysage et rappellent ces paroles : « Un homme avait une vigne, il l'entoura d'un mur, creusa un pressoir, bâtit une tour. » Ces vignes sont plantées en lignes à trois mètres de distance ; elles s'élèvent à deux mètres, s'abaissent, se courbent, forment des festons, des berceaux comme dans le nord de l'Italie. Les ceps sont gros comme des arbres. Ici comme partout, les vendanges sont des occasions de réjouissances, de réunions dans les tours, les cabanes, sous les tentes. Il n'y a que les Juifs qui fassent du vin, et on peut ajouter qu'il est excellent. Les Musulmans font sécher les plus belles grappes, avec les autres ils composent un sirop épais et aromatisé qu'ils appellent dibs, et qui leur sert de confitures. Les Orientaux ont de tout temps composé du vin aromatisé avec de la myrrhe, de la mandragore et d'autres épices. Nous trouvons dans les Prophètes de fréquentes allusions à ce breuvage enivrant. Il en est parlé dans le Cantique des Cantiques, dans le Psalmiste et dans Isaïe.

Il y avait quatorze heures que j'étais à cheval ; j'avais fait le double du chemin qui sépare Bethléhem d'Hébron, je m'étais souvent écarté de la route pour cueillir une fleur, voir de près un arbre, un rocher, une caverne, reconnaître une ruine ou jouir d'un beau point de vue du haut d'une colline. Le matin j'avais vu le soleil émerger derrière les montagnes de l'Arabie, ses ondes lumineuses inonder la terre, plus tard ses rayons ardents enflammer cette nature riche de tons, colorer chaque objet de chaudes nuances ; les rochers se changeaient alors en gigantesques cristaux, les haillons du Bédouin en magnifiques draperies, tout se transfigurait sous l'influence d'une splendide lumière. Lorsque j'entrai à Hébron le soleil se penchait vers son couchant ; partout un air calme et silencieux qui précède la nuit et dispose à la réflexion et au recueillement. L'atmosphère devint pourpre, les cimes des collines, des minarets nagèrent dans une vapeur rougeâtre qui s'évanouit peu à peu à mesure que la lumière s'affaiblissait ; bientôt il n'y eut qu'un bleu profond dans le ciel et des ombres sur la terre.

J'avais appris à Jérusalem qu'il n'y avait pas un seul chrétien à Hébron, et seulement une ou deux familles juives. Je m'adressai donc à un marchand de cette nation et le priai de me recommander à un de ses coréligionnaires. Il se mit de bonne grâce à ma disposition, écrivit une lettre qu'il me remit et me promit d'informer son correspondant de mon arrivée à El-Khalil. Je ne

fus donc pas étonné de rencontrer à la porte de la
ville un homme qui après m'avoir salué, me dit en
assez maùvais français : « Vous avez une lettre de
Ruben pour moi, je m'appelle Lévi, venez vous reposer
dans ma maison. Je descendis de cheval devant une
habitation de chétive apparence ; mon guide s'empara
de mon bagage, dit deux mots à mon drogman, et me
pria de le suivre le long d'un étroit et sombre couloir
qui s'ouvrait sur un vaste appartement, garni d'un riche
divan. Lévi déposa ma valise, disparut un instant et revint avec une fraîche limonade, que je me crus en
droit de boire avec un vrai plaisir. Quand il me prévint qu'on me préparait à dîner, je lui demandai de
m'admettre à la table de sa famille, ce qu'il m'accorda.
Je fus donc introduit au milieu d'une société, où
tout était juif : les noms, les costumes, les mœurs.
Cette petite tribu se composait de Lévi son chef,
de Rébecca sa femme, de Benjamin leur fils, de Lia
et de Sarah leurs deux filles, de deux cousins, Jacob
et Eliézer. Les deux jeunes filles étaient fort belles. M. de
Fontanes prétendait que Dieu avait doué les Juives
d'une beauté exceptionelle, parce qu'elles n'avaient
pas demandé la mort de Jésus-Christ. Nous savons tous
que les femmes suivaient en pleurant le divin Crucifié.
Lévi était né à Francfort, Rébecca à Lisbonne, les deux
jeunes filles à Damas, et Benjamin à Paris. Avant son
mariage, Lévi avait fait le commerce dans toutes les
capitales de l'Europe et du Nouveau-Monde. Un oncle
célibataire établi au Caire, l'avait envoyé à Hébron
comme correspondant ; il espérait ne pas y demeurer

longtemps; je compris que l'espoir d'un riche héritage le retenait en Palestine. Tout ce monde me reçut avec une franche politesse, sans embarras, sans gêne, comme un voyageur attendu. Les tapis, l'ameublement, les costumes des hommes, ceux des femmes surtout, dé-notaient non-seulement l'aisance, mais l'opulence. L'or, les bijoux, la soie, les bracelets et tous ces riens auxquels le monde attache un grand prix, s'étalaient avec prodigalité. Le bon goût pouvait manquer un peu à l'agencement de ces richesses, mais l'étrangeté des circonstances, et plus encore celle des personnalités et des positions respectives, mille souvenirs, mille pré-occupations ne laissait pas remarquer son absence. On servit au dîner des viandes cuites à l'eau ou rôties, toutes d'ailleurs très bonnes ; des légumes, des con-fitures, des sucreries, du vin blanc, de petits pains de la forme de nos brioches. Je mangeai avec plaisir des morceaux de mouton enfilés le long d'une baguette et grillés à un feu très ardent ; pour dessert des oranges, des dattes, des raisins secs et des pastèques. La domes-tique était une jeune Abyssinienne ; Lévi l'appelait en se frappant les mains l'une contre l'autre. La première fois qu'elle entra, elle me prit la main droite qu'elle porta à ses lèvres et à son front. Après le dîner on ap-porta le café, puis des tchiboukhs et des narghillehs. La soirée se passa à causer d'Hébron et de la Palestine. Quatre lampes napolitaines à plusieurs becs, ornées de nombreuses chaînettes, répandaient une douce lu-mière dans ce vaste appartement. On me fit admirer de beaux manuscrits de l'Ancien-Testament, conservés dans des armoires soigneusement fermées et ornées de dorures intérieurement. Le texte est écrit sur des bandes de parchemin, roulées autour de baguettes dorées aux deux extrêmités; pour lire on ne les déplace pas, on ne fait que de les dérouler; à mesure que le lecteur avance, la partie lue se replie. Il y avait là des caractères hébreux un peu gros et tracés par une main habile, qui étaient magnifiques.

Au milieu du silence de la nuit, j'entendis avec une vive émotion la voix du muezzin qui du haut d'un minaret chantait le Salath Escha, composé par Moïse lorsqu'une voix du ciel le consola dans l'oued Eymen où il s'était égaré pendant les ténèbres.

Le lendemain, après un sommeil réparateur, je me levai de bonne heure; Alinéba m'attendait à la porte de Lévi. Nous parcourûmes Hébron avant la grande chaleur, examinant tout, les bazards, les manufactures de verre, les rues les plus fréquentées, les places, les marchés, les jardins. Mon drogman me quitta après déjeuner pour me chercher un guide qui me conduirait à Bersabée.

Mes notes, prises sur le fait, me montrent encore Hébron telle que je la vis alors, située dans l'oued El-Khalil et sur les pentes des montagnes qui l'encadrent au levant. Ici la vallée dont la direction est du nord-ouest au nord-est se creuse profondément. La cité d'Abraham est divisée en quatre quartiers principaux.

Premier quartier. — Haret Bab ez Zaouïeh, quartier de la porte Zaouïa; un oualy, oratoire musulman, lui donne ce nom. On le traverse en venant de Jérusalem.

Deuxième quartier. — Haret-el-Scheikh. Son nom lui vient d'une mosquée dédiée au scheikh A'ly Beka. Un élégant minaret de forme hexagonale, en pierres travaillées, alternativement rouges et blanches, reposant sur une tour carrée et couronnée d'une coupole, est le principal monument de ce quartier, situé au nord-est du premier. Quelques jardins sont entre les deux dans la vallée nommée ici oued El-Chellalch ou sur le versant du Djébel Beiloun.

En traversant au milieu des cactus, des grenadiers et autres arbres des jardins, Alinéba me fit remarquer un puits qu'il appelait Bir Sidna Ibrahim, puits du Seigneur Abraham, qui, d'après la tradition musulmane, daterait de l'époque du Patriarche. Il est impossible d'en examiner l'intérieur; des pierres roulées autour de l'orifice ne laissent qu'une ouverture trop étroite pour que l'œil puisse y pénétrer. Tandis que mon drogman complétait ses renseignements, une jeune Arabe assise sous un olivier s'approchait, il lui adressa quelques mots; elle laissa ensuite glisser dans le puits une corde à l'extrémité de laquelle était une coupe en cuivre, la retira pleine d'eau, puis me la présenta. Cette eau était limpide et fraîche. Je voulais donner à l'Arabe quelques petites pièces de monnaie, elle les refusa en disant : « Je donne à boire aux voyageurs pour l'amour d'Allah et de ma mère que je viens de perdre. » D'abondantes larmes coulèrent des yeux de cette pauvre enfant dont le visage était empreint de la plus profonde tristesse.

Une source au nord-est de la ville, descend dans

un réservoir au bas de ce quartier. M. de Saulcy appelle cette source A'in-Eskali, d'autres voyageurs A'in Kachkaleh. Ces deux noms sous une forme différente ont la même signification et rappellent celui d'Eschol ou Escol, frère de Mamré et d'Aner, alliés d'Abraham, qui donna son nom à une vallée fertile en vignes d'où les espions de Josué envoyés de Cadesbarné apportèrent la splendide grappe de raisin dont il est question dans le 13e chapitre des Nombres.

Troisième quartier. — Des plantations d'oliviers, des jardins séparent le Haret el-Haram et le quatrième quartier de ceux que nous venons de décrire. Le Haret el-Haram se divise en cinq parties qui tendent à se confondre. La plus importante de ces divisions est le Haret el-Kala'h où se trouve le château, servant aujourd'hui de caserne, bâtiment délabré, ruiné par Méhémet-Ali en 1834. Il est construit en pierres relevées en bossage, avec des fenêtres les unes carrées, les autres de forme ogivale. Quelques cheminées remontent aux Croisades.

Quatrième quartier. — Haret el-Mecharkah, vis-à-vis du précédent, est habité par la population pauvre.

J'ai pris dans Victor Guérin les noms des divers quartiers d'Hébron. M. de Saulcy n'en nomme que trois : Haret-el-Scheikh, Haret-el-Haram, Haret-el-Oued. Les deux premiers sont situés sur le versant est de la montagne, le dernier en bas dans la vallée au couchant.

Au-dessus de chacun de ces différents quartiers de la ville se dresse une montagne ou colline. Ce sont :

au nord-ouest du Haret-el-Scheikh le Djebel Beiloun, au nord et à l'est du Haret-el-Haram le Djebel-el-Dja'a-breck, couronné d'un 400ou.... Le Haret-el-Mecharkah couvre le versant du Djebel-el-Djanch, montagne escarpée sur le sommet de laquelle on voit les débris d'un oratoire consacré au scheikh Djanch.

Les maisons d'Hébron construites en pierres, affectent la forme de tours, avec une coupole surbaissée et une terrasse. Pourquoi faut-il ajouter que ses rues sont tortueuses, pleines d'immondices et labourées par les eaux.

Une montagne plantée d'oliviers, avec des terrasses chargées d'arbres fruitiers et de céréales, le Djebel-el-Remeddeh domine au sud-ouest le Haret-ez-Zaouieh. Sur cette éminence, que je visitai plus tard, j'entrai dans un caveau sépulcral creusé dans le rocher avec trois places destinées à autant de cercueils de chaque côté. Le juif Lévi me dit qu'un de ces fours avait été occupé par Othoniel, frère de Caleb, dont il épousa la fille Axa après la prise de Kariat Sejher. On lit dans le chapitre IIIe des Juges qu'Othoniel délivra les Israélites de Chuzan, roi de Mésopotamie, qu'il fut élevé à la dignité de juge, et la conserva quarante ans. Il est possible que ce premier juge d'Israël ait été enseveli dans une terre appartenant à Caleb chef de la famille; mais je dois dire que l'identification du tombeau dont il est ici question avec celui d'Othoniel ne repose sur aucun document ancien.

A l'entrée du marché, dans le Haret-el-Haram mon drogman me fit remarquer l'oualy d'un Santon. Mais sous le sarcophage de ce personnage, il y a un caveau funèbre dans lequel, dit-on, repose le corps d'Abner. Rabbi Joab, 1257, Isaac Chelo, 1333, ont mentionné ce tombeau, mais sans indiquer le lieu précis où il se trouvait. Gerson, fils de Moïse Azer, nous apprend qu'il était dans un temple des nations. Le pèlerin juif désignait par là l'oualy musulman. En 1537, un autre voyageur s'exprime à peu près comme ce dernier. « Au milieu de la ville, dit-il, est enterré Abner, fils de Ner, dans un caveau du temple des nations. »

En face du Haret-el-Haram la colline occidentale se courbe un peu, et s'éloignant du bas de la vallée forme une espèce de golfe qui se soulève graduellement et se couvre d'un fin gazon, sur lequel se détachent des figuiers, des oliviers et d'autres arbres des pays chauds, abritant d'énormes pierres tumulaires et de petits oualys coiffés de blanches coupoles. Je vins me placer au centre de ce demi-cercle. Hébron s'étageait devant moi en amphithéâtre au milieu d'une couronne de verdure. Cette charmante position a frappé tous les voyageurs. « Le désert cesse à Ziph, dit un Américain : les vallées deviennent plus riches, plus riantes, la verdure renaît, les broussailles prennent des proportions plus élevées, se transforment en arbres ; les collines se boisent ; elles s'ouvrent tout à coup ; des tours, des minarets paraissent sous un beau ciel et insensiblement se développe la ville de l'Ami de Dieu. Au nord fuit une belle vallée ombragée de figuiers entremêlés de vignes d'antique renommée, et dans le lointain des bois d'oliviers plus

beaux que ceux de Tivoli couronnent la montagne. »
Miss Martineau enchantée des environs d'Hébron les
compare aux plus fertiles campagnes de l'Angleterre.

Au bas de la vallée, presque à l'extrémité méridionale du Haret-el-Haram, se trouve la piscine inférieure.
C'est un réservoir carré de quarante mètres de surface avec sept mètres de profondeur; il est bâti
en belles pierres bien jointoyées. A l'extrémité du
même quartier est un second bassin qui mesure
neuf mètres de long et dix-huit de large sur six de
profondeur. Ces piscines remplies par les eaux pluviales alimentent d'eau les habitants.

Hébron est située à la naissance de l'oued El-Khalil,
vallée de Mambré, de la Grappe, le Nahal Eschkol ou
Escol de l'Ecriture. Cette vallée a toujours été remarquable par la fertilité qu'elle présente pendant quelques kilomètres au-dessus et au-dessous de la ville.
Elle court du nord au midi jusqu'au point où elle
prend le nom de Seba, à Bersabée. Au-delà elle se
dirige à l'ouest, se mêle à l'oued Razzey qui devient
le Narh Rassey, l'ancien torrent de Besor, et se jette
dans la Méditerranée au sud de Gaza. Il est question
de ce ruisseau dans le XXXe chapitre du Ier livre des
Rois. On lit dans ce chapitre l'expédition de David
contre les Amalécites qui, après avoir pillé et brûlé
Siceleg avaient emmené captifs les vieillards, les femmes et les enfants. David trouva ces maraudeurs tranquillement assis, se livrant à la joie à la vue de leur
butin; il les défit et leur reprit ce qu'ils avaient enlevé.
Les plus jeunes s'enfuirent montés sur des cha-

meaux. Ce fut un esclave malade à qui on donna du pain et de l'eau qui guida David à travers le désert et lui découvrit le camp des pillards. Les choses se passent encore aujourd'hui de la même manière. Les Bédouins de Bersabée me dirent que les deux versants de ce vallon sont couverts de ruines. Une des grandes routes de la Palestine suivait l'oued El-Khalil, se bifurquait à Hébron ; une branche allait en Égypte par Gaza, une autre en Arabie par Petra. Des vestiges de cette voie se reconnaissent parfaitement ; ils encombrent souvent le chemin. Aujourd'hui encore elle est suivie par quelques caravanes, mais laissée comme elle est sans aucune réparation, elle devient de jour en jour plus mauvaise.

Hébron est à 40 kilomètres sud de Jérusalem, à 826 mètres au-dessus de la Méditerranée selon Schubert et à 850 selon d'autres voyageurs. La population musulmane peut s'évaluer de 9 à 10,000 habitants ; mieux armés, plus entreprenants, mieux vêtus, mieux logés que les autres Arabes, ils exercent sur leurs voisins une grande influence ; ils appartiennent à la faction Kayssy ; réunis aux nomades du sud et du désert de Juda, ils peuvent armer 10 à 12,000 hommes et 3,000 cavaliers.

Nous savons par Josué, chapitre XXe, v. 7, qu'Hébron était au nombre des villes de refuge dans les montagnes de Juda. Aujourd'hui encore El-Khalil jouit de ce privilège auquel elle tient beaucoup. Lorsqu'un Arabe de la Palestine est accusé d'un crime qui peut lui mériter l'application de la loi du talion, ou bien s'il est poursuivi par l'autorité locale, il se réfugie à Hébron où il demande une protection qui ne lui est jamais refusée pendant que son affaire se débat. Les habitants défendraient ce réfugié les armes à la main si on osait venir l'enlever.

Ils accordent à tout le monde le feu, l'eau, le pain. Les hommes, les femmes bien que d'une fierté sans égale se condamnent aux travaux les plus pénibles pour gagner de l'argent ; les premiers portent, comme Joseph, un manteau de couleur ; les secondes, comme Rebecca, un long voile. Cette population n'est pas belle : son énergie va parfois jusqu'à la férocité. De tout l'Islam c'est peut-être la plus intolérante.

Les environs d'Hébron ne sont qu'un verger continu où vivent les arbres fruitiers des climats chauds et tempérés. La vigne y est surtout d'une merveilleuse beauté ; on remarque des ceps énormes rampant à terre ou appuyés sur des pierres. Quoique le raisin soit mûr en juillet on ne vendange qu'en septembre. Dans chaque vigne il y a deux trous creusés en plein roc ; le premier sert à fouler le raisin, le second reçoit le vin qu'on met dans des outres ou des vases en terre. Mais beaucoup de raisins se vendent pour faire un sirop très estimé en Syrie et en Égypte. Saintine qui a passé plusieurs années en Palestine dit avoir vu des grappes d'un mètre de long et pesant cinq kilogrammes.

Schultz raconte que lui et ses compagnons de voyage dînèrent sous un cep de vigne dont le pied avait au moins 10 centimètres de diamètre et 12 mètres de

hauteur. Les branches couvraient une cabane et s'é-
tendaient à 15 mètres tout à l'entour. Les grappes
pesaient 10 à douze kilogrammes ; les graines avaient
la grosseur de nos noix. J'ai vu à Doma, sur le Bar-
radas à quelques heures de Damas, des ceps énormes couvrir les plus hauts peupliers. Un de ces ceps
a donné plus de cent litres de vin. Gumpenberg dit
avoir vu des feuilles de vignes au milieu du mois de
anvier.

Les oliviers qui couvrent les pentes des collines sont
une source de richesse pour Hébron. Si l'huile qu'ils
donnent n'est pas agréable au goût, il faut l'attribuer
à la défectuosité de sa fabrication ; comme aliment, on
s'en sert peu, même dans le pays ; elle est surtout
employée à faire du savon avec la soude que les Bédouins apportent des bords de la mer Morte. Ils tirent
encore du même lieu du sel, et surtout du bitume que
les propriétaires et les chameliers achètent pour fric-
tionner le chameau quand il est menacé ou atteint
d'une maladie cutanée. Les tribus du désert fournissent les marchés de laine, de poils de chèvre et de
chameau, pour les tapis, les abbayas, et des peaux de
ces quadrupèdes et de certaines bêtes sauvages pour
faire des outres. On rencontre souvent dans les rues
des scheikhs montés sur de superbes chevaux, armés
de longs fusils à mèche, la ceinture garnie de poignards, et accompagnés de nombreux serviteurs. Ils
viennent échanger des troupeaux contre du blé, de
l'orge et d'autres céréales : ils achètent des verroteries, des bijoux, des toiles pour vêtements, car c'est

à Hébron que se tissent et se teignent les étoffes qui se répandent dans toute la Palestine. Le voyageur qui parcourt les environs de cette ville est frappé des nombreux troupeaux qu'il rencontre sur les hauteurs et dans les vallées; on y voit quelques vaches, mais peu de chevaux; les brebis, les moutons, les chèvres, les chameaux, les chiens, les bergers donnent à ce paysage un caractère individuel et un aspect plein de vie, de mouvement, d'animation. Avec une tout autre population la ville d'Hébron deviendrait un séjour délicieux.

CHAPITRE X.

E Haram ou le mur qui entoure la mosquée que les Musulmans appellent Mesdjed el-Khalil est le monument le plus remarquable d'Hébron et un des plus intéressants de la Palestine. Cette mosquée, sur le sépulcre des Patriarches, est au milieu d'une plateforme qu'enveloppe un mur de soixante mètres de long, sur trente quatre de large et vingt mètres de haut. Il est sur le penchant de la colline de l'est. La plus grande dimension de ce rideau de pierres est du nord nord-ouest au sud sud-est. Les matériaux à encadrements sont bien polis, jointoyés avec soin, les bandes lisses creusées peu profondément.

Irby et Mangles disent que quelques assises supérieures ont vingt-cinq pieds anglais de long, mais c'est une
erreur. Les plus longues ont à peine cinq mètres.

Une religieuse stupeur mêlée d'une sorte d'effroi,
s'empare du voyageur lorsqu'il arrive devant ces murs
imposants. Leur masse nous saisit, nous écrase et nous
sommes attirés par la beauté des matériaux, d'une
couleur brune et dorée, en même temps que nous nous
sentons envahis par les grands souvenirs qu'ils réveillent. L'architecture de ce monument a cela de particulier que, de distance en distance, on voit engagés
des pilastres carrés sans chapiteaux, surmontés seulement d'une simple corniche qui circule autour de
tout l'édifice. Les Musulmans ont flanqué les quatre
angles de quatre minarets ornés de galeries. Il n'y a de
fenêtres sur aucune face. Deux escaliers à pentes très
douces conduisent aux deux portes percées aux deux
angles nord. Celle de l'angle nord-ouest paraît être la
principale, peut-être parce qu'elle est plus convenablement placée. On voit en montant la colline que le
rocher a été coupé pour asseoir les fondations.

A gauche de l'entrée la plus fréquentée, Lévi n'ou-
blia pas de me faire remarquer un trou carré fermé
d'un volet à l'intérieur. Les Musulmans, me dit-il, ouvrent quelquefois ce volet et alors il est permis aux
Juifs de jeter un regard dans l'enceinte, mais tout ce
qu'ils peuvent apercevoir n'est qu'une partie d'une
cour couverte de marbre. J'avais, en effet, rencontré
là des femmes agenouillées, voilées et habillées de
longues robes blanches.

Ce monument, tel qu'il peut être connu de ceux qui n'en voient que l'extérieur (car il n'est pas permis aux chrétiens d'en visiter l'intérieur) appartient à une haute antiquité. Sa ressemblance avec ce qui nous reste des anciens murs de Jérusalem peut le faire remonter à l'époque juive. Legh prétend qu'il n'a aucun rapport ni avec l'architecture grecque, ni avec l'architecture romaine, ni avec aucun ancien style chrétien, et il part de là pour lui attribuer une origine hébraïque; d'autres pensent que c'est une construction hélénienne. Je ne le crois pas. L'absence d'ouvertures, l'appareil des murs montrent qu'ils n'ont jamais eu d'autre destination que celle d'entourer un lieu consacré et vénéré, et il n'est pas dans l'esprit du christianisme, éminemment populaire et expansif, d'interdire aux regards du peuple ce qu'il regarde comme sacré. Ce monument est unique et patriarcal dans sa noble simplicité.

Que de témoignages émanant d'hommes les plus compétents ne pourrait-on pas invoquer en faveur de l'authenticité juive du Haram Mesdjed-el-Khalil.

« L'appareil de ces murailles, disent Salzmann et Maus, est le même que celui du Haram de Jérusalem. Les blocs sont de même dimension, leur bossage offre le même caractère; seulement, à Hébron, ce bossage n'est pas exécuté par les mêmes moyens qu'à Jérusalem. Au lieu d'être fait à la brette, il est piqué, non pas à la boucharde mais à la pointe. Les bandes lisses sont obtenues, comme à Jérusalem, par un ciseau plat entaillé qui prend toute la largeur de la bande.

Quelques-unes des assises inférieures présentent sur leur surface des masses réservées, grossièrement arrondies et formant saillie d'environ trente centimètres. Il est probable que la tradition du pays ne se trompe pas, et que l'enceinte du Haram d'Hébron est bien l'ouvrage du roi David. »

« Le tombeau de Khalil, du bien-aimé, d'Abraham, était probablement disposé comme tous les tombeaux judaïques d'une certaine importance. Il consistait en une chambre dans laquelle étaient pratiquées des niches en nombre correspondant à celui des membres de la famille qui devaient y être inhumés. Cette chambre, peut-être précédée d'un vestibule, avait été taillée dans une partie saillante de la colline qui s'élève en pente douce derrière Hébron. Quand David voulut consacrer ce lieu vénéré, il profita de la disposition naturelle du terrain et entoura d'un mur en pierres énormes cette partie saillante, ce cap dans lequel était excavée la chambre sépulcrale, de manière à former ainsi une plateforme sur laquelle il éleva probablement un sanctuaire. Cette disposition existe encore aujourd'hui : le massif du Haram est isolé de trois côtés, au sud, à l'ouest et au nord. A l'est il se relie à la colline avec laquelle la plateforme est de plein pied. La partie sud de l'enceinte, qui seule est accessible et visible dans tout son développement, présente les particularités suivantes. La base du mur jusqu'à une certaine hauteur est unie. Ce n'est qu'arrivée à une élévation de quatre ou cinq mètres que cette base se termine par une retraite en plan incliné, sur laquelle posent les pilastres qui suivent le même plan que la base, et forment ainsi une saillie de vingt centimètres sur le mur en retraite.

« L'entrée primitive de la chambre sépulcrale se trouvant condamnée par le mur de la face ouest, on en pratiqua une autre qui du niveau de la plate-forme, s'ouvre sur un escalier taillé dans le roc. L'entrée primitive est, dit-on, toujours visible. C'est un long couloir muré dans le fond; des lampes nombreuses y brûlent jour et nuit. »

M. Salzmann dit que l'édifice transformé en mosquée qui se trouve dans la partie sud de la cour, paraît avoir été une basilique chrétienne. Mais il n'y a trouvé aucun des caractères qui distinguent les églises élevées en Palestine par les Croisés.

« Le Haram d'Hébron, dit M. de Saulcy, est une construction magnifique, qui ressemble fort aux plus belles parties de la muraille extérieure du Haram Ech-Chérif de Jérusalem, c'est-à-dire à celle que j'attribue, avec toute confiance, à Salomon lui-même. Comme David, père de Salomon, a régné pendant sept ans et demi à Hébron avant de se rendre à Jérusalem où il transporta le siège de la royauté, je n'ai pas le moindre scrupule à attribuer l'enceinte sacrée à David lui-même.

« Cette enceinte est ornée de quinze pilastres engagés, d'un mètre dix cent. de large, et d'environ huit mètres de hauteur sur les faces. Il y en a huit seulement sur les petites, et, de part et d'autre, ce nombre est compté, abstraction faite des coins, qui ont bien la même saillie que les pilastres, mais qui offrent un développement horizontal plus considérable. Le haut est orné d'un simple filet carré, couronnant le mur et les pilastres. Toutes les pierres des assises, qu'elles fassent partie du mur du fond ou des pilastres, sont munies d'un encadrement destiné à parer les joints, et ces encadrements existent même sur les faces intérieures ou joues des pilastres.

« L'âge de ce monument, ajoute M. de Saulcy, a été discuté bien des fois, et il a fait naître les opinions les plus diverses. Les uns, comme moi, y voient un appareil judaïque des premiers temps de la royauté; les autres, cédant à la manie de ne vouloir rien reconnaître de judaïque dans le royaume de Juda, font descendre cette imposante construction jusqu'aux époques les plus basses. Quoi qu'il en soit, voici deux passages de Josèphe. En parlant d'Abraham et des funérailles de Sarah il s'exprime ainsi : « Et Abraham et ses descendants bâtirent des monuments pour elle ».

« Dans la *Guerre judaïque*, parlant encore de l'origine d'Hébron, Josèphe dit : « Les habitants du pays racontent qu'à Hébron vécut Abraham, l'ancêtre des juifs, après qu'il eut quitté la Mésopotamie, et que c'est de là que ses enfants passèrent en Égypte. Leurs sépulcres se voient jusqu'à ce jour entièrement construits en beau marbre et magnifiquement. »

M. de Vogüé s'exprime ainsi sur le Haram : « Extérieurement la vue est arrêtée par un mur très élevé et qui, à lui seul, offre le plus grand intérêt. Haut de 15 à 20 mètres, il entoure la mosquée de toutes parts et forme un parallélogramme rectangulaire de 70 mètres à peu près sur 50, dont le grand axe est dirigé du nord-nord-ouest au sud-sud-est. Il est bâti, pour la plus grande partie, en pierres énormes, disposées en assises horizontales, avec bandes lisses sur les joints, offrant la plus grande analogie par leur appareil et leurs dimensions avec celles qui composent les soubassements extérieurs du temple de Jérusalem. Cette belle enceinte a un caractère tout particulier : sans fenêtre aucune, soutenue de place en place par des pilastres engagés, elle paraît avoir eu la destination spéciale d'entourer un lieu consacré, suivant un usage bien plus conforme aux habitudes religieuses de l'antiquité qu'à celles du christianisme. Elle me paraît donc antérieure à l'ère chrétienne et provient, sans doute, de travaux exécutés par les Hébreux, pour honorer la sépulture de leurs Patriarches. Josèphe dit que les tombeaux d'Hébron étaient en grand honneur de son temps, qu'ils avaient été revêtus d'une riche ornementation de marbre. »

Je ne cite pas l'opinion de M. Renan. Ce membre de l'Institut a le privilège des excentricités en religion, en politique, en histoire et en général en toutes les sciences. « Il faut des mois, dit-il, pour connaître Rome et Athènes ; en quelques jours on a épuisé Jérusalem. » Dans un rapport adressé à l'empereur pendant sa mission en Phénicie, cherchant à apprécier l'âge de la tour de Djebaïl, il dit : « Par une série de coïncidences singulières, ce monument étrange, qui, chaque jour, fixait mon regard pendant des heures, flottait pour moi dans un intervalle de vingt ou vingt-quatre siècles, susceptible à la fois d'être considéré comme le contemporain de Salomon ou de saint Louis. » M. de Saulcy loue M. Renan d'avoir écrit cette phrase profondément honnête, dans laquelle il fait la confession la plus explicite de son incompétence archéologique. Il me semble qu'un membre de l'Institut devrait reconnaître si un monument est du temps de Salomon ou de saint Louis. Quant au Haram d'Hébron, pour M. Renan, c'est l'œuvre d'Hérode, comme Herodium, Césarée et Masada.

La tradition qui fixe ici les tombeaux des Patriarches est revêtue de tous les caractères de la vérité. J'ai déjà cité Josèphe. Le pèlerin de Bordeaux, en 333, signale ce mausolée, et sa courte description convient tout à fait au monument que nous admirons aujourd'hui. *Inde Therebintho Chebron, millia duo ; ubi est memoria per quadrum ex lapidibus miræ pulchritudinis, in quo positi sunt Abraham, Isaac, Jacob, Sara, Rebecca et Lia.* En 570, Antonin de Plaisance s'exprime ainsi : « *Est ibi basilica ædificata in quatriporticum : atrium in medio discoopertum : et per medium discurrit cancellus, et ex uno latere intrant christiani, ex alio Judæi, incensa facientes multa.* »

A cette époque, une basilique, précédée d'un portique occupait la place de la mosquée actuelle. L'atrium était divisé par une grille ; un côté était réservé aux chrétiens, l'autre aux Juifs.

Les auteurs chrétiens, juifs et arabes varient sur le nombre des sépulcres creusés sous la mosquée Mesdjed el-Khalil que la magnifique muraille qui vient de nous occuper enveloppe de toutes parts. Les uns y placent ceux d'Adam et d'Eve, d'Abraham et de Sara, d'Isaac et de Rebecca, de Jacob et de Lia et enfin de Joseph. Je ne pense pas que les corps d'Adam et d'Ève aient jamais reposé sous ces voûtes funèbres. « Pères des siècles qui dormez en Hébron, ouvrez les portes du jardin d'Eden au défunt et dites qu'il arrive en paix. » Telle est l'invocation que je trouve dans le rituel funéraire du vieux Ruben de Jérusalem. Sara fut la première à descendre sous les voûtes de la caverne de Makpelah.

Arculphe visita Hébron à la fin du VIIe siècle. « Je vis, dit-il, plusieurs petits sépulcres : ceux des quatre patriarches, Abraham, Isaac, Jacob et Adam. Leurs pieds étaient tournés au sud, et leurs têtes au nord. Toutes ces tombes étaient couronnées de pierres polies, taillées en forme de basilique, c'est-à-dire comme le toit d'une basilique. Abraham Isaac et Jacob placés l'un à côté de l'autre ; Adam seul dans une tombe grossièrement travaillée ; celles des trois femmes étaient moins remarquables. »

En 724, saint Willibald passa à Hébron. qu'il appelle Aframia, nom sous lequel elle fut connue dans le moyen-âge. « Là, dit le pèlerin, reposent trois Patriarches, Abraham, Isaac et Jacob avec Sara, Rebecca et Lia. »

Sæwulf, pèlerin anglo-saxon, était en Palestine en 1103, par conséquent pendant le règne des rois latins. Reproduisons son récit sur Hébron et le Haram.

Hebron, ubi sancti patriarchæ Abraham, Isaac et Jacob singuli cum uxoribus requiescunt, et Adam protoplastus similiter sepultus requiescit distat a Bethlehem quattuor lengæ, ad meridiem..... Civitas vero Hebron a Sarracenis maxima et pulcherrima jam est devastatä, in cujus orientali parte monumenta sanctorum patriarcharum antiquitus facta castello fortissimo circumcinguntur, unumquodque ex tribus monumentis ad instar magnæ ecclesiæ, sarcofagiis binis deintùs honorifice positi, scilicet viri et mulieris, adhùc autem usque in præsens odor balsami et aromatum preciosissimorum unde sancta corpora erant peruncta suavissimè de sepulcris fragrans nares implet assistantium. Ossa verò Joseph quæ filii Israel, sicut adjuravit eos, secum ex AEgypto detulerant, quasi in extremis partibus castelli humiliùs cœteris sunt tumulata. »

La croyance qu'Adam reposait avec les Patriarches dans la grotte de Makpelah, a duré longuement dans les temps anciens. Cette tradition est rapportée par Eusèbe et saint Jérôme. Plusieurs docteurs juifs soutiennent cette opinion. Je citerai à ce sujet un extrait de la Notice de M. l'abbé Bargès sur Hébron et le tombeau d'Abraham.

On lit dans le Talmud (traité Erubin) : « Que signifie Machpelah? Cela veut dire que cette grotte renfermait plusieurs couples. »

« Mamré Kiriath-Arbaa. Rabbi Isaac dit : « C'est la ville des quatre, ou quatre couples, savoir : Adam et Ève, Abraham et Sarah, Isaac et Rebeccah, Jacob et Liah. »

« On trouve la même explication dans l'Yakout

Schimeoni. Dans le traité talmudique Baba Batra, il est question d'un rabbi Bana qui, après avoir visité le tombeau d'Abraham, voulut aussi entrer dans le tombeau de notre père Adam, qui se trouvait dans la même caverne. Une voix lui cria : « Tu as vu la ressemblance de mon image (Jacob, qui rappelait Adam par la beauté de sa personne), mais il ne t'est pas permis de contempler mon image même. » « Lorsque Abraham, notre père, dit un rabbi, se rendit dans la caverne de Machpelah dans l'intention d'y ensevelir Sarah, Adam et Eve se levèrent, ne voulant plus rester dans la caverne. Ils disaient : « Pourquoi faut-il que nous soyons exposés à rougir sans cesse devant Dieu du péché que nous avons eu le malheur de commettre? En venant ici vous ne faites qu'augmenter notre confusion, car à la vue de vos bonnes œuvres et de vos mérites, nous ne pouvons que rougir de honte. » Abraham leur répondit : « Soyez tranquilles, je me charge d'intercéder pour vous auprès du Seigneur, afin qu'il ne vous arrive plus de rougir. » A ces mots Adam se tut et rentra dans sa tombe. »

« Du chêne de Mambré, dit Brocard, il y a une demilieue jusqu'à Hébron l'antique, appelée Cariatharbée, située sur une montagne dans une forte position. Ses ruines qui couvrent un vaste espace nous parlent de son état florissant d'autrefois. De ces décombres à un jet de trait au midi est la nouvelle Hébron, bâtie à l'endroit où sont les sépulcres d'Adam et d'Eve, d'Abraham et de Sara, d'Isaac, de Rebecca, de Jacob et de Lia. »

Orderic, frère mineur, visita la Palestine de 1320 à

1330. Lui aussi fait mention des sépulcres d'Adam, d'Abraham, d'Isaac, de Jacob, d'Eve, de Sara, de Rebecca, de Lia. « La tête d'Adam, dit ce pèlerin, est enchassée dans le mur à côté de l'autel. Le sépulcre de Joseph est en dehors de l'église. » Il y avait donc alors une église dans l'intérieur du Haram, et qui a été changée en mosquée. Les Arabes racontent qu'Esaü, sur le point de mourir, déclara qu'il ne voulait pas être enterré avec son père et son frère, parce que tous les deux l'avaient trompé. Allah permet à Isaac et à Jacob de venir l'appeler quelquefois, mais Esaü craignant d'être joué une seconde fois refuse de répondre.

La ville d'Hébron, les sépultures des Patriarches ont de tout temps provoqué les recherches, passionné en quelque sorte, les voyageurs-écrivains avides de vérité sur les faits qui s'y rattachent. Qu'on me permette de citer encore quelques récits empruntés aux plus célèbres pèlerins juifs de 1160 à 1537. Le premier sera de Benjamin de Tudèle, un des plus illustres.

« Après six lieues de chemin, je vins à Hébron qui a son assiette dans une plaine. Pour l'ancienne Hébron qui était la métropole, elle avait la sienne sur une montagne, mais elle est à présent déserte. La vallée où est située la ville d'Hébron est double, c'est-à-dire que le lieu de sa situation est partagé en deux, où se trouve aussi le grand Temple qui porte le nom de Saint-Abraham. Les juifs y avaient autrefois leur synagogue dans le temps où les Ismaélites étaient maîtres du pays. Les chrétiens qui en ont depuis pris possession y ont bâti six sépulcres. Lorsque quelque juif y vient, il donne au portier quelque récompense, on lui fait voir la caverne avec une porte de fer qui est un reste d'antiquité. Il descend à la faveur d'une lampe allumée dans la première voûte où il ne trouve rien, non plus que dans la seconde, jusqu'à ce qu'il soit dans la troisième. C'est là que sont les monuments d'Abraham, d'Isaac, de Jacob, de Sarah, de Rebecca et de Lia, placés vis-à-vis l'un de l'autre ; chacun desquels est distingué par le nom et les caractères divers qui sont gravés en cette manière : *Sepulchrum Abraham patris nostri, super quem pax sit.* Une lampe est ardente nuit et jour dans ce lieu souterrain. On voit dans le même endroit les ossements d'anciens Juifs que des familles d'Israël y ont déposés. »

Petachia de Ratisbonne, 1175, attribue à Abraham la construction de la magnifique muraille qui devait entourer les monuments des Patriarches. Voici le récit du rabbi, dicté à un de ses amis. « Il alla, dit-il, à Hébron, où il vit le grand temple bâti par Abraham au-dessus de la caverne de Machpelah. Il donna une pièce d'or à celui qui a la clef afin qu'il l'introduisît dans l'endroit qui renfermait les tombeaux des Patriarches. Quand le gardien eut ouvert la porte, le voyageur remarqua une image à gauche et il vit dans l'intérieur trois cavités sépulcrales. Or, les Juifs qui habitaient la ville d'Acco avaient dit au rabbi : « Prends bien garde de te laisser tromper, car les chrétiens ont mis trois corps dans la caverne à l'entrée en dedans, et ils disent que ce sont les corps des trois Patriarches. » Mais Petachia ayant offert à son guide une autre pièce d'or pour qu'il lui permît d'entrer dans la véritable caverne, obtint cette faveur. En lui en ouvrant l'entrée, le gardien s'écria : « Jamais de ma vie je n'ai permis à qui que ce soit appartenant à une nation infidèle de passer par cette porte et d'aller plus loin. » Après cela, ayant fait apporter des flambeaux, il introduisit le pèlerin dans l'intérieur et ils y descendirent par un escalier. Pour arriver du dehors dans la première caverne, ils étaient également descendus par un escalier d'une quinzaine de marches. Rabbi Petachia pénétra ainsi dans une seconde caverne très spacieuse et très large. Au milieu de cette caverne, il y avait une ouverture pratiquée dans le roc, ainsi que toute la grotte. L'ouverture se trouvait fermée par une lourde grille en barres de fer. Un vent violent soufflait à travers ce grillage, on ne pouvait en approcher avec un flambeau. Convaincu que là reposaient les Patriarches, Petachia se mit à prier ; mais comme il voulait regarder dans cette ouverture il fut rejeté en arrière par le vent dont il entendait le bruit. » Nous voyons par ce que raconte le rabbi qu'il y avait trois cavernes superposées.

Le rabbi Samuel bar Simon était en Palestine en 1270. Il publia la relation de son voyage pour engager ses coreligionnaires à faire le pèlerinage de Terre-Sainte. Il accompagna le prince de la Captivité qu'il rencontra à Hébron. C'était un de ces princes qui réunissaient le pouvoir civil et le pouvoir religieux. David ben o Nodaich était le nom de celui que Samuel bar Simon suivit dans son voyage. « Nous entrâmes, dit le rabbi, dans la forêt de Mambré, nous vîmes l'endroit où Abraham dressa sa tente, l'arbre sous lequel il se reposa avec les trois anges. Près de là est la demeure de Sara, notre mère. Nous nous rendîmes chez un teinturier et nous le priâmes de nous faire entrer dans la maison sainte pour y prier. Nous descendîmes dans la caverne par vingt-six degrés fort étroits. »

En 1258, le rabbi Jacob, de la synagogue de Paris, visita dans la double caverne à Hébron les tombeaux d'Adam et d'Ève, d'Abraham et de Sara, d'Isaac et de Rebecca, de Jacob et de Lia.

Isaac Chelo quitta l'Aragon en 1337, pour s'établir avec sa famille en Terre-Sainte d'où il écrivit plusieurs lettres dont l'une renferme le passage suivant qui regarde Hébron. « Hébron s'appelait autrefois Keriath Arbé, ville d'Arbé père des Enacins. C'était un homme fort entre les géants. Il y a encore aujourd'hui en Hébron un squelette immense qui a appartenu à un de leurs descendants. Les juifs sont nombreux dans cette ville ; on y fait un grand commerce de coton et de verre. Ils prient nuit et jour dans la synagogue. Pendant le temps fixé pour la pénitence, ils se prosternent sur les tombeaux d'Isaï père de David, et d'Abner fils de Ner. La face tournée vers la double caverne, ils supplient le Seigneur de leur rendre la possession des saints sépulcres. »

Gerson de Scarmola écrit que Abraham, Isaac, Jacob, Adam, Ève, Sara, Rebecca, Lia dorment à Hébron leur dernier sommeil.

Un docteur juif, Kaab-el-Abbar, raconte ce qui suit

dans son *Recueil sur les Traditions :* « Salomon, fils de David, ayant achevé de bâtir la maison du Seigneur, reçut du ciel l'ordre d'élever un monument sur le tombeau d'Abraham. Ce prince construisit un mausolée dans une localité nommée Ramat. Dieu lui dit : « Ce n'est pas là la place que j'ai choisie, lève les yeux au ciel, tu y verras des rayons lumineux sortir des nuages, descendre à l'endroit où tu dois élever ce monument. » Cette lueur s'arrêta sur un terrain du district d'Habry. Salomon y bâtit le Haram. »

L'auteur de la relation manuscrite, Jéchus ha-Abot, qui date de 1537, traduite par Uri de Briel, savant juif polonais, s'exprime ainsi qu'il suit sur Hébron et les monuments des environs : « Hébron située dans la terre de Chanaan, appelée Kariath Arbé, est remarquable par la caverne double dans laquelle reposent les Patriarches Adam et Eve, Abraham et Sara, Isaac et Rebecca, Jacob et Lia. Un magnifique édifice est construit sur ce tombeau. On l'attribue au roi David, sur lequel soit la paix. Une petite fenêtre percée dans le mur communique au caveau. C'est là que les juifs viennent prier, car ils ne peuvent pénétrer dans l'intérieur. Soir et matin ils chantent des psaumes, distribuent du pain en l'honneur de notre père Abraham. On dit que la tête d'Esaü est aussi dans la caverne ; car s'étant opposé à la sépulture de Jacob dans la grotte, Hurchin fils de Dan lui coupa la tête et la jeta dans ce lieu funèbre. » L'auteur parle de trois puits creusés par Abraham, Isaac et Jacob, du tombeau d'Abner fils de Ner, de celui d'Isaï père de David, du chêne de Mambré et des vignes des environs de la ville.

Il est probable que les sépulcres des Patriarches ne sont pas seulement enfermés entre des remparts, mais qu'ils reçurent le genre d'ornementation que nous trouvons sur les tombes indubitablemen hébraïques.

Tout en admettant que la belle muraille qui enveloppe le Haram remonte à l'époque judaïque, je crois cependant pouvoir soutenir que les chrétiens eurent une église dans cette enceinte avant la domination musulmane et pendant les Croisades. Antonin de Plaisance visita Hébron quelques années avant la prise de Jérusalem par Omar. Il affirme qu'il y avait ici une basilique, une cour intérieure à ciel ouvert entourée d'un mur quadrangulaire, dans laquelle les juifs et les chrétiens entraient par des portes différentes et s'avançaient en brûlant des parfums. Brocard dit expressément qu'il y avait une basilique sur les tombeaux des Patriarches. Orderic, frère mineur, laisse entendre qu'il a la même opinion. Le mot basilique employé par Antonin ne peut s'appliquer à un mur enveloppant une cour ; il n'a jamais eu ni avant, ni après Constantin une semblable signification ; mais il a toujours été en usage parmi les auteurs ecclésiastiques pour signifier un édifice couvert consacré au culte divin. De ce que les juifs y entraient avec les chrétiens, on ne peut pas en conclure que ce n'était pas une église ; jamais dans aucun pays il n'a été défendu aux enfants d'Israël de prier dans un temple chrétien. Sous cette basilique reposaient les ossements des personnages vénérés dans les deux cultes. Une tradition constante attribue à

sainte Hélène la construction de cette basilique. Le
P. Boniface de Raguse croit que l'impératrice l'orna
de marbre précieux, qu'un bel escalier y donnait accès et que près de la porte, à droite, se trouvaient les
tombes d'Abraham et de Sara, d'Isaac et de Rebecca,
de Jacob et de Lia.

Pendant la première occupation musulmane, la basilique hélénéenne fut probablement dénaturée pour
le culte de l'islam, et lorsque les Croisés érigèrent Hébron en évêché, ils lui firent encore subir quelques
modifications. Benjamin de Tudèle et Petachia de Ratisbonne visitèrent Hébron pendant la domination latine; ils mentionnent une église bâtie sur les tombes
des Patriarches. Mais dès que cette ville fut tombée au
pouvoir des musulmans en 1187, il ne fut plus permis
aux chrétiens d'entrer dans ce temple changé en
mosquée.

Le renégat Jean Finati, domestique de l'anglais Ban-
kes et l'Espagnol Badia, connu sous le nom d'Ali Bey,
sont parvenus à pénétrer dans le Haram. Le premier
regarde la mosquée comme une ancienne église chrétienne. « Les sépulcres d'Abraham et de sa famille, dit
le second, sont dans un temple qui était jadis une église
grecque. Pour y arriver on monte un large et bel escalier qui conduit à une longue galerie, d'où l'on entre
dans une petite cour. Vers la gauche est un portique
appuyé sur des piliers carrés. Le vestibule du temple
a deux chambres, l'une à droite qui contient le sépulcre d'Abraham, et l'autre à gauche, qui renferme celui
de Sara. Dans le corps de l'église, qui est gothique,

entre deux gros piliers à droite, on aperçoit une maisonnette isolée, dans laquelle est le sépulcre d'Isaac, et, dans une autre maisonnette pareille sur la gauche, celui de sa femme. Cette église, convertie en mosquée, a son mehereb, la tribune pour la prédication des vendredis, et une autre tribune pour les muddens ou chanteurs. »

« De l'autre côté de la cour est un autre vestibule, qui a également une chambre de chaque côté. Dans celle de gauche est le sépulcre de Jacob, et dans celle de droite celui de sa femme.

« A l'extrémité du portique du temple, sur la droite, une porte conduit à une espèce de longue galerie qui sert encore de mosquée ; de là on passe dans une autre chambre où se trouve le sépulcre de Joseph, mort en Egypte, et dont la cendre fut apportée par le peuple d'Israël. Tous les sépulcres des Patriarches sont couverts de riches tapis de soie verte, brodés en or ; ceux de leurs femmes sont rouges, également brodés. Les chambres où sont les tombeaux sont aussi couvertes de riches tapis : l'entrée en est défendue par des grilles en fer et des portes en bois plaquées en argent, Il y a pour le service du temple cent employés et domestiques. »

En comparant les sépulcres des Patriarches à « de petites maisonnettes », je ne crois pas que Ali Bey ait voulu parler des vraies tombes qui ne sont pas dans la mosquée, jadis église, mais bien sous le pavé de cet édifice ; par conséquent, celles que Ali Bey a vues ne sont que des cénotaphes. On ne sait rien de bien certain

sur la disposition intérieure de ce tombeau de famille.
Il se peut que chaque tombe soit détachée du rocher
et isolée puisque la caverne était creusée sous une
colline, massif rocheux. On y descend par un escalier
fort étroit. La caverne est-elle double, en ce sens que
l'une soit supérieure, l'autre inférieure, ou bien juxta-
posées et séparées ou par un mur ou par le rocher?

M. de Vogüé tire les conséquences suivantes de
cette description et des planches qui l'accompagnent:
«On voit clairement que l'intérieur de l'édifice se compose d'une cour avec portique à jour et chambres at-
tenantes, puis d'une église à trois nefs précédée d'un
narthex. Le style du portique ne saurait se distinguer,
mais celui de l'église est bien évident : aux voûtes, aux
arcades, aux faisceaux de colonnettes, aux ogives fran-
chement accentuées, on reconnaît facilement la main
des Croisés. Un toit en charpente à double versant
surmonte la nef principale. Cette couverture qu'on ne
rencontre en Syrie que dans les églises très anciennes,
telle que celle de Bethléhem, de la mosquée d'El-Aksa
et la grande mosquée de Damas, semblerait prouver
qu'une partie de la basilique primitive a été conservée
dans la reconstruction de l'église du XIIIe siècle. Les
tombeaux attribués par les Musulmans aux Patriarches,
sont situés dans l'intérieur de l'ancienne église ou dans
les petites salles disposées de chaque côté de la cour.
Quelques-uns sont décrits par Ali Bey comme ayant la
forme de « maisonnettes », d'où l'on pourrait conclure
qu'ils ont été, comme le Saint-Sépulcre, isolés de la
masse du rocher par un travail artificiel. Ce qui sem-

blerait confirmer cette supposition, c'est qu'une des faces de la grande enceinte est profondément engagée dans les flancs de la colline, entaillée pour la recevoir. »

Un auteur arabe, Makrisi, traduit par Quatremère, donne sur la mosquée du Haram des détails qui ne font que confirmer l'existence d'une église chrétienne dans cette enceinte. « Cet édifice, dit cet écrivain, se compose de trois nefs, dont celle du milieu a plus d'élévation que les autres qui lui sont contiguës à l'occident et à l'orient. Au milieu de cet édifice voûté, sous la nef la plus élevée se trouve le mihrah, et à côté, le menber formé de bois et d'un travail aussi beau que possible. Vis-à-vis est l'estrade des muezzins soutenue par des colonnes de marbre d'une extrême beauté ; les murs de la mosquée sont revêtus de marbre sur toutes les faces. Sous l'édifice susdit se trouve le tombeau de notre seigneur Isaac, auprès d'un pilier voisin du menber. Vis-à-vis est le tombeau de Rebecca, femme d'Isaac, à côté du pilier oriental. Cet édifice a trois portes : celle du milieu mène à la sépulture auguste où repose Abraham. Vis-à-vis, du côté de l'orient, est le tombeau de Sara, femme de ce Patriarche. A l'extrémité de la cour renfermée dans l'enceinte du mur de Salomon, du côté du nord, est le tombeau qui porte le nom de notre seigneur Jacob. Il est placé à l'occident vis-à-vis celui d'Abraham. En regard de ce monument, du côté de l'est, se trouve le sépulcre de Lia. Le parvis de la mosquée, cette partie qui est entièrement découverte, règne entre le tombeau d'Abraham et celui de Jacob. Les coupoles qui surmontent les tombeaux où reposent, dit-on, Abraham, Sara, Jacob, Lia, comme je l'ai appris, ont été construites par les Ommiades. Tout le terrain compris dans l'enceinte du mur, tant la partie abritée d'un toit que la cour découverte est pavé de carreaux qui remontent au temps de Salomon ; ils présentent un coup d'œil admirable. »

En 1862, le prince de Galles, héritier présomptif de la couronne d'Angleterre, obtint après de grandes difficultés l'autorisation d'entrer dans le Haram, autorisation qui n'a été accordée à aucun chrétien depuis les Croisades. On nous pardonnera de placer ici une sorte de compte-rendu donné par le *Times* de cette visite du prince anglais, et qui n'est pas sans intérêt :

« La mosquée d'Hébron passe pour être bâtie sur l'emplacement du tombeau d'Abraham. Ce lieu est tellement vénéré par les musulmans que l'accès en est entièrement interdit aux Européens ; ce n'est qu'avec la plus grande difficulté que le prince de Galles a été autorisé à le visiter. Il a fallu un firman de la Porte, remettant la question à la décision du gouverneur de Jérusalem. Le gouverneur n'a cédé qu'après de longues instances, et à la condition que le prince ne se ferait accompagner que par un petit nombre de personnes. Les environs de la ville étaient garnis de troupes, il y avait des gardes sur le toit des maisons. Sur le versant de la montagne d'Hébron est situé, sans aucun doute, le caveau qu'Abraham acheta d'Ephron et où il fut enterré avec Sara. Là furent aussi enterrés Isaac, Rebecca et Lia, enfin Jacob. Rachel, seule de la famille du patriarche ne s'y trouve pas. L'historien Josèphe nous apprend que cet endroit, objet d'une très grande vénération, avait été entouré de murs très élevés. Ces murs anciens existent encore aujourd'hui et sont d'origine juive.

« Les récits des pèlerins du viie et du viiie siècle nous apprennent qu'à cette époque une église chrétienne avait été construite dans cette enceinte. L'église a été transformée en mosquée par les musulmans. Depuis six cents ans, aucun Européen n'y a pénétré, si ce n'est en secret. Le prince de Galles et sa suite, avec le docteur Rosen, ayant monté jusqu'à la plate-forme furent reçus par un gardien descendant d'un compagnon du prophète. Chacun ôta sa chaussure et on entra dans la mosquée. Les murmures de quelques employés prouvèrent qu'ils ne cédaient qu'à regret à recevoir les infidèles.

« Le bâtiment était évidemment autrefois une église byzantine, il suffit pour s'en convaincre, de voir le double portique et les quatre piliers de la nef. Il occupe les deux tiers de la plate-forme. Le second des portiques contient deux tombes : celle qui est dans un enfoncement de droite, nous a été désignée comme celle d'Abraham, celle de gauche comme celle de Sara. Les enfoncements sont fermés par des grilles d'argent.

« On nous supplia de ne pas entrer dans la chambre de la tombe de Sara. Ce serait, disent les musulmans, une profanation, ce tombeau étant celui d'une femme. L'autre chambre, celle d'Abraham, nous fut ouverte;

après un moment d'hésitation et après une prière au Patriarche pour obtenir sa permission. Cette chambre est revêtue de marbre. Le tombeau a la forme d'un sarcophage musulman ; il est recouvert de plusieurs tapis brodés d'or envoyés de Constantinople par les sultans Mahomed II, Selim Ier et Abdul-Medjid.

« Toutes ces tombes ne sont que des cénotaphes au-dessus des vraies tombes.

« Dans l'intérieur de l'église il y a dans des chapelles séparées ressemblant aux précédentes, les tombes d'Isaac et de Rebecca. On nous refusa l'entrée de ces oratoires : pour la tombe de Rebecca, parce que c'était une femme ; pour celle d'Isaac, à cause d'un caractère particulier, qu'on nous fit connaître par l'explication suivante : Abraham était plein de bonté et d'amour, il pardonne un affront ; Isaac, au contraire, était fort jaloux, il est dangereux de l'irriter. Ibrahim Pacha, ayant voulu entrer, fut repoussé par Isaac et tomba comme foudroyé. Ce récit fait connaître le sentiment de terreur qu'inspirent ces lieux vénérés et explique comment ils ont été respectés.

« Les tombeaux de Jacob et de Lia nous ont été montrés dans des enfoncements semblables à ceux d'Abraham et de Sara, mais dans un cloître séparé, en face de l'entrée de la mosquée ; sur la tombe de Lia il y avait deux bannières vertes.

« Outre ces monuments on nous en a montré dont la version biblique ne justifie pas l'authenticité, c'est le tombeau de Joseph. M. Rosen nous a assuré que la tradition de l'inhumation de Joseph existe dans le pays et qu'elle est peut-être fondée sur une expression ambiguë de l'historien Josèphe. Cette tradition veut que Joseph, après avoir été inhumé à Sichem, ait été transporté à Hébron. D'ailleurs le tombeau qu'on nous a montré est situé en dehors de l'enceinte.

« On peut bien penser que ce qui nous intéressait surtout, c'était d'être renseigné sur l'existence et la situation du véritable caveau sacré, où ont été ensevelis les Patriarches, et où on peut supposer que Jacob dont le corps a été embaumé, repose encore. Nous n'avons relevé qu'une seule observation pouvant nous indiquer l'existence de cette caverne. Dans l'intérieur de la mosquée, à l'angle du cénotaphe d'Abraham, on aperçoit un petit trou circulaire, de huit pouces de large, maçonné à la surface, mais percé, nous en sommes sûrs, dans le roc vif. Il y a deux mille cinq cents ans, disent les Musulmans, que le serviteur d'un grand roi entra dans la caverne par une autre ouverture : il en sortit aveugle, sourd, décrépit, impotent. Depuis ce temps l'entrée du caveau a été fermée, et on n'a laissé que ce trou pour permettre à l'air saint de la grotte de pénétrer dans la mosquée pour être respiré par les fidèles, et pour y descendre une lampe qui y répand une douce lueur. Nous priâmes d'allumer la lampe. On nous répondit que les saints n'aimaient pas à voir la lumière de la lampe en plein jour. »

La relation de la visite du prince de Galles, rédigée par le révérend professeur Stanley, n'a rien ajouté à ce que nous savions déjà sur le Haram et les sépulcres des Patriarches. Le résultat pour la science biblique et

94

profane a été nul. Il est même permis de croire que
les gardiens, peu édifiés et mécontents de cette visite du
monument par un infidèle, ne se sont pas crus tenus
d'observer en tout l'exacte vérité, et ont fait au royal
visiteur des récits plus ou moins vraisemblables.

L'enceinte a été construite par les génies sous la direction de Salomon , disent les musulmans. C'est lui
qui leur a donné la recette pour composer les pierres
dont ils se sont servis; on n'en trouve de semblables
nulle part. Ces matériaux viennent d'une carrière des
bords de la mer Morte dans le voisinage du Djebel-
Usdum. Il entre dans la formation de ces pierres des
végétaux, des coquillages, des insectes, du calcaire,
des fragments divers. C'est un produit volcanique.

Ce fut Joseph lui-même qui, après la mort de Jacob,
vint ensevelir son père dans la terre patriarcale. Nous
lisons dans la Genèse, chapitre ive, v. 2, que : «Joseph
ordonna aux médecins qu'il avait à son service, d'embaumer le corps de son père avec des aromates ; et ils
exécutèrent l'ordre qu'il avait donné, en y employant
quarante jours ; c'était la coutume d'embaumer ainsi
les cadavres. Et l'Egypte pleura Jacob pendant soixante-
dix jours. » Joseph vint l'ensevelir à côté d'Abraham
dans la caverne de Makpelah en la terre de Chanaan;
puis après cette cérémonie funèbre il retourna en
Egypte avec la nombreuse escorte qui avait accompagné le cercueil.

L'habile ministre des Pharaons, riche et puissant,
habitué à voir les travaux grandioses des Egyptiens,
témoin des honneurs qu'ils rendaient aux dépouilles

mortelles de hauts personnages, déposées dans des hypogées et des superbes mausolées, a bien pu concevoir et faire exécuter le monument que nous voyons sur les tombes de son père bien-aimé et de ses ancêtres, lui-même pouvant espérer venir un jour y dormir son éternel sommeil. Bien des faits peuvent être invoqués en faveur de l'attribution à Joseph de la construction de la muraille protectrice des monuments funéraires.

Car si le Haram d'Hébron a des ressemblances avec celui de Jérusalem, il a bien aussi des dissemblances. Dans aucun des débris de l'ancienne architecture hébraïque on ne trouve des pilastres engagés avec les dispositions de ceux que nous voyons à Hébron. Ici il n'y a pas de ciment, les pierres sont emboîtées les unes dans les autres par des entailles ; les assises vont en diminuant de longueur et de hauteur ; le mur est légèrement incliné à l'extérieur et vertical à l'intérieur. On a trouvé au Caire, dans la citadelle, à quelques mètres du puits de Joseph, des pierres de la même nature et travaillées comme celles du Haram. Il est à peine croyable que Joseph, après avoir déposé son père à côté d'Abraham, ait laissé ce sépulcre de famille sans l'entourer de murs pour le préserver de toute profanation. Quelle facilité n'eut-il pas d'envoyer de l'Egypte des matériaux et des ouvriers pour l'envelopper d'une belle muraille. Le transport des matériaux n'effrayait pas les anciens ; on a découvert sur les bords de l'Euphrate des blocs qui viennent indubitablement du Sinaï. Les pierres du mur du Haram s'emboîtent les unes dans les autres par des entailles à vives arêtes. Deux, puis trois font l'épaisseur du mur: point de ciment ni mortier.

D'après une légende arabe, le corps de Joseph demeura mille cinq ans dans le Nil. Un Egyptien révèla ce secret à Moïse, lui promettant de le conduire où était ce corps, mais à condition qu'il épouserait sa fille. Moïse accepta, prit le corps de Joseph et le porta à Hébron.

Il y a dans la mosquée du Haram une tribune en bois sculpté, qui porte la date de 484 de l'hégire, 1091 de Jésus-Christ. Elle n'y fut placée qu'en 1183 par Saladin, après la prise d'Ascalon. Deux fervents disciples du prophète y travaillèrent vingt-cinq ans; ils y employèrent toutes les espèces de bois de la Syrie, de la Palestine, de l'Egypte et de l'Arabie.

A l'est-nord du Haram on voit plusieurs cavernes sépulcrales creusées dans le rocher; près de là sont quelques débris d'un mur, restes du palais de David.

Au nord de l'enceinte, je remarquai un bâtiment fait de matériaux énormes, à demi-démoli. On me dit que ces ruines étaient, selon les uns, l'œuvre d'Ibrahim Pacha, d'autres les attribuent à un tremblement de terre; à peu de distance de ces ruines se trouve un kan, portant la date de 679 de l'hégire. Une inscription lui donne pour fondateur le soudan d'Egypte, Seid-ed-Din. Le bazard, situé dans une rue peu éloignée du Haram, est bien fourni en fruits; j'y remarquai des quartiers de moutons plus gros que les veaux des meilleures provinces de France.

Les fabriques de verre qui firent la célébrité et la richesse d'Hébron sont dans une sombre ruelle à l'extrémité nord du principal quartier. Elles fleurissaient déjà au xve siècle. Gumpenberg, 1449, Félix Fabri, 1483, en font mention. Le procédé des ouvriers est des plus rudimentaires. Ils fabriquent beaucoup de petites lampes qu'on expédie en Egypte, des bracelets que les femmes portent aux bras et aux jambes. Pendant ma visite plusieurs chameaux furent chargés de ces objets.

Alinéba me conduisit ensuite à une tannerie et à une fabrique d'outres, située sur le bord de l'oued, à quelques pas au nord des sépulcres des Patriarches. Le chef de ces ateliers mit la plus grande obligeance à satisfaire ma curiosité. On se sert de peaux de chèvres qu'on écorche sans faire aucune ouverture le long de l'animal ; les petits trous des extrémités étant cousus, on bourre la peau avec des copeaux de chêne, et quand on a fixé le poil avec un liquide préparé pour cela, le tannage est terminé, on livre la marchandise aux marchands. C'est par le cou de l'animal que l'outre se remplit ; pour éprouver sa ténacité on la gonfle d'air, puis on la fixe par un bout sous une longue branche de bois et l'on pèse fortement à l'autre extrémité. Si ni elle ne crève, ni ne perd l'air, elle est recevable.

Je visitai deux synagogues à Hébron : l'une appartenant aux Sephardins, l'autre aux Askenazims, deux sectes juives. Ce ne sont que de petits et pauvres édifices. La synagogue des premiers se compose d'une seule pièce basse, voûtée, sans pavé, de six mètres de

3.

longueur sur quatre de largeur, avec quelques sièges en bois, un heikal et un mauvais pupitre. L'heikal est une espèce de case, d'armoire ou de châsse placée à l'extrémité de l'appartement et ordinairement divisée en deux parties. Un écriteau indique que là repose la loi que Dieu a donnée aux enfants d'Israël. Voici le sens d'une curieuse inscription que je lus près du pupitre : « Louez celui que bénissent nos saints pères Abraham, Isaac et Jacob, Moïse et Aaron, David et Salomon ; bénissez sir Moses Montefiore et la dame Judith Montefiore, que les saintes bénédictions de Dieu descendent sur eux, avec de longs jours, et avec toutes sortes de bénédictions ; nous prions par les mérites de la sainte Loi, par les mérites de nos pères et ceux de leurs femmes, des hommes saints et de nos maîtres, par les mérites de Jessé, père de David, d'Abner fils de Ner, d'Othoniel, fils de Kenaz, qui sont nos protecteurs. »

Montefiore était un banquir juif anglais qui était allé séjourner dans le Levant pour traiter des intérêts de ses coreligionnaires. A son retour en Angleterre, les Juifs composèrent une prière en action de grâce pour la réussite de sa mission.

Je priai le rabbi qui m'avait introduit dans la synagogue de me montrer les livres de l'heikal, ce qu'il fit avec obligeance. Ces livres sont nombreux, écrits en ces beaux caractères que les juifs appellent babyloniens et qui sont encore aujourd'hui en usage à Bagdad.

Les caractères hébreux carrés, fermes, à angles aigus sont faits pour exprimer des vérités immuables ;

l'écriture arabe, au contraire, tourmentée, tortillée, avec ses traits mous, arrondis, parle aux yeux, à l'imagination, elle est sensuelle comme la religion dont elle est l'expression.

Hébron est la ville de Terre-Sainte où il y a le plus de livres hébreux. Ces manuscrits ne sont pas tous en parchemin ; les uns ont été conservés en feuilles de papier ; d'autres, reliés comme nos livres. Ceux en rouleaux contiennent ordinairement la Torah ou Loi, quelquefois le Megilloth, mais jamais l'ancien Testament n'y est complet ; il est le plus souvent écrit sur des feuilles volantes ou reliées. La lecture des manuscrits en rouleaux commence près de l'heikal et se continue sur le pupitre ou le rabbi les dépose. Ce pupitre est placé sur une petite élévation au centre de la synagogue ; l'assistant qui le désire monte sur cette élévation, lit quelques passages de la Loi, descend et cède la place à un autre. L'office consiste en chant d'oraisons, de repons, de psaumes, en lectures de l'Écriture, le tout en hébreux. Les hommes se couvrent la tête et les épaules d'un léger voile blanc, bleu ou noir : ils se balancent de droite à gauche ; les femmes ont une étroite cellule qui les dérobent à tous les regards.

La Quarantaine est au sud-est du quartier du Haram sur la colline opposée, presque adossée à un massif rocheux, contrefort du Djebel el-Djaneh. C'est un grand bâtiment à quatre pavillons avec des terrasses, des chambres, des cours, des escaliers intérieurs, des logements pour les administrateurs, des magasins, des écuries, le tout entouré d'une haute muraille garnie de tessons de verre. Ce lazaret peut servir de fort et de prison.

Les chrétiens prétendent qu'une petite mosquée bâtie sur une hauteur voisine, a remplacé une église chrétienne dédiée à quarante martyrs. Mais pourquoi ce nom? Car on ne voit pas dans les annales ecclésiastiques que quarante chrétiens aient été martyrisés ici, ni que les corps de quarante martyrs aient été ensevelis en cet endroit. Les Arabes donnent à ces ruines le nom de Deïr el-Arbain, ou couvent des Quarante. Quelques tronçons de colonnes et d'autres débris proviennent de constructions très anciennes. Alinéba me raconta que sous la mosquée se trouve un souterrain communiquant avec le Haram, que sous les champs couverts de culture sont creusées des cavernes, sépulcres d'hommes gigantesques, et que des dragons, gardiens d'immenses trésors, soufflent sur ceux qui essayent de s'emparer de ces richesses et les empoisonnent.

Ce qui est plus digne de foi, c'est la croyance commune aux Arabes et aux chrétiens que sous cette mosquée reposent les restes d'Isaï, père de David. David menacé par Saül, s'enfuit avec toute sa famille à Maspha dans la Moabitide. Dans le livre des Rois on lit qu'il s'adressa au souverain du pays, lui disant : « Permettez à mon père et à ma mère de demeurer avec vous, jusqu'à ce que Dieu ait disposé de moi. » Mais le prophète Gad dit à David : « Ne reste pas dans ce fort. Va dans la terre de Juda. » Les parents de David suivirent-ils leur fils ou bien continnuèrent-ils à habiter la terre étrangère? Cette dernière version est la plus probable. Isaï était alors d'un grand âge, il y avait du danger pour lui à rentrer en Palestine, et il aurait pu devenir un sujet d'inquiétude pour son fils condamné à une vie errante. Isaï aurait donc fini ses jours en Moab, et ses restes auraient été apportés à Hébron. Mais il est à noter que la tradition qui place le tombeau du père de David sous cette mosquée, ne remonte qu'au XIII⁰ siècle. On ne la trouve que dans les relations des pèlerins du moyen-âge, dans Jéchus ha-Abot, et dans Jéchus ha-Tsadikim.

CHAPITRE XI.

Histoire d'Hébron. — Ses différents noms. — Abraham. — Sem ou Melchisédech. — Mort de Sara. — Achat de la double caverne. — Les Croisés. — Evêques latins. — Richard-Cœur-de-Lion. — Hébron de 1483 à 1507. — Méhémet Ali. — Abd-er-Rhaman. — Un muezzin. — Un Oualy.

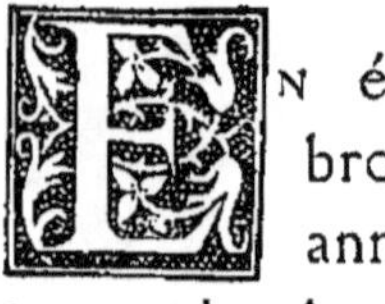

EN étudiant, en résumant l'histoire d'Hébron, on ouvre les premières pages des annales humaines, car quoique son rôle à travers les âges ne brille que d'un faible éclat à côté des cités grecques et phéniciennes, son nom nous arrive cependant illustré par trois hommes, tiges d'un peuple qui a incontestablement exercé une influence incomparablement plus grande qu'aucune des nations primitives de l'Asie sur les mobiles destinées du monde.

Une légende très répandue en Orient, mais qui n'a sa source dans aucune donnée sérieuse et ne remonte qu'au moyen-âge, raconte que Dieu voulant créer l'homme, prit dans le champ appelé Damascène, à l'ouest d'Hébron, le limon avec lequel il a façonné le corps d'Adam.

Le moine Burchard ou Brocard, écrivait ainsi sur ce champ à la fin du xiiie siècle : *De speluncâ duplici contra occidentem, quantum potest jacere arcus, est ager Damascenus, in quo loco plasmatus fuit Adam. Ager ille in rei veritate, valde rubeam habet terram, quæ omnino flexibilis, sicut cera. De quâ tuli in magna quantitate, Sarraceni insuper terram istam portant cameli in AEgyptum et Ethyopiam, et ad alia loca, pro speciebus valde caris vendentes eam. Et tamen modica fossio apparet illo in loco. Dicitur enim quod, anno revoluto, quantumcunque magna sit fossio, semper miraculose repletur. Sed oblitus fui quærere rei veritatem.* »

Le pèlerin ajoute que près de là on voit le lieu où Caïn a tué son frère, et sur une montagne la caverne où Adam et Eve pleurèrent la mort d'Abel. Dans cette grotte coulait une source qui avait désaltéré nos premiers parents.

Faut-il croire qu'Adam ait été le fondateur d'Hébron? Que la tradition de la création de notre premier père près de cette ville, rapportée par un religieux au xiiie siècle n'était que l'écho d'un dire antérieur ?

Le nom d'Hébron est cité pour la première fois dans le 18e verset du xiiie chapitre de la Genèse : « Abraham donc levant sa tente, vint et habita près de la vallée de Mambré, qui est Hébron, et il dressa là un autel au Seigneur. » On l'appela Mambré ou plutôt Mamré, d'un scheikh amorrhéen, ami d'Abraham, ainsi nommé.

Son premier nom fut Cariath-Arbé d'après le 13 vers. du XVe chapitre de Josué : « Cariath-Arbé, ville du père d'Enac, qui est Hébron. » Hébron s'appelait auparavant Cariath-Arbé, et Adam, le plus grand des Enacim, y est enterré » (Josué, XIVe chapitre, v. 15e). Arbé, fils d'Enac, serait donc le fondateur de cette ville. Les géants énacites habitaient encore cette région 1446 avant Jésus-Christ. Plus nombreux, plus aguerris que les autres populations de la Palestine, ils opposèrent une vive résistance à l'invasion chananéenne ; quand ils furent vaincus, ils se dispersèrent dans les montagnes de la Judée avec leurs frères les Raphaïm.

Saint Jérôme veut que Cariath-Arbé signifie ville des quatre, c'est-à-dire des quatre Patriarches : Adam, Abraham, Isaac et Jacob. Le solitaire de Bethléhem croit donc que le père du genre humain est enseveli à Hébron, il s'appuie sur la seconde partie du 15e v. du XIVe chapitre de Josué, qu'il traduit comme la Vulgate : « Adam le plus grand des Enacim, y est enterré. » Mais d'autres hébraïsants traduisent ainsi ce verset : « Hébron s'appelait autrefois ville d'Arbé, ce fut un grand homme parmi les Enacites. » Ainsi est écarté le nom d'Adam. Les deux mots arbé et homme signifient le premier quatre, et le second peut être pris pour un nom propre ; alors on a rendu Cariath – Arbé par ville des quatre, et au lieu de dire un grand homme, on a dit Adam le grand, et on a ensuite tout naturellement pensé que le nombre quatre désignait Adam, Abraham, Isaac et Jacob. Nous verrons plus tard, les pèlerins placer la tombe d'Adam dans la double caverne. Mais le v. 13e, chapitre xv et le v. 11e chapitre xxi de Josué ne permettent pas de traduire Cariath-Arbé par ville des quatre; car nous lisons dans ces passages adoptés par la Vulgate : « Cariath-Arbé, ville du père d'Enac, qui est Hébron. »

M. de Saulcy propose l'explication étymologique suivante du mot Cariath-Arbé : « La ville, qui est considérable, dit le savant voyageur, est partagée aujourd'hui en quatre groupes d'habitations. Ne serait-ce pas là, par hasard, la véritable origine du nom Kiriath-Arbàa, les quatre villes, qu'Hébron a porté dans l'antiquité la plus reculée! Je suis bien tenté de le croire. Reland qui peut passer pour un hébraïsant fort respectable, fait remarquer à son lecteur la forme hébraïque de ce nom, tel que nous le donne le livre de Néhémie et qui diffère du nom transmis par la Genèse, en ce que l'article qui précède le second mot semble interdire d'y voir un nom propre d'homme. Les juifs traduisent la ville des Quatre en expliquant ce nom par la présence en ce point des sépulcres des quatre Patriarches. Malheureusement, ces quatre Patriarches ne sont que trois, Abraham, Isaac et Jacob, puisque Joseph fut enterré à Sichem. Enfin pour ne rien omettre de ce qui touche à ce nom, Arbaà fut le père d'Ha'nak, et il est possible qu'Hébron ait pris de lui son nom de Kiriath-Arbaà. Reste toujours la difficulté de l'article placé devant le nom propre d'Arbaà, difficulté qui s'évanouit d'elle-même, si on tient compte de l'existence des quartiers séparés qui constituent la ville d'Hébron. »

Cette étymologie de M. de Saulcy est ingénieuse;

mais de ce que la ville d'Hébron est divisée aujourd'hui en quatre quartiers, peut-on conclure que cette division existait quand elle portait son ancien nom ? D'abord le quartier du Haram n'était qu'un champ couvert d'arbres, avec une caverne, d'après le 17e v. du xxiiie chapitre de la Genèse.

Selon saint Jérôme, Hĕbron signifie union, alliance, vision sempiternelle. « Cette signification, union lui convient, dit Aboulfeda, puisque la mort y a réuni trois Patriarches. »

Pendant que cette ville fut la capitale d'une tribu chananéenne, elle s'appela Cariath-Arbé ou Mamré. Les juifs la nommèrent Hébron ; les Grecs, Arbech ; les Latins, Saint-Abraham. Les Arabes la connaissent aujourd'hui sous le nom de El-khalil-er-Rahman. Josèphe écrit Chébron, Ebron, Chébronia, Nabra.

Tous les savants s'accordent à dire que c'est une des villes les plus anciennes du globe, si ce n'est la plus ancienne. Je lis dans les Nombres qu'elle fut bâtie sept ans avant Tanis, capitale de la Basse-Égypte. Elle existait déja avant la fondation de Memphis.

Plusieurs anciens pèlerins, Brocard, Breydenbach, Félix Fabri, Marin Sanatus et en général tous les chroniqueurs des Croisades et du moyen-âge, prétendent que la primitive Hébron avant l'ère davidienne était sur et le long de la colline à l'ouest de la ville actuelle. Brocard raconte qu'il y avait de vastes ruines sur cette hauteur, indices certains de l'importance de la cité chananéenne. Les sépulcres des Patriarches attirèrent les pèlerins, on construisit d'abord des cabanes à l'entour, elles se transformèrent en maisons; avec le temps, la ville haute se déplaça peu à peu et se trouva transportée là où nous la voyons aujourd'hui. Les voyageurs modernes ne trouvant plus de ruines sur la colline de l'ouest, croient qu'Hébron a toujours été où elle est maintenant. Les uns et les autres citent à l'appui de leur opinion saint Jérôme, qu'ils traduisent à leur façon en lui faisant dire qu'Hébron était située sur une montagne ou dans un pays montagneux.

Autour d'El-Khalil viennent se grouper les premiers faits certains de l'histoire humaine. C'est ici que vécurent ou passèrent Abraham, l'allié de Dieu, l'hôte de Jésus-Christ; Isaac, la figure du Rédempteur; Jacob qui lutta contre le Tout-Puissant et devint père de douze tribus.

Abraham est la figure la plus imposante du monde primitif, et rien dans les traditions humaines ne rappelle une existence semblable à la sienne. A la voix de Dieu, ce pasteur antique quitte la Chaldée avec ses serviteurs et ses troupeaux; et après avoir erré quelque temps dans le nord de la Palestine, il vient dresser sa tente sous le chêne de Mambré à Hébron. Berose dit de lui: « Il y avait parmi les Chaldéens un homme fort juste et fort intelligent, très versé dans les sciences astronomiques. » Hécatès cite son nom et Nicolas de Damas prétend qu'avant d'arriver en Judée il avait régné à Damas et donné son nom à un village où il avait fixé sa résidence.

C'est pendant son séjour à Hébron que Dieu lui révéla ses décrets, le bénit, lui fit connaître Sem, caché sous le nom de Melchisédech, prêtre, roi, fondateur de Salem, vivant dans les vallées de Josaphat et de Gehenna dont les nombreuses cavernes abritaient ses esclaves et ses troupeaux. Abraham avait soixante-quinze ans à son départ de la Chaldée. Sem vécut précisément le même nombre d'années après l'arrivée du Patriarche dans la terre de Chanaan.

Sem fut témoin des deux plus grands évènements du monde antique : le déluge et la confusion des langues qui nécessita la dispersion des hommes. Quels entretiens ne durent pas avoir les deux grands Patriarches sur le mont Moriah et le Calvaire, où le fils de Noé venait prier et offrir en sacrifice du pain et du vin ? où il aura dévoilé au père du peuple choisi les mystères de la Providence et le changement qui devait bientôt s'opérer dans sa propre famille.

Plusieurs siècles après le sacrifice figuratif et symbolique du prêtre de Salem, au soir du jour et de sa vie, le prêtre par excellence, Jésus-Christ, offrit à Dieu son père, sur le mont Sion voisin du mont Moriah, son corps et son sang sous l'apparence du pain et du vin.

Les premiers documents dignes de foi nous représentent Sem ou Melchisédech au milieu de populations chananéennes. Le Patriarche permit-il à ces tribus de s'établir là où il régnait, ou bien reçut-il d'elles l'hospitalité ? Les juifs prétendent qu'à la confusion des langues, lorsque la terre fut partagée entre les soixante-dix nations, les Chananéens, oubliés dans le partage, se réfugièrent en Terre-Sainte qu'ils trouvèrent inoccupée. Je crois plutôt que Noé donna à Sem ce que nous appelons la Judée, qu'il y vint conduit par l'Esprit-Saint, et qu'il s'y trouva établi avant la confusion des langues et avant l'établissement des Chananéens. Ce qui confirmerait mon opinion, c'est que ces peuples étaient tributaires des Elamites qui reçurent leur nom d'Elam, fils aîné et héritier de Sem, lequel d'un esprit mystique et contemplatif avait abandonné à son fils la gestion de son petit royaume. Car nous lisons dans le xive chapitre de la Genèse que cinq rois de la Pentapole, tous de la race chananéenne, après avoir été soumis à Chodorlahomor, roi d'Elam, se révoltèrent. Ce monarque, à la tête des tribus sémitiques du nord, vint châtier les rebelles et les battit; il reprenait le chemin de son royaume, lorsque attaqué par Abraham, il fut obligé de fuir, abandonnant son butin entre les mains du Patriarche. Si on s'étonne que le roi d'Elam ou d'Assyrie eût pour tributaires les peuples de la Pentapole, très éloignés de ses Etats, il faut croire qu'Elam, héritier par droit de primogéniture de cette terre que son père possédait par droit divin, avait transmis son héritage à ses enfants, à ses neveux jusqu'à Chodorlahomor. Car lorsque l'Ecriture dit que ce roi avait soumis ce pays depuis douze ans, on indique par là seulement qu'il régnait depuis cette époque, mais on ne veut pas faire entendre que ce pays n'était entre les mains des Elamites que depuis douze ans.

En revenant à Hébron, Abraham traversa le pacifique royaume de Sem qui le bénit, célèbra sa victoire et accepta la dîme des dépouilles. Mais comment se fait-il que le roi de Salem appelle les bénédictions du ciel sur le vainqueur de ses descendants, sur celui dont la miraculeuse victoire enleva à sa famille la plus grande part d'influence dans une contrée qui était l'héritage incontestable et incontesté de son fils aîné? Dieu, dans le plan divin du gouvernement du monde, avait changé les choses : il avait transmis les droits d'Elam à la famille d'Arphaxad et d'Héber, puis à Abraham; et Sem, instruit des desseins de la Providence, n'avait pas hésité à les sanctionner. Il offrit au vainqueur du pain et du vin, non pas tant pour le fortifier que comme signe de résignation et de reconnaissance d'un droit d'hérédité pour lequel Dieu s'était ouvertement déclaré.

Ce fut quelque temps après que Sara mourut à Hébron. Abraham la pleura, et lorsqu'il eut accompli les devoirs qu'on rendait aux morts il parla aux enfants de Heth, disant : « Je suis parmi vous un étranger et un voyageur; donnez-moi le droit de sépulture au milieu de vous, afin que j'ensevelisse celle que j'ai perdue. » Les enfants de Heth répondirent : « Vous êtes auprès de nous un prince aidé de Dieu, ensevelissez dans nos sépulcres les plus beaux celle que vous avez perdue. » — « S'il vous plaît que j'ensevelisse celle que j'ai perdue, écoutez-moi : intercédez pour moi auprès d'Héphron, fils de Séor, afin qu'il me donne sa caverne de Makpelah. » Héphron se rendit au vœu du peuple, le Patriarche paya le prix convenu et devint propriétaire de la grotte, des arbres, des champs qui l'entouraient et ensevelit Sara, sa femme.

On voit par ce fait, qu'Abraham jouissait d'une immense considération dans ce pays. Les trois principaux scheikhs Mamré, Escol, Aner, étaient ses amis et ses alliés.

Ce fut d'Hébron qu'Abraham envoya Eliezer en Mésopotamie pour y chercher une épouse à Isaac. Ce bon serviteur lui amena Rebecca, dont le nom devait, près celui de Sara, traverser les âges comme synonyme de grâce et de beauté. Ce fut encore à Hébron que le fils du Patriarche reçut la fille de Bathuel, qu'il aima tellement, dit la Genèse, « que la douleur que lui avait causée la mort de sa mère en fut adoucie ». Isaac et Ismaël ensevelirent leur père Abraham auprès de Sara. Esaü et Jacob y déposèrent Isaac et Rébecca. Avant de mourir sur la terre d'Egypte, Jacob recommanda à ses enfants de rapporter sa dépouille mortelle dans le pays de Chanaan et de l'ensevelir dans la caverne où reposaient déjà Sara, Abraham, Isaac, Rébecca et Lia.

Jacob était dans les environs d'Hébron lorsqu'il chargea Joseph d'aller à la recherche de ses frères. Il partit de là pour l'Egypte avec ses enfants.

Pendant que les Israélites étaient dans le désert de Pharan, Moïse envoya douze hommes pour explorer la terre de Chanaan. Ils pénétrèrent jusqu'à Cariath-Arbé; la haute taille des enfants d'Enac les effrayèrent. « C'est une terre fertile, dirent-ils, mais les habitants renfermés dans de grandes et fortes villes sont redoutables; près d'eux nous sommes des sauterelles. » Ils emportèrent au camp des Israélites une énorme grappe de raisin qu'ils cueillirent dans la vallée d'Hébron. Tous les rois chananéens se liguèrent pour repousser les Hébreux. Josué les battit tantôt les uns après les autres, tantôt réunis et s'empara d'Hébron qu'il donna à Caleb. Celui-ci la céda aux Lévites, ne gardant que les environs. Dans le partage de la Terre-Sainte, elle échut à la tribu de Juda.

Hébron devint la capitale du royaume de David, après qu'il y eut été sacré roi en présence des dix tribus. Selon les traditions judaïques, ce fut pendant son séjour à Hébron qu'il fit bâtir le Haram. Lorsque Absalon forma le projet de se révolter contre son père, c'est à Hébron qu'il envoya des émissaires pour annoncer aux juifs qu'il avait été proclamé roi. Dans le chapitre xv du IIe Livre des Rois, il est dit que ce fils rebelle immola des victimes dans cette ville. Il y avait donc un sanctuaire ou au moins un autel, à la place de celui qu'avait élevé Abraham.

Roboam entoura Cariath-Arbé de murs. Les Iduméens s'emparèrent de la ville pendant la captivité. Nous lisons dans les Maccabées et dans Josèphe que Judas Maccabée les en chassa, fit démolir les tours et les remparts devenus le repaire de maraudeurs. Simon Gioras l'enleva aux Romains, mais Céréalis ayant reçu de Vespasien l'ordre d'occuper l'Idumée, s'empara d'Hébron en 69, massacra la garnison juive et brûla la ville. Elle n'a jamais pu se relever de ses ruines, ni reconquérir son importance d'autrefois. Elle suivit la fortune des autre villes de la Judée sous les Romains, les Grecs de Byzance et les Arabes. Sainte Hélène avait fait construire une église sur la double caverne. Eusèbe, saint Jérôme, le Pèlerin de Bordeaux, Antonin le Martyr parlent d'Hébron. A la fin du VIIIe siècle, saint Willibald allant de Gaza à Jérusalem, passa près des sépulcres des Patriarches, situés dans un lieu appelé « Aframia. » On reconnaît sous ce nom le château d'Abraham : on désignait ainsi les tombeaux et Hébron pendant les Croisades.

Dès que les Arabes furent maîtres de la Terre-Sainte, ils entourèrent la tombe d'Abraham de la plus grande vénération ; mais l'église fut changée en mosquée et son entrée défendue aux chrétiens. Le nom même d'Hébron fut remplacé par celui d'El-Khalil, c'est-à-dire ville de l'Ami de Dieu.

Ce ne sont pas les Arabes qui, les premiers, ont donné au Père des Croyants le titre d'Ami de Dieu. On lit dans le chapitre XLIe, v. 8 d'Isaie : « Israël, mon serviteur ; Jacob que j'ai choisi ; vous, race d'Abraham, qui a été mon ami ; » et dans le IIe chapitre, v. 23 de l'épître de saint Jacques : « Abraham crut ce que Dieu lui avait dit ; sa foi lui fut imputée à justice, et il fut appelé Ami de Dieu ».

Albert d'Aix nous apprend que les Croisés appelèrent Hébron *Præsidium ad sanctum Abraham*. Elle tomba entre les mains des soldats de la croix en 1100. Godefroid la donna à Gérard d'Avesne. Deux ans après, Scœvulf en parle comme d'une ruine. Tous les historiens, les chroniqueurs des Croisades, Faucher de Chartres, Guibert, Guillaume de Tyr, Marin Sanutus en font mention. Ce dernier pèlerin vit près de cette ville la vallée des Larmes où Adam et Ève pleurèrent pendant cent ans la mort d'Abel. Dans une expédition militaire au sud de la Palestine l'armée de Baudouin Ier passa près des tombeaux des Patriarches.

Les Latins rendirent à sa première destination l'église de Sainte-Hélène, devenue mosquée sous les Arabes, et établirent pour la desservir un prieur et un chapitre de chanoines réguliers. Guido, 1136, Roger, 1155, Godefroid 1140 occupèrent ces fonctions. A la prière du roi Baudouin, Hébron fut érigée en évêché en 1167 : elle eut, d'après Le Quien, pour premier pré-lat Raynald, neveu du Patriarche de Jérusalem. Un évêque de Saint-Abraham était au siège d'Acre. Une inscription du tombeau d'Edouard, roi d'Angleterre, constate que Giefroid, de l'ordre des Frères Prêcheurs, abandonna le siège d'Hébron pour le vicariat du Patriar-che Elie. Sous Clément VI et Urbain V, il y avait un titu-laire de cet évêché, ce qui nous conduit jusqu'en 1365. Mais cette dignité était purement honorifique; car elle fut prise par Saladin en 1187, et jamais depuis les chrétiens ne la possédèrent. Mgr Mermillod, l'exilé de Genève, porte aujourd'hui le titre d'évêque d'Hébron.

Quand Richard-Cœur-de-Lion était campé dans la plaine de Ramleh, il apprit qu'une riche caravane de 4,700 chameaux, escortée de 2,000 hommes venait d'Egypte et se dirigeait vers Jérusalem. Le roi anglais prend avec lui une poignée de braves, arrive à Hébron, s'empare de la caravane après avoir dispersé ceux qui étaient chargés de la protéger. Ce fut là qu'un prêtre se jeta à ses pieds, le conjurant avec larmes de ne pas quitter la Terre-Sainte avant d'en avoir chassé les en-nemis de la croix.

Dans le xiv⁰ siècle, plusieurs voyageurs venant du Sinaï pour aller à Jérusalem passèrent par Bersabée et Hébron ; de ce nombre furent Maundeville, Rodolphe de Suchem, Guillaume de Baldensel. Pendant le siècle suivant on abandonna cette voie pour celle de Gaza; néanmoins Gumpenberg 1449, Breydenbach 1483, Baumgarten 1507, Belon 1548 vinrent de Gaza à la cité d'Abraham. Le diacre russe Zozime, qui parcourut la Palestine en 1420, donne à Hébron le nom de Sichem arabique.

Felix Fabri a raconté longuement sa visite de l'antique cité. A quels accidents, quelles craintes n'étaient pas exposés les pèlerins qui arrivaient en ces lieux, même en caravane. « Nous entrâmes, dit l'ancien écrivain, dans une délicieuse vallée, où nous vîmes des jardins, des vignes entourées de murs, parsemées d'arbres fruitiers, parmi lesquels beaucoup de térébinthes. Toute cette végétation est abandonnée aux caprices de la nature. Si ce vallon était cultivé, il n'y en aurait pas de plus riche sur la terre. Arrivés au bord d'une forêt d'oliviers, notre guide, chef de la caravane, nous fit arrêter et descendre de nos montures; on déchargea les chameaux, les arbres nous servirent de tentes et leur ombre nous protègea contre les rayons du soleil qui me parurent plus ardents ici qu'à Jérusalem. Nous nous assîmes çà et là pour prendre un léger repas, mais le vin de nos barils et l'eau de nos outres étaient tellement chauds que nous ne pûmes étancher notre soif. »

« Nous n'étions pas éloignés d'Hébron, ville sainte,

mais nous ne l'apercevions pas, cachée qu'elle était derrière une montagne qu'il fallait traverser pour y arriver. Nous campions sur l'emplacement de l'antique cité, située le long des flancs de la colline et dans le bas du vallon ; dans la suite elle se rapprocha de la double caverne, percée dans le rocher opposé. Pendant que nous nous reposions à l'ombre, Sabathitanco, notre guide et notre drogman, monta à cheval et accompagné de son domestique, alla à Hébron prévenir le gouverneur de la ville et les habitants que des pèlerins de l'Occident désiraient visiter le tombeau des Patriarches. Le gouverneur, après l'avoir écouté, reprocha vivement à notre drogman de nous avoir laissés exposés au soleil dans un endroit où il n'y avait pas d'eau et lui ordonna de nous conduire au kan avec nos bagages. Le guide lui répondit que ses chameaux étaient déchargés, qu'ils étaient au pâturage ; il le pria de vouloir bien envoyer ses esclaves pour nous faire visiter sa capitale, après quoi nous retournerions à notre campement et nous repartirions le lendemain. Ces représentations irritèrent le gouverneur. « Tu n'es pas un guide, dit-il à Sabathitanco, mais un perfide, ces pèlerins ne peuvent passer la nuit dehors ; ils seront dévalisés par les maraudeurs qui parcourent le pays, c'est pourquoi je t'ordonne de les amener ici, ou j'irai les chercher moi-même ? »

« Le drogman revint de mauvaise humeur, fit charger nos chameaux ; nous montâmes sur nos ânes et un instant après, ayant traversé la colline, nous entrâmes à Hébron, escortés d'une foule de curieux, avides de voir des pèlerins de l'Occident qui ne venaient plus depuis plusieurs années visiter cette contrée. Notre arrivée était donc un évènement extraordinaire. Nous fûmes introduits dans le kan, vaste édifice, semblable à un monastère à deux étages, autour d'une cour avec une seule porte. Nous quittâmes le petit bagage que nous portions ; on déchargea les chameaux qui furent logés avec nos moucres dans des écuries spacieuses. Nous nous réservâmes les appartements supérieurs, espèces de cellules où nous fîmes nos lits ; nous allumâmes du feu pour préparer notre dîner, disposant ainsi de toutes choses comme si nous eussions l'intention d'y séjourner longtemps. »

« Pendant ces préparatifs, notre drogman et quelques Sarrasins nous proposèrent de mettre à profit le reste de la journée pour visiter les curiosités de la ville, ce que nous acceptâmes d'autant plus volontiers que nous avions quelque crainte d'être retenus plus longtemps que nous n'aurions voulu. Nous sortîmes du kan et nous suivîmes une longue rue habitée par des ouvriers fabriquant des objets en verre. Beaucoup de ces verriers et d'autres Arabes nous suivirent ; ils arrivaient de partout, couraient après nous pour nous examiner de près. Au sortir de la ville nous prîmes une belle route qui nous conduisit à un champ entouré d'un petit mur. Nous étions devant le champ Damascène d'où le corps d'Adam fut tiré. Nous nous disposions à y entrer pour baiser cette terre témoin d'un fait merveilleux ; mais au moment où nous allions franchir la clôture, accourt un Sarrasin, armé de pierres, nous

menaçant de nous tuer. Notre guide effrayé reprenait
le chemin de la ville en nous engageant à le suivre.
Quant à nous, pas du tout disposés à abandonner ce
lieu avant d'avoir satisfait notre dévotion, nous le rap-
pelâmes et nous lui dîmes de proposer au maître du
champ de lui donner ce qu'il voudrait pour nous y
laisser entrer. Le Sarrasin accepta ce que nous lui of-
frîmes, grimpa sur le mur, tendant la main à chacun
de nous pour nous aider à monter et nous conduisit à
l'endroit même où Dieu prit de la terre pour modeler
le corps d'Adam. La première couche de cette terre
est grossière, la seconde argileuse, rouge, molle, très
facile à travailler comme la cire. Avant de quitter ce
champ, nous nous agenouillâmes et priâmes un instant. »

« De là, traversant des champs labourés, nous arrivâmes à un fouillis d'épines, de broussailles, d'arbustes.
C'était là où, selon la tradition, Caïn aurait tué Abel.
Adam et Ève pleurèrent leur enfant chéri qu'ils ensevelirent à l'endroit d'où le corps de son père avait été
tiré. Au midi de ce lieu funèbre est la mosquée sur
l'emplacement des sacrifices de nos premiers parents
et de leurs deux enfants. Le feu du ciel consumait les
offrandes d'Abel sans toucher à celles de son frère.
Nous revînmes au champ Damascène, nous allâmes à
la grotte qui servit d'abri à Adam et à Ève, nous descendîmes dans la vallée des Larmes et nous rentrâmes
à Hébron. »

« Nous désirions visiter dans la double caverne les
sépulcres d'Adam, d'Abraham, d'Isaac, de Jacob, de

Sara, de Rebecca et de Lia. L'entrée en est interdite
aux chrétiens; nous savions que si nous en obtenions
la permission, ce ne serait qu'au prix de grands sacrifices. Les vieillards assis à la porte du palais du gouverneur introduisirent auprès de lui notre drogman et
les plus nobles pèlerins. Au noms de tous, Sabathitanco le supplia de nous faire conduire dans ce lieu
funèbre, lui laissant entendre que nous nous soumet-
trions à toutes les conditions qu'il lui plairait de nous
imposer. Il écouta notre guide avec bienveillance, puis
il lui demanda si nous étions entrés dans le temple du
Seigneur à Jérusalem. Sur la réponse négative du drogman, nous ne pouvons pas non plus, répondit le gouverneur, autoriser ces pèlerins à descendre dans notre
sanctuaire, plus saint que celui de Jérusalem; s'ils veulent prier devant les sépulcres qu'ils aillent au pied
de l'escalier de la mosquée, mais qu'ils ne montent
pas. Le guide nous rapporta cette réponse, nous nous
acheminâmes à l'endroit désigné, où nous nous agenouillâmes au milieu de vieillards, de jeunes gens et
d'enfants. »

« L'hospice des pauvres est au bas de la colline des
sépulcres. C'est un vaste bâtiment avec de nombreuses
cuisines, des fours et des appartements où on prépare
les aliments nécessaires aux pèlerins qui viennent visiter les tombeaux sacrés. Cet hospice a un revenu de
trente mille ducats. Le château de Saint-Samuel en paye
deux mille. Les riches Sarrasins et Turcs y envoient
chaque jour d'abondantes aumônes, les mourants font
des legs. On cuit dans les fours plus de deux mille pains

qu'on distribue à ceux qui en demandent. Au moment de la distribution nous entendîmes un vacarme effroyable de tambours, de trompettes et d'autres instruments. Nous reçûmes une corbeille pleine de pains, nous n'avions cependant rien réclamé. »

« Voici comme nous apprîmes ensuite la raison du bruit que nous avions entendu avant la distribution des aumônes. Lorsque des étrangers arrivaient au camp d'Abraham, il ordonnait aussitôt à ses serviteurs de préparer à manger ; pendant ces préparatifs les visiteurs se promenaient dans les vallées voisines. Quand le dîner était prêt, le patriarche faisait battre le tambour pour les réunir. On répétait en même temps ces paroles : « Riches, lorsque étant à table le son de la musique viendra frapper vos oreilles, souvenez-vous de l'hospitalité d'Abraham. »

« Après cette longue promenade, nous rentrâmes au kan, nous allumâmes du feu et nous préparâmes notre souper. A la fin, le gardien de l'établissement éteignit notre feu, nous fit comprendre par signes la nécessité d'un calme et d'un silence parfaits, parce que ce kan étant en dehors de la ville, les voleurs arabes s'apercevant qu'il est habité, escaladent les murs et pillent les voyageurs. Il ferma la porte, alluma la lampe suspendue au-dessous et plaça une sentinelle. La nuit venue, nous nous couchâmes comme des moines dans nos cellules. »

« Un Arabe me dit qu'il y avait dans la mosquée et la double caverne plusieurs lampes, les unes sur des pieds en or, les autres suspendues à des cordes d'argent ou de soie. Des imans appartenant aux deux sectes musulmanes chantent jour et nuit autour des sépulcres. En quittant Hébron, nous nous dirigeâmes au sud-ouest et nous traversâmes le champ où le serviteur d'Abraham rencontra Isaac lorsqu'il lui présenta sa future épouse. »

Baumgarten, qui voyageait en Palestine en 1507, raconte qu'il logea à Hébron chez une pauvre veuve ; le matin il visita la ville avec un juif, son drogman et un Arabe pour le protéger. Il s'exprime ainsi sur le champ Damascène : « Les musulmans fabriquent avec cette terre des grains qu'ils vendent aux chrétiens ; ils en expédient au loin, assurant que ces globules mettent ceux qui les portent à l'abri des morsures des animaux venimeux. Quand je quittai cette ville, un mamelouck s'empara brutalement de nos mules ; ce ne fut qu'avec peine que je pus en trouver d'autres. » Les étrangers n'étaient pas les seuls exposés aux méfaits d'une population souvent brutale ; le même voyageur fut témoin des mauvais traitements infligés à un vieillard par un soldat du gouverneur, auquel ses moucres eurent de la peine à faire comprendre qu'il devait des égards à la vieillesse.

Il s'écoula un laps de temps assez considérable pendant lequel Hébron ne fut pas visitée par les Européens. Cootwich, Zuallart, Quaresmius, Surius n'en parlent pas. En 1666, Troilo y passa quelques heures. En 1698, Morison raconte que trois ans avant son voyage, un Franc, monté sur un cheval fougueux, écrasa un enfant musulman dans la rue. Cet accident avait irrité le peuple à un tel point qu'aucun chrétien n'aurait osé entrer dans la ville. A cette époque la population, plus turbulente qu'aujourd'hui, était en guerre continuelle avec les Bethléhémites et les villages voisins. Quelques années avant 1751, Hasselquist rapporte que les habitants d'Hébron et de Bethléhem s'étaient livrés de sanglants combats, que les maisons des deux villages avaient été détruites, les oliviers coupés et les champs de la cité de David complètement dévastés. Pas plus loin qu'en 1807, Ali Bey rencontra des bergers bethléhémites allant à Jérusalem se plaindre des bergers d'El-Khalil qui avaient enlevé leurs troupeaux. De tout temps, la région méridionale de la Palestine a été l'asile des mécontents, des proscrits, de ceux qui ne veulent vivre que sous les yeux d'Allah et loin des sultans.

En 1806, Seetzen passa à Hébron en venant du Sinaï; Ali Bey le suivit de près; Irby et Mangles y arrivèrent en 1818; Poujoulat en 1833, Monro l'année suivante y firent une excursion.

Méhémet Ali avait signé en 1834 un traité avec le scheikh de Naplouse qui, dans sa loyauté, se livra à son ennemi et fut pendu. Il avait été stipulé que la Palestine ne fournirait pas d'hommes à l'armée égyptienne. Mais quand Ibrahim, fils du pacha, eut dévasté ce pays, s'en croyant le maître absolu, il ordonna au gouverneur d'Hébron de lui envoyer trois cents jeunes gens. Les habitants refusèrent d'obéir. Ibrahim, à la tête de trois mille hommes s'avança contre les réfractaires qu'il rencontra et mit en déroute au sud des

Vasques de Salomon. Les vaincus se renfermèrent dans Hébron ; le vainqueur les y poursuivit, s'empara de la ville qu'il mit à feu et à sang. Huit cents musulmans périrent ; plusieurs fugitifs se refugièrent à Kerach au-delà de la mer Morte. Ibrahim les y pourchasse et ruine cette ville pour la punir d'avoir reçu ces malheureux. Hébron porte encore aujourd'hui les marques dévastatrices de cette guerre.

En 1839, le scheikh de Dura, Abd-er-Rhaman, ayant réuni quelques-uns de ses partisans, entra le soir dans Hébron, s'empara du palais du gouverneur turc, renferma ce fonctionnaire dans le château et demeura maître de la ville pendant plusieurs mois.

Alinéba vint me réjoindre ; nous descendîmes dans la vallée et nous allâmes nous asseoir sur une pierre, à quelques pas de la porte principale du Haram, pour y attendre un muezzin avec qui mon drogman m'avait promis de me mettre en rapport.

Ce muezzin de la mosquée de l'Ami de Dieu était un lettré, originaire de Mareb, bâtie sur les ruines de Saba la blanche, capitale des États de la reine de ce nom, qui vint admirer les splendeurs de Salomon et lui proposer des énigmes. Avant de chanter la prière à Hébron, il avait rempli les mêmes fonctions à la Mecque, à Médine. Pour mériter son pardon du Miséricordieux il désirait passer quelques années dans les deux autres villes saintes, Jérusalem et Damas. Sa gravité, sa longue barbe blanche, sa démarche lente, surtout une teinte de mélancolie mystique répandue sur sa figure brunie par le soleil d'Orient, m'inspirèrent tout d'abord une sympathie mêlée de curiosité. Un air de majesté et de dignité inhérent à certaines races l'environnait. Il se drapait noblement dans une robe de soie rouge, l'énorme turban vert enroulé autour de sa tête lui allait à merveille. Il était de la secte d'Ali et s'appelait Abou-Obeïda, nom d'un héros musulman de la première époque hégirienne. Dans ses moments de loisir il s'occupait à copier le koran qu'il avait déjà transcrit quatre-vingt dix-neuf fois, nombre vénérable, celui des attributs d'Allah que tout fidèle croyant doit invoquer chaque jour.

J'avoue qu'en l'abordant, je m'attendais à être froidement reçu de ce fervent disciple de Mahomet : je le jugeais mal. Après les politesses d'usage qui, en Orient, sont invariables, je lui proposai de venir causer avec moi sous un olivier où j'avais laissé mon bagage à la garde de Dieu. « Je le veux bien, me dit-il, tu viens de l'Occident, j'arrive de l'Orient, nous avons vu beaucoup de choses l'un et l'autre ; je voyage pour chanter la prière, car, vois-tu, le monde devient toujours plus méchant ; Allah fera bientôt descendre un châtiment du ciel pour punir les habitants de la terre. » — « Tu parles comme Lockman, le plus célèbre de vos sages ; si l'ami de Dieu, notre père Abraham revenait dresser sa tente sous le chêne de Mambré, il ne trouverait peut-être pas dix justes pour apaiser la colère du Terrible. »

Arrivés tous les quatre sous les arbres vis-à-vis Hébron, je fis étendre mon tapis et je priai Abou-Obeïda d'y prendre place. C'est la plus grande marque d'hon-

neur qu'on peut donner à un personnage. Alinéba
nous prépara des tchibouks, nous servit des findjanes
de café sans sucre, parfumé avec de la canelle et de la
giroflée, ce qui ne le rend pas meilleur.

« J'ai été, commençai-je, ému ce matin en enten-
dant ta voix répéter aux quatre coins de l'horizon :
« Fidèles croyants, venez à l'asile de la prière, venez
rafraîchir vos fronts chargés d'ennuis en touchant la
pierre sépulcrale de notre père Abraham ! » Mais je
suis plein de tristesse en pensant que je ne puis me
prosterner dans ce sanctuaire. »

« Le parvis du Haram ne peut-être foulé que par les
croyants, répondit Abou-Obeïda ; si Allah éclairait ton
âme, les portes du sanctuaire s'ouvriraient d'elles-
mêmes devant toi. »

« J'appelle comme toi dans ma patrie les fidèles à la
prière, mais comme je l'ai dit à l'un des tiens, bien
loin de les en éloigner, ce sont ceux qui se sont faits
les ennemis de mon culte, que j'invite de préférence à
entrer dans mon temple. Autant que toi, je vénère
Abraham, sur qui soit la paix. Ton Koran te commande
de voir en moi un ennemi, mon Évangile m'ordonne
de t'aimer comme un frère. Cette différence, crois-
moi, doit te prouver que ton livre vient d'un homme,
mais que le mien est l'œuvre d'un Dieu. »

Alors le muezzin élevant ses deux bras au ciel et les
rabaissant lentement, me dit :

« Si tu me demandais une des étoiles placées sous la
tente du firmament au-dessus de la Kaaba, je prierais
Allah de la faire descendre du ciel pour te la donner.

Un jour je traversais le désert : au milieu de la mer de sable, je trouvai un enfant sur le point de mourir de soif comme Ismaël ; je n'avais dans ma zemzémie qu'une goutte d'eau, j'en humectai les lèvres du chéri d'Allah, il revint à la vie, il fut sauvé. Mais te laisser entrer dans la mosquée sainte, je ne le puis. Tes paroles ont troublé mon âme et agité mon cœur ; jusqu'à présent je n'ai rien refusé à personne ; le souvenir du refus d'aujourd'hui sera dans ma mémoire comme un nuage sur un ciel limpide, comme la trace d'un insecte sur une fleur. »

« Si j'avais cru troubler la sérénité de ta paisible existence, je ne t'aurais pas adressé ma prière ; je ne puis partir heureux qu'autant que tu m'auras pardonné mon indiscrète demande. J'espère que tu ne maudiras pas l'adji chrétien, et qu'après son départ ta vie s'écoulera aussi tranquille qu'avant son arrivée. »

« Bien loin de te maudire, j'appelle sur toi les bénédictions d'Allah ; qu'il aplanisse les chemins devant tes pas, que la verdure ne sèche jamais sous tes pieds, que tu trouves toujours d'abondantes sources ! Ecoute, un jour Khalil er-Rhaman, l'ami du Miséricordieux, voyant Melicelam, le plus fervent de ses serviteurs, le front dans la poussière et absorbé par une extatique contemplation, lui dit : « O Melicelam, pour récom-
« penser ta fidélité à venir prier sur ma tombe, je
« veux t'accorder une faveur que je n'ai jusqu'ici ac-
« cordée à personne : descends dans le tombeau où je
« repose avec mon fils Isaac et mon petit-fils Jacob;
« cette faveur t'assure ma protection auprès d'Allah,

« lorsque Isralif te présentera le breuvage qui sépare
« notre âme de notre corps. »

« Le vieillard descend lentement l'escalier qui aboutit
aux sépulcres vénérés. Arrivé à la dernière marche, le
suave parfum qui s'exale de ce souterrain s'empare de
ses sens, trouble sa raison, le transporte dans le sein
d'Allah ; il oublie de prononcer le mot de detour ; le
rideau qui voile le sommeil des épouses des patriarches demeurant entr'ouvert, une vive étincelle jaillit
du coussin sur lequel s'appuyait la tête de Sara, frappa
et brûla les yeux de Melicelam. Veux-tu que je t'ex-
pose à ce malheur, ne plus voir le ciel azuré de ma
patrie et ces belles fleurs qui te sourient. »

Puisque je ne pouvais y entrer, je cherchai à connaître l'intérieur de la double caverne en adressant à
Abou-Obeïda diverses questions auxquelles il ne répondit pas toujours directement. Que le lecteur me
pardonne, d'ajouter encore à ce qui précède sur le
même sujet, pour lui faire connaître ce que j'appris du
muezzin. L'ouverture de la caverne est à l'ouest ; on a
en partie isolé le rocher dans lequel elle est creusée
du côté du couchant, mais comme elle s'appuie contre
la colline, en avançant au levant, elle se trouve presque de niveau avec le parvis de la mosquée. Quelques
marches d'escalier conduisent à la première grotte ;
on y pénètre à gauche par une porte étroite, plus haute
que large. Un peu à droite de cette porte, il y en a
une seconde qui s'ouvre sur une autre caverne dont le
niveau est un peu plus bas que celui de la première,
ce qui ferait croire que cette caverne était divisée en

deux compartiments à peu près sur le même plan et par conséquent non superposés. Les corps sont-ils déposés dans des niches, sur des banquettes, dans des fours à cercueils, je n'en sais rien ? Le corps de Jacob fut sans doute embaumé en Egypte, il est donc dans un cercueil comme les momies. La porte principale est en fer, ornée de plusieurs versets du Koran en caractères bleus, jaunes, rouges ; devant, est incrustée dans le pavé une large pierre, sur laquelle reposèrent les pieds de l'ange qui adressa la parole à Abraham. Tout bon musulman la touche du front à trois reprises différentes pendant son namaz.

Il est étonnant de ne trouver aucun détail sur cette excavation, ni dans les écrivains du Bas-Empire, ni dans les chroniqueurs des Croisades. Les historiens juifs n'en décrivent pas l'intérieur. Cependant, les uns et les autres en furent les maîtres pendant longtemps. Ce qu'il y a de certain, c'est qu'elle n'était pas occupée quand Abraham l'acheta. Peut-être le cercueil de Jacob renferme-t-il des documents précieux.

Le corps du Patriarche embaumé a été sans aucun doute enveloppé de bandelettes sur lesquelles on aura tracé quelques lignes se rapportant à sa vie, aux circonstances de son arrivée en Egypte et divers faits passés pendant son séjour à Gésen.

J'avais à ma gauche un oualy, charmante miniature architecturale du plus pur style moresque du xiie ou xiiie siècle, remarquable surtout par ses fenêtres géminées, encadrées de rinceaux feuillagés, surmontées d'un œil-de-bœuf d'une seule pierre aussi délicatement ciselée qu'un bijou. La porte en bois sculpté avec de fines colonnettes, un linteau orné de figures géométriques, est un curieux morceau d'une époque de turbulente et sanglante mémoire. Sous la corniche, s'épanouissent des fleurs sur lesquelles perchent de petits oiseaux. La coupole, couronne de l'édifice, est infiniment gracieuse et toute couverte d'ornements dont l'œil a peine à suivre l'inextricable réseau.

Abou-Obeïda me raconta que dans cet oualy repose Zanida, épouse très aimée de Rosalaïm, riche prince arabe chassé du Caire par ses ennemis. En traversant le désert, Rosalaïm s'était ouvert une veine pour donner son sang à boire à Zanida expirant de soif ; il ne la sauva que pour la voir mourir de fatigues à Hébron. Après avoir pleuré celle qui n'avait pas voulu l'abandonner dans sa mauvaise fortune, l'exilé retourna au Caire, entra un soir déguisé en derviche dans son palais qu'il trouva occupé par Omar, le principal auteur de ses malheurs, le poignarda, s'empara des trésors de sa victime que lui livra un esclave, fit le pèlerinage de la Mecque et vint mourir au pied de ce monument qu'il avait fait construire par les plus habiles ouvriers égyptiens.

Selon l'habitude des Orientaux de tirer une leçon morale de tous les évènements, le muezzin fit diverses réflexions sur la brièveté de la vie et l'inconstance de la fortune, réflexions interrompues, par l'absorption de nombreuses tasses de café, puis il me quitta en appelant de nouveau sur moi les faveurs d'Allah.

Avant qu'il me quittât, j'avais pu admirer un magnifique manuscrit qu'il portait, renfermé dans un sac en cuir enveloppé d'une étoffe de soie cramoisie. C'était un manuscrit du Koran sur velin légèrement teinté, d'une splendeur inouïe. Le calligraphe avait déployé une netteté, une légèreté de traits incomparables. Le coloris ne laissait rien à désirer par son infinie délicatesse de nuances. Des arabesques, des figures géométriques, des fleurs épanouies sur de longues tiges parsemées de vrilles, de feuilles d'un vert diaphane, encadraient le texte de neuf lignes sur chaque page, trois en haut, trois au milieu, trois en bas. Les initiales, les titres étaient remarquables par leur ornementation ; le pourpre, le rouge, le jaune-orange, le bleu-azuré, le vert se mêlaient sans se confondre, s'emparaient du regard, le promenaient d'un point à un autre, le laissaient toujours inassouvi ; la vue de cet harmonieux concert de couleurs idéales ferait croire que l'œil de l'artiste différait du nôtre. J'avais remarqué que certains signes revenaient régulièrement après le même nombre de pages, le muezzin m'en donna la raison. Il y a, disait-il, à la Mecque, trente lecteurs qui se divisent le Koran, de sorte que chacun lisant sa partie, le livre est lu en entier chaque jour. Dans ce manuscrit, copié sur celui de la Mecque, il y a 114 chapitres, 30 parties, 60 sections, 6,000, 6,214, 6,219, 6,226 ou 6,236 versets suivant divers auteurs, 77,639 mots et 323,015 lettres. Je n'ai guère vu de plus beaux manuscrits, même dans les plus riches bibliothèques de l'Europe. La fraîcheur des couleurs est surprenante.

Pendant ma conversation avec Abou-Obeïda, plusieurs Arabes, les uns par curiosité, les autres pour respirer l'air du soir, étaient venus se grouper çà et là autour de moi. J'eus une fois de plus l'occasion d'admirer cette belle race, digne de servir de modèle pour ses irréprochables lignes sculpturales. La tête, les mains, les bras de ces hommes sont vraiment remarquables ; leurs yeux, comme ceux de leurs chevaux, calmes et presque mornes dans le repos, brillent comme un éclair quand la passion remue ce sang échauffé par le soleil de leur désert ; on sent qu'ils aiment ou haïssent avec la même fureur ; s'ils ne pardonnent jamais, jamais aussi ils ne demandent grâce. Je crus avoir saisi un regard de mépris dirigé sur moi par un vieillard coiffé d'un énorme turban ; c'est à mon habit franc que je devais cette marque de son attention. Je lui envoyai en retour une magnifique bouffée de fumée de mon tchibouk. Il comprit, car il changea de place. Les autres me parurent tout à fait indifférents. Réglementer ces natures indomptables n'est pas facile. A deux heures d'El-Khalil est le désert : là la liberté, plus d'action gouvernementale. « A voir l'Arabe, dit Xavier Marmier, avec cette belle physionomie, dont nulle servitude n'a pu effacer le type primitif, avec ce regard d'aigle et ces membres robustes, qui pourrait douter de son intelligence et de sa force ? L'esclavage d'un millier de siècles l'a, de générations en générations, humilié, opprimé, écrasé, mais que cet esclavage cesse, l'Arabe, enfant de ces races poétiques qui ont peuplé le midi de l'Espagne de tant de monuments admirables, et les Egyptiens dont les aïeux donnaient des leçons à la Grèce, reprendraient leur place dans la marche de l'humanité ».

J'avais encore quelques heures à dépenser avant la nuit, Alinéba me conduisit chez Daham, riche Arabe chassé du Nedjed par les Wahabites. Cet exilé me reçut avec une bienveillance toute cordiale et m'offrit la pipe et le café. De ma vie, avant comme après cette rencontre, je n'en goûtai de plus délicieux. J'avais pu suivre sa préparation dans tous ses plus minutieux détails. Un esclave, noir comme l'ébène, alluma du charbon dans un fourneau, et posa sur ce feu une énorme cafetière pleine d'eau limpide, puis il prit un sac dont il tira deux ou trois poignées de café qu'il éparpilla, tria, éplucha grain à grain, jeta les fèves choisies dans une cuiller, les exposa à la chaleur du fourneau, les agita doucement et ne les retira que, quand devenues rougeâtres, elles firent entendre un petit pétillement accompagné d'une légère fumée. L'esclave les laissa refroidir un moment, avant de les broyer dans un mortier en pierre percé d'un trou juste assez large pour le pilon ; il prit ensuite une seconde cafetière, versa l'eau de la première dans celle-ci, y déposa son café pulvérisé qu'il replaça sur le feu, ayant grand soin que l'ébullition ne le fît répandre. Pour aromatiser, le noir pila un peu de safran et de giroflée, jeta ce mélange dans le moka et acheva l'opération en passant le tout à travers un filtre d'écorce de palmier ; il nous servit cette liqueur dans des tasses de la grosseur d'une coquille d'œuf.

4.

Les cafetières en cuivre de diverses grandeurs, avaient des formes élégantes, le col allongé, le bec gracieusement recourbé, les couvercles ornés de ciselures. Leur nombre annonce le plus ou le moins de fortune de celui qui vous donne l'hospitalité.

Le meilleur café vient de l'Yémen ; on l'appelle moka, du nom du port de la mer Rouge d'où on l'exporte. J'appris de mon hôte, que nous n'avons en Europe que la qualité inférieure. Nombre de triages doivent être accomplis pour avoir du café d'un goût parfait. Avant de l'emballer, on le trie avec l'attention scrupuleuse d'un chercheur de diamants fouillant le sable qui recèle les pierres précieuses. Les meilleurs grains sont translucides, d'une couleur verdâtre. Le triage se renouvelle même souvent en route, avant l'arrivée des balles à Alexandrie, à Jaffa, à Beyrouth. Quelquefois on remplace le moka par les produits de l'Inde et de l'Abyssinie.

Après le café, on apporta un bol plein de dattes d'une couleur d'ambre tirant sur le rouge, et une coupe de beurre liquide. Alinéba prit une datte et la trempa dans le beurre avant de la manger. Je suivis son exemple pour la première fois, puis je mangeai les dattes seules. Ces fruits avaient une saveur exquise. Ils venaient du Kasim, province de l'Arabie centrale, qui compte douze espèces de dattiers, tous donnant des dattes préférables à celles qu'on cueille en Syrie et en Egypte.

Le noyau du principal minaret du Haram est entouré de plusieurs galeries à différentes hauteurs. Je crus reconnaître sur la plus élevée, Abou-Obeïda, les deux mains à la hauteur des yeux, annonçant le Salhal Escha, prière de Moïse, lorsqu'un ange vint le consoler dans l'Oued Eymen où il s'était égaré pendant les ténèbres. Il ajouta ces paroles que je n'ai jamais pu entendre sans émotion : « Vous qui allez dormir, pensez à celui qui veille toujours et ne dort jamais. »

CHAPITRE XII.

N OUS partîmes d'Hébron bien avant le lever du soleil. A nous trois nous aurions pu enrichir de quelques pièces curieuses la panoplie d'un amateur. Alinéba avait un long fusil, à sa ceinture un yatagan orné de signes cabalistiques; Kadim un dabbous, un sabre turc et une lance à l'extrémité de laquelle flottaient des plumes noires et rouges, son fusil plus primitif que celui de mon drogman reposait sur sa selle; il l'avait ainsi toujours sous sa main. Son beau cheval, Aba-el-Astir, l'esclave de sa volonté, né au-delà du Jourdain, portait sa généalogie à son cou. De chaque côté de sa selle fantastiquement décorée de divers ornements, pendait une partie de ce sac que tout Bédouin aime à charger de glands, de fran-

ges de couleurs les plus voyantes. Le Scheikh, habitant du désert, en connaissait les sources, les pâturages et les ruines qui l'abritaient souvent. Mince et bien tourné, d'un port noble et distingué, il avait une grande aisance de mouvements bien que sa jambe fût alourdie d'une balle qui n'a pas été extraite. Les nomades ont souvent des traits fort délicats. Des yeux mobiles et d'un éclat inimaginable dans leur noire profondeur semblaient vouloir pénétrer tout ce que rencontraient leurs rayons lumineux. Sa barbe était rare, comme celle de tout Arabe, ses cheveux noirs sortaient par mèches de dessous sa kafiéh de couleurs éclatantes, serrée autour de la tête par une corde de poil de chameau dont les les deux bouts flottaient sur les tempes ; une longue robe rayée de jaune et de rouge l'enveloppait et cachait sous ses plis deux poignards croisés sur sa poitrine, dans des gaînes de peau de lézard. J'avais mes armes ordinaires, et pour provisions des petits pains, du fromage, des œufs cuits durs, du thé, des oranges, du chocolat, quelques bouteilles de vin. Je comptais acheter des moutons et tuer du gibier.

Après avoir suivi un instant l'oued El-Khalil, Alinéba tourna à droite et je m'engageai avec lui dans un sentier sinueux grimpant sur le flanc oriental de la colline. Ce chemin tracé au milieu de vignes, d'oliviers, de pêchers et d'autres arbres fruitiers, était si étroit que j'étais obligé de relever les pieds sur le cou de mon cheval pour ne pas frôler les rochers ou les murs en pierres sèches qui bordaient les champs. J'arrivai sur le versant ouest tout aussi boisé que celui que je venais de

quitter, mais d'une pente moins rapide. La vallée que
je côtoyai devenait de plus en plus profonde ; je laissai
à ma droite les ruines d'un village et à ma gauche une
source limpide et fraîche. Le Scheikh appelait Nonkur
le vallon et la source. Je cheminai un instant sur la
crête d'une colline, je descendis dans un autre oued
où je rencontrai des chameaux, des brebis, des moutons,
des Arabes couchés pêle-mêle sur une grand place
autour d'une eau jaillissante. Un berger me demanda
du plomb. Je lui fis répondre que je n'en avais que
pour moi, que le plomb français ne se donnait pas et
se vendait encore moins. Un autre aurait voulu savoir
si mon fusil plus court que le sien portait aussi loin. Je
traversai lentement ce troupeau, prenant soin de n'es-
tropier ni brebis, ni moutons ; ces animaux paraissaient
sans crainte et élevés avec douceur, car ceux qui étaient
couchés ne se levaient que lorsque Kadim qui tenait la
bride de mon cheval les poussait avec le pied. Les chameaux mangeaient de l'orge sur une peau : ils me
regardaient un instant avec leurs grands yeux doux et
continuaient à broyer lentement leur nourriture habi-
tuelle. L'eau de la source se perdait dans le sable.

Je laissai à ma droite Debir, ville chananéenne que
Josué chapitre xv désigne sous le nom de Chariath-
senna, ville de l'enseignement. Elle avait porté avant le
nom de Cariath Sepher, ville des Livres, ce qui suppo-
serait qu'il y avait ici une école ou une bibliothèque et
par conséquent des caractères alphabétiques aussi
anciens que ceux attribués aux Phéniciens. Les
Septante l'appellent ville des Archives. Quatremère de

Quincy croit que les Chananéens déposaient là leurs Archives. Nous savons par Esdras, livre I, chapitre VI, v. 2, qu'on trouva à Ecbatane les papiers de Cyrus : les annales de Tyr étaient cachées dans une caverne. La tradition raconte que Seth avait écrit l'histoire de la Sagesse des âges avant le Déluge sur des briques, les unes cuites au four, les autres séchées au soleil. Que de recherches ne mériteraient pas ces documents! Ils existent car si l'eau a détruit les tablettes séchées au soleil, elle n'a pas détruit celles cuites au four, et si le feu a calciné les premières, il a laissé intactes les secondes.

Prise par Josué, Debir retomba au pouvoir de ses premiers maîtres, que Caleb et Othoniel expulsèrent de nouveau. Dans le voisinage de la ville on a trouvé des sources qui probablement sont celles dont il est question dans le chapitre XV, v. 19 de Josué.

Le chemin s'allongeait entre des collines calcaires qui s'écartant l'une de l'autre, s'arrondissent autour d'un bassin parsemé de chaumes de blé, d'orge et de broussailles. J'arrivai à l'extrémité de la plaine au grand village de Dora, situé sur le penchant d'un mamelon couvert d'oliviers qui ombrageaient des champs bien cultivés et ensemencés. La colline est couronnée d'un oualy musulman. Ce village, un des pl us considérables du district d'Hébron, est la résidence des scheikhs de la maison Ibn-Omar, chefs du parti des montagnes ou Kaissy, et gouverneurs de tous les villages voisins. Il n'y a ici aucun vestige d'antiquité, si ce n'est peut-être le dessus d'une porte d'une seule pierre qu'on dirait avoir été décorée de quelques ornements de sculpture.

Alinéba me présente à un de ces scheikhs que je trouvai couché sous des oliviers, gros arbres d'une respectable vieillesse, à en juger par leurs troncs grisâtres effondrés, raboteux, caverneux, chargés d'excroissances, de loupes verdâtres et contournés comme des cables. Ce seigneur me reçut avec politesse et m'offrit du café et le tchibouck, il me prévint que j'aurais des dangers à courir sur la route que je voulais suivre. Pour le mettre dans mes intérêts, je lui demandai un homme de sa tribu que je m'engageai à lui renvoyer quand je reviendrais du sud. Il trouva ma demande raisonnable et me donna pour compagnon de route un Arabe d'un âge mûr, son parent et son ami. Mon nouveau guide alla chercher son cheval et revint armé et équipé. Il s'appelait Ibna. N'ayant pas l'intention de le garder longtemps, je lui accordai d'abord le prix auquel il estimait ses services ; il m'assura d'ailleurs que je n'aurais plus besoin d'autres conducteurs, puisque je ne sortais pas de la vaste région que ces nomades appellent la Syrie. Cependant je crus bon de lui faire dire plusieurs fois que je trouvais la somme demandée exhorbitante. Si votre générosité laisse croire que vous avez beaucoup d'argent, il n'y a pas de ruses que le guide arabe n'emploiera pour en avoir sa part : alors, ou vous céderez, ou vous perdrez bien du temps à discuter.

Dora a été, il y a quelques années, le théâtre de sanglants combats entre les habitants qui, quoique désarmés par le gouvernement égyptien, parvinrent à se procurer des armes. Ce fut la mise à exécution des ordres de Méhémet-Ali sur la conscription qui devint l'occasion de la guerre civile. Une famille de scheikhs, ennemie de la famille Ibn-Omar, était devenue puissante par ses nombreux partisans. Un membre de cette maison exerçant, paraît-il, quelque fonction, inscrivit sur sa liste de conscription tous les hommes du parti opposé et ménagea ses amis. Le chef de la famille Omar, Abder-Rhaman, fut emprisonné à Hébron. Mais son frère alla à Damas, s'adressa au gouverneur de la Syrie, lui dévoila la partialité de son rival, obtint l'élargissement du captif qui revint dans son village avec le titre de Mulsellin et remplaça son ennemi. Alors la guerre commença ; les villages voisins prirent parti dans la cause et élargirent le champ de la lutte. Le gouvernement usa d'une grande sévérité et ne trouva pas de moyen plus efficace pour calmer les esprits que de désarmer et disgrâcier les chefs des deux partis.

En 1839, Abder-Rhaman se révolta et s'empara d'Hébron où il régna pendant quelques jours. Le gouverneur de Damas l'en chassa et le força à se réfugier dans le désert d'Engaddy où il l'enferma avec deux mille hommes. Un matin le scheikh fit une trouée dans les lignes du pacha, dirigeant sa fuite à l'est du Jourdain où on n'osa pas le poursuivre. Alinéba lui rendit des grands services dans cette circonstance en l'avertissant des mouvements de l'ennemi. Cet Abder-Rhaman, jouait, on le voit, le rôle d'un petit prince ; il avait dix esclaves, deux cents moutons, trois cents brebis, trois chevaux, une jument de race et un grand nombre de chameaux. Il était aimé, respecté de ses sujets; nul n'était plus généreux, plus hospitalier, et on connaissait son courage et son audace.

Quoique le village moderne de Dora ne conserve pas de vestiges antiques, il est évident qu'il est sur l'emplacement d'Adoraïm ou Aduram de l'Ancien-Testament, nommée toujours avec Hébron et Marasa. Aduram et Marasa sont citées comme villes de l'Idumée. Jéroboam les fortifia. Josèphe raconte qu'Aduram fut prise par Hircan et rebâtie par Gabinius. On ne trouve son nom ni dans Eusèbe, ni dans saint Jérôme, ni dans aucun écrivain. Il y avait une Dora sur les bords de la mer. C'est, d'après Reland, à une faute de copiste que nous devons de lire Dora dans Josèphe, au lieu d'Adora.

Après avoir pris une findjane de café avec le scheikh et ses courtisans, nous décampâmes. Je suivis un quart d'heure l'oued qui contourne Dora, j'arrivai à son extrémité et montai à son sommet, laissant à ma gauche des ruines peu importantes. Placé sur une hauteur blanche, dénudée, j'aperçus à l'ouest la Méditerranée semblable à une vaste plaine légèrement brumeuse. Les mamelons autour de moi prennaient des proportions plus grandioses. C'étaient presque des montagnes, elles se boisaient et sous ces arbres je remarquai des débris de gazons brûlés par le soleil, mais qui revivent aux premières pluies. Ce qui me surprit beaucoup, ce fut d'entendre les cris des geais, des pies, le chant du pinson. Ces oiseaux, presque familiers, s'approchaient très près de moi.

Les ruines d'Abd n'ont aucun intérêt. De là je descendis dans la vallée El-Keis qui se perd au couchant dans une plaine. Pendant quelque temps nous cheminâmes le long de cet oued enveloppé de mamelons boisés et herbeux. Là étaient de nombreux troupeaux parqués ou paissant librement, des chameaux, des ânes, des brebis, des vaches disséminés au milieu de chaumes; dans les champs et sous les arbres, des hommes, des femmes, des enfants, sept ou huit tentes. Dans des oasis verdoyantes, un puits entouré de bestiaux, un berger armé d'une lance, tout un tableau enfin qui reportait aux époques bibliques. Nos paysans français ne sont ni plus honnêtes, ni plus beaux que ces agriculteurs bédouins. Plusieurs adressèrent la parole à mon drogman, aucun ne me parut surpris de me voir au milieu d'eux.

J'entrai dans une grande plaine qui se soulevant par soubresauts devenait plus loin une colline. Les décombres parsemés çà et là prouvent que ce pays fut jadis très habité. Alinéba me signale plusieurs ruines, les unes à droite, les autres à gauche, Deïr el-Asel, Beit er-Rash. Le mot Deïr indiquerait qu'il y avait là un couvent. Après avoir franchi un petit col, j'arrivai à El-Bury, situé sur un promontoire rocheux qui commande fièrement la plaine. Ici la roche est blanche, sans végétation aucune. Les ruines d'El-Bury consistent en une forteresse construite sur la pointe la plus élevée du promontoire. On a coupé le roc à l'est et au sud pour l'isoler et la détacher de la colline. Elle ne présente pas un seul morceau travaillé pour nous dire l'âge de ces débris. Les matériaux sont mal choisis, de médiocre grosseur, les remplissages viles. Je croirais ces constructions sarrasines, faisant parties de cette ligne de forts détachés échelonnés le long des frontières sud de la Palestine. Mais pourquoi ces forteresses, quand furent-elles bâties ? Peut-être par les Croisés, peut-être à la suite des Croisades, alors que les musulmans se divisèrent et qu'il y eut des luttes acharnées entre les gouverneurs de la Syrie et de l'Egypte. Les historiens chrétiens et arabes n'ont pas laissé de documents pour nous éclairer.

El-Bury est entouré de cabanes, de cavernes creusées dans le roc, jadis habitées ; elles servent aujourd'hui d'asile aux pauvres de Dora qui s'y réfugient ; ils gardent là leurs troupeaux et entre temps cultivent quelques plantes de tabac. Je fus reçu par ces pauvres bergers comme un frère, ils m'offrirent du lait et des olives. « Qu'Allah te conduise dans le bon chemin », me dit l'un d'eux en nous quittant. Ces grottes abritent parfois les proscrits.

Non loin de là j'aperçus, chassant devant elle quelques chèvres à oreilles pendantes, une bergère bédouine, les pieds, les jambes, les bras ornés de verroteries, un long bâton à la main gauche, une cruche à la main droite, enveloppée d'une robe très ample à manches larges et fendues. La taille de la pauvrette était petite, mais fortement charpentée.

J'abandonnai la direction du sud-ouest pour celle de

l'est-sud. Le pays que je traversai conservait toujours à peu près le même caractère, la même physionomie, tout en devenant cependant, à mesure que j'avançai vers le midi, plus désert et plus aride : les bois étaient clair-semés, les troupeaux toujours nombreux, les oueds plus ou moins larges, les collines s'appuyant les unes contre les autres se succédaient sans fin.

Notre approche fit lever des perdrix couleur de cendre et quelques autres oiseaux qui piétinaient devant moi en poussant un petit cri. Je témoignai mon étonnement à mon drogman de ne voir que des crêtes, des cônes nus et blanchâtres. Ces hauteurs, me dit-il, sont couvertes d'herbes que nos brebis aiment beaucoup, et ces taches noires que tu vois un peu partout sont ces animaux qui paissent.

Le moindre incident dans la vie du voyageur au désert se note, se grave dans la mémoire ; je vois encore devant nous, tels que nous les rencontrâmes alors, trois Bédouins armés, montés sur des chevaux d'une maigreur extrême. Ils s'arrêtèrent un instant, demandèrent des renseignements sur Hébron et continuèrent leur route. L'un d'eux avait une figure féroce et remuait continuellement les lèvres en découvrant ses dents blanches et pointues ; il me jeta un regard furtif sans m'adresser le salut d'usage. Aux réponses évasives que le scheikh fit à mes questions, je compris que ces cavaliers étaient accusés de quelques méfaits et, qu'avant de chercher un refuge à Hébron, ils cherchaient à savoir s'ils y seraient arrêtés.

Je cueillis dans une anfractuosité du rocher une toute

petite fleurette d'une réelle beauté. Ses feuilles étaient rondes, finement dentelées, vertes en dessus et blanchâtres en dessous avec un léger duvet. La hampe fragile et flexible supportait trois fleurs à cinq pétales blanches au fond, rouges sur les bords. Les pistils et les étamines sortaient en groupe du calice et dépassaient un peu la hauteur de la corolle. Le thym, le serpolet, la lavande tapissaient ce rocher. On remarque partout des débris végétaux, mais trop brisés pour qu'on puisse les classer. Parmi ces tiges, ces feuilles à peu près pulvérisées, je reconnus cependant l'*anemona coronaria*, le *renunculus asiaticus*, l'*asphodelus*, l'*ononis variegata*, que j'avais cueillie aux pieds des Pyramides. Un botaniste qui fouillerait ces vallées en hiver y ferait une abondante moisson.

Un peu plus loin, je trouvai un petit troupeau de brebis couchées sous un olivier sauvage à côté du berger. L'homme et les bêtes me regardèrent passer du même œil.

La chaleur était extrême; elle ne venait pas seulement des régions élevées de l'atmosphère, elle sortait de terre. Les branches des lunettes que je portais pour protéger mes yeux me brûlaient la peau; je ne pouvais toucher le canon de mon fusil; nous cheminions au bas des vallées ou sur les versants pour avoir un peu d'ombre. De distance en distance nous trouvions des puits, des réservoirs, mais rarement des sources. Nous arrivâmes à l'extrémité d'une plaine encadrée de mamelons calcaires et crayeux. Ce bassin se soulevait peu à peu à l'ouest, arrivait au niveau de deux collines qui se réunissaient par deux courbes régulières en venant parallèlement de l'est à l'ouest. Le demi-cercle qu'engendrait cette convergence était très accidenté par des amas de ruines. Je rencontrai tout d'abord un vaste réservoir, entièrement pris dans le roc dans sa partie inférieure, maçonné dans sa partie supérieure. A ma gauche, je découvrais au sud les fondations d'une tour en pierres habilement travaillées et jointoyées. A l'est et au couchant de cette tour, le sol était parsemé de vestiges d'habitations, de fragments de vases, de poteries, mais tellement fracturés qu'il était impossible d'en réunir assez pour reconstituer un vase entier auquel on pourrait assigner une époque. Sur le versant opposé à la tour, au nord, séparée de l'emplacement des ruines par une fissure, s'ouvre une caverne, jadis carrière, car les ouvriers y ont laissé des piliers pour soutenir les voûtes. Cette excavation a plus de cinquante mètres de long ; elle est souvent habitée ; on y trouve des tessons de forme vulgaire ; mon entrée dans cette caverne en fit sortir une légion de pigeons et d'hirondelles.

Je continuai à m'avancer à travers un pays montagneux et un réseau de collines et de vallées. A chaque pas des alouettes, des perdrix, des cailles s'envolaient devant moi. On trouve en Palestine quatre espèces d'alouettes : l'alouette du désert, celle des bois, la calendre et l'alouette à aigrettes. Rien n'égale la vitesse de la perdrix à courir sur le sable.

J'arrivai par un rapide sentier au village de Dhohériyeh, point culminant qui m'était apparu plusieurs fois depuis mon départ d'Hébron et qui se trouve sur la ligne fortifiée dont j'ai parlé. Il est facile de reconnaître ici les ruines d'une forteresse construite en gros blocs au milieu de cabanes habitées par une population riche en troupeaux. On y trouve des matériaux phéniciens, juifs, romains, sarrasins ; plusieurs de ces masures ont des portes cintrées ; elles sont toutes étroites, basses ; l'intérieur de l'habitation est sombre, encombré de harnais, de sacs, d'ustensiles de peu de valeur ; des meubles, point ; mais aux murs sont accrochés des manteaux et des vêtements d'une propreté douteuse. Les petits enfants couchent dans des corbeilles en feuilles de palmier ; les hommes, les femmes, enveloppés dans des guenilles, s'étendent sur la terre nue. Les chiens, les poules, quelquefois les chèvres, les moutons, les brebis logent sous le même toit que leurs maîtres.

Dhohériyeh, à cinq ou six heures d'Hébron au sud-ouest, est une place importante. Ici convergent les deux grandes routes se dirigeant l'une au Sinaï par Petra, l'autre en Egypte par Gaza. C'est dans ce village que les caravanes, après avoir échappé aux tempêtes de l'océan de sable, trouvent quelques rafraîchissements. Des nuages, d'abondantes rosées, des fleurs connues en Europe, des arbustes, quelque peu de verdure ici et là annoncent au voyageur qu'il a laissé le désert derrière lui. Je ne voyais autour de moi que du calcaire blanchâtre, et cependant je comptai plus de cent chameaux et un grand nombre de moutons au bas de la colline sur ce sol pierreux. C'est dans cette région que Dieu faisait croître l'herbe des champs pour les troupeaux des Patriarches.

C'est de Dhohériyeh qu'on commence à descendre des hauts plateaux montagneux de la Judée, car ces massifs rocheux ne sont à proprement parler qu'une série de hauts plateaux arrondis, coupés de gorges, de vallées s'enchevêtrant les unes dans les autres et plus ou moins boisées et cultivées. Les débris de terrasses témoignent que dans les temps anciens une nombreuse et industrieuse population d'agriculteurs, de pasteurs fouillaient ce sol aujourd'hui improductif. Alors le lait et le miel coulaient sur cette terre bénie.

Je ne m'arrêtai que quelques minutes au village; je descendis dans l'oued El-Khalil qui va rejoindre la vallée Es-Séba. Sur ma gauche, Alinéba me désigna plusieurs localités anciennes, reconnaissables sous leurs noms modernes. Le caractère du paysage changeait, la culture devenait rare. Le *pistachia terebhintus* de Linné, des genêts, le retem des Arabes, des graminées, des arbustes épineux, clair-semés, voilà toute la végétation apparente, et malgré cette stérilité de la terre on voyait toujours des brebis, des moutons, de petites vaches roussâtres pleines de vigueur et d'embonpoint. Après avoir franchi un petit col, nous trouvâmes de l'autre côté une vallée qui descend rapidement au sud entre des mamelons calcaires mouchetés de points d'un jaune de soufre. Je cueillis trois ou quatre petites fleurs qui ne s'abreuvent que de rosée.

Nous croisâmes la route de Gaza à l'oued Moussa. Un instant après j'arrivai à une vaste place où les Bédouins portent leur blé et leur orge pour l'égrener ; ils campaient dans le voisinage. Le scheikh exigea le plus poliment du monde une petite somme d'argent en échange de l'homme le plus courageux de la tribu chargé de me défendre au péril de sa vie. Il faut dire qu'il m'avait offert du lait, des dattes et une poule. Ces nomades appartenaient à une des nombreuses tribus qui errent dans ces contrées et dont les limites territoriales ne sont pas exactement connues. Mon nouveau guide était, je crois, Tyahah et, comme de raison, un scheikh. J'en avais trois avec moi ; à mesure que j'avançai mon escorte augmentait et j'aurais fini par voyager comme un prince. Si ce nouveau Patriarche accroissait le nombre de mes protecteurs, il n'en relevait pas la splendeur. C'était le plus rare déguenillé qu'il fût possible de voir, mais en même temps un des hommes les mieux charpentés du désert. Assurément, il ne faisait qu'avec du sable les ablutions commandées par le prophète. Alinéba le relégua à l'arrière-garde.

Nous traversâmes une petite plaine légèrement inclinée au midi, très ondulée, coupée de crevasses, tapissée d'herbes sèches. A l'automne elle se revêt d'une belle verdure que le soleil brûle l'été. A ce moment elle est dénudée, ni fleurs, ni herbes. Le genêt, *genista retem* couvrait de vastes espaces ou était disséminé. Cet arbuste, le plus commun, le plus remarquable du désert croît par touffes sur le flanc des vallées, sur les bords des torrents ; ses belles fleurs d'un jaune lustré s'épanouissent sous le soleil le plus ardent; il prête son ombre aux Bédouins, les protège contre les raffales et le sable que charrie le vent.

J'arrivai un peu avant la nuit à Es-Séba, aux puits qui portent le même nom, sur l'emplacement de l'antique Bersabée. Il est certains lieux qui demandent plus qu'un vague souvenir des évènements dont ils ont été les témoins; ils font naître le besoin de les rappeler à notre esprit d'une manière plus précise, et de goûter en même temps tout le parfum qu'ils ont gardé dans les premiers récits: je relus là les chapitres de la Genèse, les passages de Josué, des Juges, de Samuel, des Rois, de Néhémie, qui nous parlent souvent de cette ville patriarcale. Ces souvenirs bibliques rappelés sur les lieux témoins des faits racontés par les historiens sacrés, avaient un charme inexprimable, ils me rapprochaient des premiers anneaux de la chaîne qui nous rattachent tous et reportaient mes pensées vers les tribus nomades voisines de l'origine des choses.

Ma lecture achevée, je me fis conduire aux puits perforés sur le flanc nord de la vallée qui court à l'ouest-sud du côté de l'oued Sonny. Ils sont à peu de distance l'un de l'autre, tous deux de forme ronde et construits en bonne et solide maçonnerie assise à une grande profondeur sur le rocher dans lequel on les a creusés. Le plus grand a quatre mètres de diamètre, dix-huit de profondeur au-dessus de l'eau; au-dessous je ne sais jusqu'où il descend. L'autre est de moindres dimensions en toutes ses parties. Les pierres de la maçonnerie sont légèrement cintrées, sans ciment, bien jointoyées, par assises régulières, d'une couleur rougeâtre. L'eau de ces puits est pure, limpide, aussi bonne que celle du Sinaï; des auges la reçoivent pour les troupeaux, la corde a creusé les margelles. Pendant que j'étais là examinant l'antique excavation, des chameaux, des brebis, des moutons vinrent s'y abreuver comme au temps des Patriarches; rien n'était changé: le récit de la Bible est encore aussi exact aujourd'hui que jadis; je pouvais croire que les serviteurs d'Abraham, d'Isaac, de Jacob, sortis de la poussière du désert, revenaient avec leurs troupeaux entourer ces puits, et, après une absence de plusieurs siècles, reprendre leur vie pastorale au milieu des solitudes qu'ils retrouvaient telles qu'ils les avaient laissées. De nos jours comme au temps du Père des croyants, les Bédouins cherchent les gras pâturages et les fraîches eaux. L'eau de ces puits est inépuisable, car on n'a pas cessé d'en tirer pendant mon séjour à Es-Séba, soit pour les animaux, soit pour les habitants; je n'ai pas remarqué que la corde descendît plus bas à la fin de la journée. Plusieurs tribus viennent y abreuver leurs troupeaux; les bergers en emportent, en chargent les chameaux. Un peintre rencontrerait ici des types bien caractéristiques et des sujets de tableaux fort curieux.

Abraham avait creusé l'un de ces puits; les serviteurs d'Isaac creusèrent l'autre qu'ils appelèrent Puits d'abondance. Ce fut de là qu'il partit avec son fils pour aller l'immoler sur le mont Moriah. Sur cette colline peut-être, Jacob a surpris la bénédiction de son père. Joël et Abia, fils de Samuel, exercèrent dans ces lieux les fonctions de juges. Plus tard, au milieu de ces genêts, Elie ne dut-il pas trouver le repos et un abri alors qu'il fuyait la colère d'une reine impie? Avant de se retirer avec son fils Ismaël dans le désert de Pharan entre la Palestine et l'Egypte, Agar erra quelque temps autour de Bersabée. Elle avait épuisé sa provision d'eau et son courage de mère, elle déposa son enfant sous un arbre et s'éloignait pour ne pas le voir mourir, lorsqu'un ange lui indiqua une source. Je ne connais pas de scène ni plus triste ni plus émouvante.

Le mot Bersabée signifie puits du serment ou bien encore puits des sept, en mémoire des sept agneaux qu'Abraham donna à Abimelech. « Et Abraham dit : Vous recevez ces sept agneaux de ma main, afin qu'ils soient pour moi un témoignage que j'ai creusé ce puits. » C'est pourquoi ce lieu fut appelé Bersabée, parce que là ils avaient juré tous les deux et ils firent alliance près du puits du Serment. Le mot arabe, Bir es-Séba signifie puits des Sept ou puits du lien. Mais c'est à tort que des écrivains prétendent que Bersabée est synonyme de sept puits.

Bersabée était le point extrême sud de la Palestine, Dan, le point extrême nord. Elle est citée dans Néhémie comme une des dernières villes que les Juifs vinrent habiter après la captivité. Amos prévenait ses concitoyens que les habitants de Bersabée adoraient les divinités païennes, et qu'ils ne pouvaient les fréquenter. Il n'en est pas fait mention dans le Nouveau-Testament. Josèphe raconte qu'Elie s'y réfugia pour échapper à Jézabel; que Sabia, mère de Joab, était de cette ville. Nous trouvons ce nom dans la liste des dignitaires romains. Eusèbe et saint Jérôme nous apprennent qu'il y avait dans ce village une garnison romaine. Ce fut un siège épiscopal de la première Palestine, mais ses évêques ne sont pas connus. Jacques de Vitry et Guillaume de Tyr plaçaient Bersabée entre les montagnes et Ascalon. Au milieu du XIVe siècle, Jean de Maundeville, Ludolphe de Suchem, Guillaume de Baldensel passèrent à Bersabée en allant du Sinaï à Hébron et à Jérusalem. Ces deux derniers voyageurs n'y trouvèrent pas d'habitants, mais les ruines d'une église. Jean de Maundeville prétend que c'était autrefois une belle et agréable ville chrétienne, avec plusieurs églises dont il a vu des vestiges. Il attribue la fondation de cette ville à Bethsabée, femme d'Uri. « Lorsqu'on fait route par le désert du côté du midi, dit Ludolphe de Suchem, on arrive à la première ville de Terre-Sainte qui se nomme Bersabée. Elle est assez belle et fut autrefois ornée de magnifiques églises qui sont encore en partie debout, mais il n'y a plus d'habitants. » Elle fut oubliée pendant cinq siècles. Seetzen est le premier dans les temps modernes qui ait prononcé son nom, en nous donnant les renseignements que lui avaient fournis les Arabes.

Le voyageur ne s'attend pas à trouver à Bersabée d'autres constructions antiques que les puits ; on remarque cependant sur les collines du nord des arasements de murs qui, quoique enfouis sous des amas de pierres, sont encore fort reconnaissables ; ces affleurements montrent que les habitations particulières étaient disséminées sur de petits mamelons et dans les dépressions de terrain qui les séparent. Je traversai l'oued Séba qui sert de lit à un torrent et sur le versant du sud je suivis un mur de plusieurs centaines de mètres, construit, je suppose, pour empêcher les éboulements et l'érosion des eaux. A trente pas de cette muraille, plus à l'est et plus haut, on trouve engagée dans une masure une pierre et des vestiges d'une croix avec une moulure. Partout je heurtai des débris de poteries. A dix minutes à l'ouest des puits, la vallée s'évase, se couvre d'arbustes ; il se forme plusieurs terrasses parsemées de chaumes, de graminées, d'énormes genêts, de broussailles à épines. La terre cultivée donne une abondante récolte de céréales quand elles ne sont pas coupées vertes par les maraudeurs. Cette culture contraste avec la stérilité des environs de la vallée. Là où vous voyez un coin de terre travaillée, là est la vie. Pendant l'hiver cette campagne se couvre d'iris, de renoncules, de plusieurs variétés de crocus, d'anémones, d'asphodèles, de soucis dorés et d'une masse de fleurs qui embaument l'air, surtout pendant le soir, et donnent à cette campagne l'aspect d'un vaste parterre. Sous ces plantes se réunissent des légions d'oiseaux, des alouettes, des perdrix, des coqs de bruyère, un joli traquet, le *saxicola philothamma* que Tristram a découvert dans le Sahara et qu'il n'a trouvé nulle part ailleurs en Palestine.

L'église épiscopale était probablement à quelques mètres des bords de l'oued ; c'est là qu'on voit de nombreux matériaux. Ils s'accusent par une boursouflure indiquant le plan d'un édifice arrondi à son extrémité orientale. Il y a là tout près les vestiges d'un fort juif, comme j'en ai trouvé plus tard dans le voisinage des villes abandonnées du désert. Ce fort consiste en une tour ronde, percée d'une porte basse carrée. Il est entouré de deux enceintes circulaires avec un étroit espace entre elles ; les murs en matériaux grossiers ont plus d'un mètre d'épaisseur. Ces ruines ensevelies en partie sous des herbes sèches cachaient des myriades de lézards verts ou argentés, des scorpions noirs ou jaunâtres fuyant avec vitesse lorsqu'ils étaient découverts. Les lézards me regardaient de leurs yeux fatidiques et paraissant comme étonnés de ne pouvoir me fasciner. Mais j'avais invoqué Sidna-Aissir, le patron des charmeurs de serpents ; ils recevaient bravement mes décharges de petits plombs et mouraient héroïquement ; l'un se laissa couper la tête avec mon poignard ; je le donnai au Bédouin qui m'avait suivi dans ma promenade pour faire un sachet de sa belle peau d'un vert lustré. Les Arabes appellent ces sauriens onaran.

Au sud-est de Bersabée, dans la vallée, se dresse un rideau de rochers taillés à pic, d'une magnifique couleur soufrée, sur laquelle tranchent les verdoyants rameaux d'un arbuste qui s'est accroché à cette pierre nue et y trouve la vie. Je voulus prendre quelques échantillons de cet arbuste. En choisissant la plus belle touffe, je m'aperçus qu'elle cachait une ouverture haute de moins d'un mètre et dont la régularité n'attestait pas seulement le travail de la nature. Je me fis apporter des bougies pour explorer l'excavation.

C'était une chambre presque carrée, à plafond plat, un peu surbaissé sur les bords, taillée dans le roc vif; dans l'axe de l'entrée était percée une autre ouverture fort étroite ; en y introduisant un peu de lumière, je m'assurai qu'une seconde pièce faisait suite à la première, je m'y glissai en rampant et j'arrivai à une véritable chambre sépulcrale comme on en voit en Judée. Des deux côtés, à droite et à gauche, étaient creusées six niches perpendiculaires à sa paroi. Ces fours à cercueils, de la longueur et de la largeur d'un corps qu'on introduirait la tête la première, étaient cintrés et élevés de quelques mètres au-dessus du pavé. On n'avait pas eu le temps de terminer les niches du fond. Qui a préparé ces tombeaux ? qui y a reposé? personne ne le sait. Depuis longtemps sans doute ils avaient été violés. Un voyageur plus habile que moi y découvrira peut-être une inscription qui lui révèlera le mystère que je n'ai pas su y surprendre.

Dès mon arrivée à Bersabée, j'avais été entouré des hommes de la tribu Dhallam, habitant ordinairement ces ruines ou venus des campements voisins pour abreuver leurs troupeaux. J'avais chargé mon drogman d'acheter quatre moutons et trois agneaux pour offrir un repas à ces nomades, étrangers à toute idée de civilisation, et qui pourtant m'avaient accueilli avec une parfaite bienveillance. Pendant mon absence, on avait tué ces pauvres bêtes et allumé plusieurs grands feux ; les agneaux, le corps garni de dattes et de riz, couchés côte à côte, rôtissaient sous la cendre ; les moutons dépecés grillaient sur des charbons et répandaient cette bonne odeur aimée du Patriarche Isaac. On servit ces viandes rôties, brûlées, charbonnées ou à demi-cuites sur plusieurs pierres lavées préalablement. Quand nous fûmes tous réunis, assis par terre, le scheikh Saïd-el-Rham, vieillard vénérable, se tourna du côté de l'Orient en disant à haute voix : « Que celui qui a faim et soif approche, nous lui donnerons à boire et à manger. » Il semblait chercher quelqu'un du regard, un hôte qu'Allah lui enverrait ; il répèta la même invitation en se tournant vers les trois autres points cardinaux. Et ne croyez pas que ce ne soit qu'une pure formalité ; si un étranger se présentait, il serait reçu comme un frère. J'avoue que mon émotion fut grande en entendant ces paroles sur les frontières de la Judée et de l'Idumée.

Les quatre moutons et les trois agneaux furent dévorés en un instant. Les morceaux que je mangeai étaient fort bons, le riz surtout délicieux. La viande de l'agneau du désert est délicate, ferme, légèrement parfumée. Je dois avouer qu'à l'eau pure servie là en toute circonstance, je mêlai quelques gouttes de jus de citron ou bien je prenais du thé froid, boisson que je ne saurais trop recommander pour ses bons effets en tous pays. Les femmes, les enfants se régalèrent avec les têtes et les entrailles des victimes, les os devinrent la proie des chiens, gardiens des troupeaux. On me servit pour dessert une pâte faite avec le fruit et le noyau du doum ; ce fruit, semblable à une petite pomme, a le goût de la poire. Après l'avoir broyé, les Arabes conservent la pâte dans des sacs de peau et la préparent ensuite en y mêlant du beurre liquide ou bien en la délayant avec de l'eau ou du lait. Je rencontrai plus tard beaucoup d'arbres portant cette sorte de fruit. Ai-je dit que pendant le repas tous les troupeaux étaient autour de nous? chameaux, chevaux, moutons, brebis, tout cela fait partie de la famille des Bédouins. N'oublions pas les chiens à poils roux chargés de faire des rondes autour du camp, et qui s'acquittaient admirablement de leur fonction.

Les riches voyageurs portent avec eux des vivres, des vins, une batterie de cuisine complète; ils ne vivent jamais de la vie arabe, s'éloignent des campements des tribus dont ils traversent les territoires, et regardent ces nomades comme très honorés de les servir. Telle n'était pas ma manière de voyager, je ne me suis jamais trop embarrassé de provisions. J'ai vécu comme les peuples au milieu desquels je me trouvai, persuadé que la Providence a donné à chaque individu l'instinct de choisir ce qui est le plus convenable à son organisation, toujours en harmonie avec le climat sous lequel il est né. Celui-là même qui ne fait que dresser sa tente en pays étranger se trouve, la volonté aidant, merveilleusement disposé à adopter le genre de vie des indigènes. J'ai mangé du couscou, du pain cuit comme celui dont parle Ezéchiel, du misch-misch, des confitures de sauterelles, de l'assida; j'ai bu du leben, du lait de chamelle, de l'eau de la ghirbe, de la zemzémie. En Allemagne, j'ai mangé de la choucroute en buvant de la bière; en Italie des macaronis, de la polenta dans l'ostearia; en

Angleterre des beefsteak avec de l'ale pour boisson ; en Espagne du gaspecho dans la venta, du pulchero dans l aposada et dans la fonda j'ai pris des sorbets, bebida de naranja, de fresco, de guindas.

Le scheikh Saïd el-Rham me ménageait une surprise. Après le dîner, il m'avait fait demander une de ces feuilles blanches sur laquelle je traçai des caractères mystérieux. Je lui accordai bien volontiers ce qu'il désirait, mais j'étais à mille lieues de soupçonner ce qu'il voulait en faire. Sans que je m'en aperçusse, il s'était éclipsé avec mon drogmann ; quand il revint, il me présenta ma feuille de papier roulée et liée avec trois ou quatre crins. Je la dépliai et j'y trouvai quelques lignes en caractères aussi indéchiffrables pour moi que mon écriture l'était pour lui. Voici la traduction exacte de ces caractères : « Louange à Dieu, sois en paix, tu as mon amitié ; la lumière de ta présence nous rend heureux ; ta bienfaisance, cette fille du ciel, te placera à côté d'Allah et à côté de l'ami d'Allah. Sois béni de la tribu des Dhallam, elle t'adopte et te reconnais pour scheikh. » Le sceau de Saïd el-Rham, qui ne savait ni lire ni écrire, était au bas de ce diplôme écrit par Alinéba sous la dictée du scheikh. Je le conserve précieusement, comme un titre de noblesse et une preuve d'affiliation à la tribu Dhallam du désert de Bersabée.

Le scheikh me proposa de m'établir au milieu de sa tribu. « Si tu passais trois mois avec nous, me disait-il, tu ne voudrais plus nous quitter ; tu verrais combien nous sommes heureux, libres ; ce désert, aujourd'hui triste et nu, se couvre de fleurs en hiver ; tu aurais des troupeaux, une tente, tu te promènerais au loin et là, sans doute, tu y découvrirais des trésors que nous ne savons pas trouver nous-mêmes ; nous t'apporterions des pierres, des insectes, des plantes, tu pourrais tuer des oiseaux, des bedens, des gazelles. » — «J'aime ma patrie, comme tu aimes tes solitudes, lui répondis-je ; ici avec toi, je serais certainement plus libre, sinon plus heureux ; mais je suis un homme de prière, il faut que je retourne au milieu de ceux que Dieu m'a chargé de conduire à lui. Ton souvenir sera pour moi à mes heures de tristesse comme la goutte de rosée qui rend la vie à la fleur fanée par les ardeurs du soleil. »

Le soir arriva, avec ses merveilleux effets d'ombre et de lumière qui précèdent toujours les nuits orientales. La couleur ardente répandue sur cette terre embrasée se modifia et passa successivement par des nuances moins chaudes : le désert devint pourpre, puis lilas perse, violet et enfin gris de perle. Dans le lointain, au sud-ouest, j'apercevais les montagnes se fondre en mamelons jaunâtres et s'ensevelir sous des dunes de sable, après des mouvements plus ou moins tourmentés ; quelques-unes déchiraient le ciel de saphir de leurs dentelures calcinées par le soleil ; d'autres s'arrondissaient comme des coupoles dorées ; les vallées se creusaient d'énormes sillons où ne pénétrait qu'une lumière douteuse, elles s'assombrissaient et se mouchetaient de larges taches qui empruntaient leurs nuances des rochers ou des broussailles ; les ombres s'allongeaient outre mesure et ne semblaient plus tenir à rien; tous les objets perdaient peu à peu leurs véritables contours. Une légère brise embaumée des parfums du désert vint calmer l'ardeur de mon sang échauffé par le vent du sud, qui m'était arrivé pendant toute la journée, après avoir tourbillonné sur des plaines incandescentes. En Orient, même dans les déserts les plus arides, à la tombée de la nuit et surtout au moment de la rosée, l'air s'imprègne d'émanations délicieuses et pénétrantes. Le ciel si suave du sud de la Palestine s'estompa de jaune remplacé peu à peu par un rouge pâle, jusqu'à ce que le globe du soleil eût disparu sous l'horizon. Alors des milliers d'étoiles, suspendues au dôme d'un bleu élyséen, firent descendre du firmament une blanche et douce lumière, comme celle d'une coulée d'argent refroidie. Parmi ces étoiles, je cherchai en vain celle du berger, que j'avais souvent vue de mon ermitage, au crépuscule du soir.

En fumant le tchibouk et en prenant des findjanes de café, j'interrogeai Alinéba sur le désert entre l'Égypte, le golfe de Suez, le Sinaï et la Judée. Les quelques détails qu'il me donnait n'étaient pas sans intérêt. Les ruines et les rares villages de ces solitudes ont leurs noms écrits dans la Bible. Mais à l'historien sacré on peut joindre aussi les récits des écrivains profanes. Je n'étais pas très éloigné des ruines de Gérare, situées dans l'oued Gaza que creusent profondément les eaux venant du sud-est, et auquel se joint l'oued Es-Shériath. Les vestiges de la ville antique sont près d'un torrent, sur les bords duquel Isaac vint habiter, et qui porte aujourd'hui comme autrefois le nom de Joorf el-Gerare, torrent de Gerare. Il en est question dans la Genèse, chapitre xxvi. Au sud s'étend une plaine légèrement ondulée, la terre de Gerare de Moïse, je présume. Les habitants de ce territoire étaient gouvernés par des Abimélechs, comme les Égyptiens par des Pharaons, les Éthiopiens par des Candaces, les Amalécites par des Agags, les Romains par des Césars. Leur capitale conserva encore longtemps son nom dans l'ère chrétienne. Eusèbe et saint Jérôme la placent à trois mille d'Eleuthéropolis. Sozomène fait mention d'un grand monastère construit sur le torrent. L'abbé Silvanus y passa quelques années. Ce fut un siège épiscopal, car elle eut un évêque appelé Marcian.

En allant de Gerare à Suez on rencontre Khalassa, jadis grande cité, comme le témoignent d'immenses ruines. De là, en passant à l'extrémité du mont Halah, après deux heures de marche on arrive à Sebata. Ce site est très anciennement connu ; on trouve le sol couvert de fragments de poteries. C'est probablement l'emplacement du Sephaath du 1er v. du chapitre i des Juges, à qui les Juifs donnèrent le nom d'Horma. Selon leur coutume, les Arabes lui ont rendu son appellation primitive. Cesil et Horma sont cités ensemble dans le chapitre xv, v. 30 de Josué. Sebata est à l'ouest du mont Rakhmeh, d'où sort une source auprès de laquelle habitent des Bédouins de mœurs sauvages. A l'est de cette fontaine, s'élève le mont Seïr. Il est dit dans le chapitre 1er du Deutéronome que les enfants d'Israël, méprisant les ordres du Seigneur, s'avancèrent dans ces parages. Les Amorrhéens descendirent des montagnes et les repoussèrent depuis Seïr jusqu'à Horma , maintenant Sebata , sur la lisière de la plaine.

A un quart-d'heure de Sebata, on trouve des ruines magnifiques, des fragments d'architecture du style sarrasin, des maisons presque entières, des pans de murs en solide maçonnerie, des débris nombreux à moitié ensevelis sous le sable. Ce lieu est appelé Rohëbeh, c'est le Réhoboth hébreu, où Isaac creusa un puits dont il est fait mention dans le 22e v. du XXVIe chapitre de la Genèse.

Un voyageur que je rencontrai plus tard à Athènes, me faisait part de sa stupéfaction en voyant ces beaux débris de Rohëbeh, sur un point du désert où aucun document ne signalait une ville. Il trouva d'abord dans la vallée un petit édifice couronné d'un dôme, semblable à une mosquée. C'était un oualy musulman ; plus loin, un amas de pierres, débris d'une tour ; sur la pente de la colline un puits, une grande citerne ou caverne, une aire circulaire indubitablement très ancienne. Les vestiges de la ville sont sur une éminence couverte de matériaux plus ou moins bien travaillés, de fondations encore assez visibles pour qu'il soit possible de suivre le tracé de plusieurs rues. Les maisons, fort petites, bâties en pierres, ont toutes une citerne. La place de l'église est marquée par des colonnes et des fragments d'architecture, celle d'un fort, par des blocs à peine dégrossis. Il n'y a là aucune inscription pour dire le nom de cette cité mystérieuse. Qui naissait, qui pleurait, qui vivait, qui mourait ici? Ces ruines qu'on rencontre au milieu des déserts sont émouvantes. Le silence qui règne tout autour leur donne une tristesse mélancolique qui passe dans l'âme, la fatigue par une curiosité inassouvie.

Dix heures de marche au pas du chameau séparent Rohëbeh d'une grande station de caravanes qui entrent en Palestine en venant du golfe Akaba, du Sinaï et de Suez. Les Arabes appellent ce relais Moïlahhi Hadjar, eau d'Agar. Il est sur le chemin de Es-Séba ou Bersabée au Djebel Sur, montagne de Sur. On lit dans le xvie chapitre de la Genèse qu'un ange trouva Agar auprès d'une fontaine, sur le chemin de Sur au désert, qu'elle donna à ce puits ou à cette source le nom de Puits de Dieu vivant qui me voit. Moïlahhi est regardé comme étant ce puits dont il est question dans le livre sacré, et ce qui confirme cette opinion, ce sont les excavations, qu'à peu de distance de là, on voit creusées dans la paroi perpendiculaire du rocher à une certaine hauteur. Un escalier en bon état, taillé en plein roc, conduit à une chambre carrée, et, de là, à trois autres plus petites qui ne peuvent être des sépulcres. Les Arabes connaissent cette excavation sous le nom de maison d'Agar. Ismaël avait creusé cette grotte pour sa mère ou pour lui. On lit en effet dans le 21e v. du xxie chapitre de la Genèse, qu'Ismaël habita le désert de Pharan. En s'éloignant du puits Moïlahhi, du côté du sud, on entre immédiatement dans ce grand désert, borné au couchant par les monts Halah et Ye-

leck, à l'est par le Djebel el-Khirim et Cades, au nord
par les collines méridionales de la Judée. Dans la saison
des pluies, ces vastes solitudes abondent en pâturages.
Abraham y a séjourné avec ses troupeaux ; les Israélites
les traversèrent en venant du Sinaï à Cades. Alinéba
connaissait à l'orient du mont Halah, à son extrémité nord, une source appelée A'ïn-Cades, qui se perd
dans le sable après avoir arrosé quelques fleurs
sauvages. Ce site s'identifie avec le Cadesbarné de
l'Ecriture. Cette station de Moïlahhi-Hadjar est un terrain neutre inviolable, un champ d'asile ; il ne s'y
commet ni vol ni meurtre.

Je n'ignore pas que cette identification des noms
arabes modernes avec les anciens noms hébreux ne soit
sujette à être contestée. Reportons-nous par exemple
au nom de Rohëbeh : quelques écrivains prétendent
que le Réhoboth hébreu était entre Gerare et Bersabée où Isaac habitait à cette époque. Cependant il
semblerait que ce puits n'était pas au même point que
ceux dont il est question dans les v. 18, 19 et 21 du
XXVIe chapitre de la Genèse, car il y est dit que le Patriarche partit de là, ce qui voudrait dire que fatigué
des querelles que lui suscitèrent les bergers de Gerare,
il s'éloigna d'eux et alla au loin creuser un puits que
personne ne lui disputerait.

L'identification de Khalassa avec Cesil est aussi con-
testable que celle de Rohëbeh avec Réhoboth. Quelques-uns pensent qu'elle est sur l'emplacement d'Elusa,
ville antique en dehors des limites de la Palestine dont
la Bible ne fait pas mention, et qu'on trouve citée

pour la première fois dans la moitié du 11ᵉ siècle, par Ptolémée qui la met au nombre des villes de l'Idumée à l'ouest de la mer Morte, et que les Tables de Peutinger placent sur une voie romaine à soixante et onze milles de Jérusalem. On ne la trouve plus ensuite mentionnée chez les historiens profanes, mais les écrivains ecclésiastiques nous apprennent qu'il y avait là une église et un évêque, que la population, presque toute païenne et à demi-barbare, était en relation avec les Sarrasins du désert, et que saint Hilarion et plusieurs moines arrivés dans la ville un jour de fête, trouvèrent les habitants réunis dans un temple de Vénus. En 400, le fils de saint Nil, tombé aux mains des Arabes du Sinaï, fut emmené captif à Elusa pour y être vendu; il fut acheté par l'évêque. Nous trouvons les noms des évêques de cette ville, dans les Actes des Conciles, jusqu'en 536. Antonin-le-Martyr y passa en allant de Jérusalem au Sinaï, il l'appelle Eulatia. La ville resta oubliée ensuite pendant plusieurs siècles.

Alinéba m'assura qu'il y a encore dans le désert beaucoup de ruines non explorées, parce que les guides en éloignent adroitement les voyageurs, dans la crainte de les voir s'approprier les trésors qu'ils supposent cachés sous ces débris; ils espèrent tôt ou tard les trouver eux-mêmes en arrachant aux Européens le secret de les découvrir.

J'appris d'un voyageur allemand ayant séjourné plusieurs mois dans le sud de la Judée et au-delà de ses frontières, qu'il avait rencontré non pas seulement des puits creusés de distance en distance, des troupeaux,

quelques tentes de Bédouins, mais des ruines disséminées dans les vallées, sur les flancs des collines, des
vestiges laissés par un peuple qui eut ses jours de
grandeur; il avait vu aussi des solitudes d'une inexprimable tristesse, où toute vie est impossible, de
vastes espaces couverts d'une épaisse couche d'herbes
desséchées qui reverdissent à la saison des pluies. A
trois ou quatre heures de l'oued Rakmeh, il était arrivé
au pied d'une montagne de craie qu'il comparait à une
fournaise chauffée à blanc, quand les rayons du soleil
tombaient perpendiculairement sur ses sommets ébré-
chés. Il parvint un jour à la cime d'une de ces crêtes;
il n'avait jamais vu, dit-il, d'aspects plus étranges, plus
propres à remplir d'effroi. C'étaient à droite et à gauche
des rochers coupés à pic, dominant une plaine d'un
ton jaunâtre, s'évanouissant dans le lointain sous un
horizon vaporeux. Cette ligne interrompue par des
promontoires, des bastions, des masses surplombantes
prêtes à s'écrouler, se dirigeait du levant au couchant.
Les rochers sillonnés par la foudre, fendus par les
tempêtes, crevassés à des profondeurs inconnues,
prenaient des formes d'animaux fantastiques ou représentaient parfois des fragments d'architecture anormale, comme le rêve seul peut les créer à nos yeux.

Alinéba m'avait parlé de cette montagne que je
considère comme la limite, l'ourlet de la Judée du côté
du désert. Avant le lever du soleil et pendant la nuit,
disait-il, les yeux se ferment de terreur; en la regardant au milieu du jour, on s'en éloigne pour ne pas se
brûler. Une telle monstruosité de la nature devait

avoir sa légende ; les Bédouins croient qu'Allah a enseveli une ville coupable sous ces ruines maudites, et que la montagne n'est qu'une accumulation des ossements calcinés de ses criminels habitants.

La région ondulée des environs de Bersabée peut être regardée comme le seuil de la Palestine, qui n'est elle-même que le glacis du mont Liban, incliné du nord au midi. On y voyait autrefois quelques villes, plusieurs villages. Aujourd'hui comme aux temps anciens, elle est parcourue par les descendants d'Esaü, qui promènent leurs troupeaux d'un pâturage à un autre. Ces terres sont séparées suivant les diverses tribus qui sont tantôt amies, tantôt ennemies, toutes cependant regardant Abraham comme leur père. Les grues, les coqs de bruyère, les alouettes foisonnent à Es-Séba et dans les environs. Les arbustes se couvrent de petits mollusques dont les oiseaux sont très friands. Ces oiseaux sont eux-mêmes la proie des aigles, des vautours de diverses espèces, qu'on voit perchés sur les pointes des rochers, ou traversant les airs en poussant par instant un cri sinistre.

Ces mollusques appartiennent au genre hélix ; les plus communs sont les hélix seetzeni et hélix vestalis. Leur blancheur fait aux arbustes qu'ils couvrent une enveloppe de neige, quand le paysage est vu à distance.

Pendant la nuit, j'entendis la voix plaintive d'un petit hibou, semblable à celle d'un voyageur égaré et fatigué. Sur la terre, tout dormait autour de moi, une douce lumière planétaire éclairait de ses lueurs dou-

teuses et tremblantes ce vaste désert sur lequel flottait une légère vapeur ; au ciel, d'une beauté, d'une
teinte incomparables, les astres, comme jadis au temps
d'Abraham, accomplissaient dans leur inaltérable harmonie leur antique carrière.

CHAPITRE XIII.

JE me réveillai le lendemain de bonne heure : les troupeaux étaient déjà aux pâturages et les Bédouins des campements voisins se préparaient à partir. Comme scheikh de la tribu je ne pouvais pas quitter convenablement Es-Séba sans lui laisser quelques souvenirs de mon séjour. J'achetai donc des moutons, des chèvres, des agneaux qui servirent après mon départ à récompenser largement l'hospitalité des Dalham. Après avoir bu une tasse de café et rempli ma zemzémie je montai à cheval. Je quittai enfin et non sans émotion Bersabée et ses puits où s'abreuvèrent les brebis de Jacob, ce père de douze enfants, chefs de douze tribus, tiges d'un peuple qui a marqué pour toujours son passage sur la terre. Avant de me mettre en route une décharge de nos armes, salve d'adieu, témoigna à mes amis combien leur bon accueil m'avait touché. Ils y répondirent par de grands cris et nous nous quittâmes pour ne plus nous revoir jamais.

Nous nous dirigeâmes à l'est-sud. A quelques kilomètres de Es-Séba nous fîmes la rencontre d'une tribu qui changeait de campement, se dirigeant au sud. Des éclaireurs ouvraient la marche : sur les côtés des cavaliers allaient d'une extrémité à l'autre de la caravane; plusieurs femmes tenant des enfants dans leurs bras montaient des chameaux : près de moi, dans un bât d'âne, passèrent deux petits marmots blottis dans de la bourre de coton, ne laissant sortir de ce nid que deux têtes charmantes animées par de grands yeux noirs. Les chèvres, les moutons précédaient les chameaux chargés d'un mobilier impossible à décrire : c'était une masse de linges, de manteaux, de hardes, de friperies, d'ustensiles de ménage : le tout pêle-mêle et dans le désordre le plus pittoresque. Une femme portait un enfant sur son épaule et en allaitait un autre. Les vieillards, les infirmes, étaient à l'arrière-garde protégés, aidés par des hommes valides. Le scheikh, majestueux vieillard monté sur un cheval couvert de housses à gros glands, marchait à la tête de la colonne, entouré de ses serviteurs. Quand un animal s'éloignait, les chiens le ramenaient; la marche était lente, sans confusion. Le Israélites traversant le désert devaient présenter le même spectacle.

Le pays que nous traversions conserva longtemps à peu près le même caractère : des vallées, des collines, des plateaux, des bassins, de petites cabanes sous les genêts, quelques tentes noires, des plantes brûlées par le soleil, des ruines plus ou moins importantes. Nous cotoyâmes un cimetière sur le versant d'un coteau rocailleux parsemé de broussailles et de chênes rabougris. La surface du roc était d'un jaune doré. Un peu plus loin je rencontrai un berger, un puits et des chameaux. Ce pasteur, armé d'une lance, monté sur un âne, attendait pour faire boire ses animaux l'arrivée d'autres pasteurs que je voyais venir, poussant devant eux des brebis et des moutons. Chaque tribu a un signe particulier pour reconnaître ses chameaux : quoique paissant ensemble ils ne se mêlent jamais. Tous portent au cou un petit sac pour renfermer le poil qu'ils perdent; les femmes le filent ensuite.

Sur notre passage, je faisais lever de nombreuses compagnies de perdrix, petites, maigres, toujours remisées sous des touffes de genêts. Après avoir traversé une dépression de terrain couvert d'herbes fanées, nous arrivâmes à Es-Milh, situé sur l'emplacement d'une ville judaïque, à la tête d'une vallée qui rejoint celle de Es-Séba. Il y a là deux beaux puits de quinze mètres de profondeur, maçonnés du bas en haut. Les margelles ne s'élèvent guère au-dessus du sol; elles sont entourées de plusieurs auges en marbre blanc d'un grain grossier. Des hommes presque nus lançaient dans ces puits des sceaux en cuir, les retiraient lentement et vidaient l'eau en poussant un cri sauvage. Ces parages sont fréquentés par diverses tribus. La plaine qui touche à ces puits s'appelle Foura : elle est bornée au nord par le Djebel el-Ghérétain. Sur les versants de cette montagne on voit des vestiges de terrasses, des décombres, un tumulus, des boursouflures blanches semblables à des taupinières, de nombreuses cavernes. Si je ne me trompe, quelques pans de murs encore debout seraient ceux d'une basilique byzantine. On y remarque des traces de sculpture ; tous les autres débris datent d'une époque très reculée.

Les savants prétendent que l'Es-Milh arabe est sur l'emplacement de la Molada du xve chapitre, v. 26 de Josué et de la Malatha des Grecs et des Romains. Cette ville, de la tribu de Siméon, était dans les montagnes à l'extrémité méridionale de la Judée. Néhémie nous apprend que les juifs y rentrèrent après la captivité. Josèphe la cite comme une place forte de l'Idumée. Hérode Agrippa vint y cacher sa honte à son retour de Rome. « Ce roi, dit l'historien juif, poursuivi par ses créanciers s'embarqua et se rendit en Judée. Affligé par ses revers, humilié par l'impossibilité de payer ses dettes, épié par ses créanciers qui craignaient de le voir leur échapper, il se réfugia dans le château fort de Malatha, décidé à se donner la mort. » Ptolémée appelle cette ville Maliatha, Eusèbe Malaata ou Malata, saint Jérôme Malatham. Ces deux écrivains la placent à quatre milles romains d'Arad, sur le chemin d'Hébron à Aila, en passant par Tamare dans le Daroma intérieur. Le chiffre de quatre milles est trop faible, mais il prouve que Malata était dans le voisinage d'Arad. La garnison romaine qui défendait de ce côté les frontières de la Palestine était la *cohors prima Flavia*. Les Arabes de la tribu Haouietah campent autour de ces ruines qu'ils appellent Tell–Melah ou Es–Milh.

Pendant la nuit, les sangliers, les chacals rôdent autour de ces puits toujours encombrés de bestiaux; des grues et d'autres oiseaux y arrivent pour s'y abreuver; des timides gazelles s'y montrent quelquefois. Dans les débris végétaux que je pus recueillir, je reconnus la mauve, *l'asphodèle*, *l'ornithogalum arabicum*, le souci, plusieurs variétés de giroflée, beaucoup de plantes de la famille des crucifères. Les sangliers mangent les oignons d'iris et de *crocus* que je heurtai partout.

De Es-Milh, en regardant le nord, j'avais devant moi les montagnes de la Judée et d'Hébron. Je laissai à ma gauche le Tell-Kussifeh, et après une rapide montée j'atteignis El-Makhal où je ne vis que des cavernes dans une colline crayeuse et nue. Les grottes sont souvent les indices de l'emplacement d'anciennes villes. La route rampe sur les flancs d'une profonde ravine et arrive en lacets au sommet d'une éminence d'où j'aperçus les montagnes de Moab et le Tell Arad. Les habitants d'Arad repoussèrent les Israélites qui essayèrent de pénétrer en Terre-Promise par Cadesbarné où ils étaient alors campés. Plus tard, Josué les soumit. Eusèbe et saint Jérôme placent cette ville à vingt milles d'Hébron. En 1333, elle n'était habitée que par quelques Arabes et juifs. Les uns et les autres étaient pasteurs et vivaient du produit de leurs troupeaux. Le rabbin, gardant ses moutons enseignait ses disciples qui le suivaient. Une colonie de Cinéens vint s'y fixer. Cette ville est citée pour la première fois dans le Livre des Nombres, chapitre XXI, v. 1. Elle avait un roi chananéen. Ce fait est consigné dans Josué, chapitre XII, v. 14 et dans les Juges, chapitre I, v. 16.

En revenant vers le nord, les collines s'élevaient peu à peu et devenaient moins stériles, les champs cultivés moins rares, les vestiges des terrasses mieux conservés, plus nombreux. Çà et là je rencontrai des bouquets d'arbustes, remises de perdrix ou de chacals. J'étais à peu près sur la limite des villes des montagnes citées par Josué, ligne s'étendant plus au sud du côté de l'ouest. Pendant l'été, ce pays brûlé par le soleil, présente un aspect désolé, on y voit plus de rochers que d'arbres ; mais viennent les pluies d'hiver qui rendent la vie aux plantes, les débris d'herbes réduites en poussière se transforment en gras pâturages, et les chaumes de blé, d'orge, de doura réjouissent l'œil du laboureur.

Des grues passèrent au-dessus de moi à une grande hauteur ; dans le lointain trois gazelles bondissaient, des alouettes cendrées couraient devant mon cheval. On me dit que plus au sud il y a des outardes. La fraîcheur de l'eau tirée des puits attire de nombreux oiseaux et les animaux sauvages. En passant au pied d'un rocher criblé de trous, je fis sortir de leurs nids des légions de colombes et de hibous.

Je laissai à ma droite, dans un vallon, la fontaine Gavani près d'un village du même nom que le docteur Wilson croit être l'ancien Anim du XVᵉ chapitre, v. 48

de Josué. Attir, le Jéther du chapitre xve, v. 48 du même livre était à ma gauche, éloigné seulement d'une demi-heure de marche. Raumer confond Jéther avec Eder situé dans la plaine.

Attir est sur le rebord d'une colline rocheuse percée de nombreuses cavernes. Au surplus, toute cette contrée semble avoir été habitée par les Horites, vivant dans des souterrains. Plusieurs de ces demeures sont encore intactes. Je n'ai pas vu celles d'Attir, mais les cavernes que j'ai eu l'occasion de visiter non loin de ce lieu, sont en tout semblables. Ce sont des cryptes rondes ou carrées surmontées d'un dôme ou d'une voûte aiguë. Les unes étaient au-dessous des maisons par lesquelles on y descendait; on pénétrait dans d'autres par une ouverture pratiquée au sommet; presque toutes ont été agrandies; on y reconnaît ici et là les traces du travail de l'homme. Quand les Hébreux s'emparèrent de ce pays, ils utilisèrent ces souterrains soit comme habitations, soit comme magasins, et cherchèrent à en dissimuler les entrées par des constructions.

Je cheminai un instant au bas d'un coteau pierreux; de son sommet j'aperçus divers sites dont les noms arabes rappellent les noms bibliques. Je citerai Suveikeh, le Sochot du xve chapitre, v. 48 de Josué. Il y avait dans la plaine une autre ville du même nom; l'écrivain sacré en fait mention au 35e v. du même chapitre. Au pied de la montée on remarque une citerne pleine d'eau de pluie couverte d'une couche de lemna du plus beau vert; un peu à l'est un édifice carré dont il ne reste que les quatre murs, en magnifique appareil d'une teinte brune, avec un portail et des amorces d'arcatures qui régnaient probablement tout autour.

Es-Sémé, l'Esthemo de l'Ancien-Testament, le premier gros village que l'on rencontre en se rapprochant d'Hébron, couronne un mamelon enfoui sous les figuiers, les oliviers et les chênes nains. Avant d'y arriver je traversai des champs cultivés et une large vallée parsemée de moutons. Ce village était autrefois entouré d'un mur ; un fort ruiné et une tour encore debout en défendaient l'approche. Ces constructions remontent aux Croisades ou aux Sarrasins. Les ruines de Sémé couvrent un espace considérable. On retrouve les arasements, les premières assises d'édifices publics en blocs immenses, les uns dressés au marteau, les autres relevés en bossage. On avait adossé contre un rideau rocheux, taillé à pic, un monument dont les bases sont composées de matériaux gigantesques. Des grappes de raisins, deux vases à fleurs, des disques, des rosaces, plusieurs moulures d'un travail excellent, des pieds-droits de portes, des linteaux sont les principaux débris de sculpture enfouis, les uns sous des arbustes, les autres employés comme matériaux dans les constructions modernes. Sous toutes ces ruines existent des citernes, des magasins d'une conservation parfaite à l'intérieur ; les parois de ces souterrains semblent bouchardées ; le roc est d'un grain fin, blanc, entremêlé de veines d'un beau jaune, sans délit. Josué, chapitre xv. v. 50, nous apprend que Esthemo, Esthamo, Estema existait avant l'arrivée des Hébreux en Terre-Promise. Le même historien, chapitre XXI, v. 13, 14, nous dit qu'elle fut adjugée aux Lévites. Les Paralipomènes livre I, v. 58, confirment ce fait. Le premier Livre des Rois chapitre XXX, v. 28, compte Esthemo au nombre des villes qui reçurent de David une partie des dépouilles des Amalécites. Esthemo, dit Eusèbe, et après lui saint Jérôme, est une ville importante, jadis propriété des prêtres ; elle est dans le Daroma juif appartenant au district d'Eleutheropolis. Les agriculteurs pasteurs de Sémé trouvent abondamment autour d'eux les choses nécessaires à la vie ; ils sèment du blé, de l'orge, du doura, élèvent des brebis, des chevaux, des chameaux et fournissent les marchés d'Hébron qui expédient à Jérusalem.

Un Bédouin m'offrit du miel, des olives, des figues. Les figuiers sont couverts de fruits toute l'année. Je n'étais pas loin d'Anab qui a conservé son nom depuis Josué.

Le moment était venu de me séparer de mes guides Abna-Ibna et Omar el-Hanna. Je leur donnai la somme convenue à laquelle j'ajoutai une légère gratification et les congédiai sans qu'ils fissent aucune réclamation. C'étaient deux bons Arabes. Omar el-Hanna jouait d'un instrument se rapprochant beaucoup de la mandoline. Le soir, à Es-Séba, il nous fit entendre un air des plus tristes et des plus mélancoliques ; les juifs sur les bords de l'Euphrate ne chantaient pas avec plus de tristesse l'absence de Sion. Omar ne connaissait pas que le désert ; deux fois il était allé au Caire, une fois au Sinaï. Il me raconta qu'en revenant de Petra avec des voyageurs de ma nation, il avait perdu la caravane ; son chameau, pris d'une fureur indomptable, l'avait entraîné pendant deux jours et deux nuits. Après cette course effrénée l'animal tomba d'épuisement. Omar el-Hanna contraint de l'abandonner rencontra par hasard un campement de Bédouins qui lui donnèrent de l'eau et du riz. Un médecin français qu'il avait conduit de Gaza à Hébron, le guérit d'une maladie de langueur, suite de fatigues et de privations extrêmes.

Abna–Ibna n'était pas aussi communicatif. D'ailleurs mes trois guides parlaient peu, marchaient toujours l'un après l'autre, ne m'adressaient jamais la parole, et se couchaient dès que je m'arrêtais.

Pour peu que vous étudiiez la physionomie du sud de la Palestine, vous serez frappé de rencontrer à chaque pas des citernes, des réservoirs, des puits. Quoiqu'ils n'aient pas été réparés depuis des siècles, qu'ils soient souvent sans eau, leur état de conservation nous étonne. Faut-il attribuer tous ces travaux aux juifs ? quelques-uns d'entre eux ne seraient-ils pas les ouvrages de ces races gigantesques que Dieu amena en Terre-Promise, et qui devaient la préparer pour son peuple ? Avant l'arrivée d'Abraham, il y avait des citernes en Judée, puisque les frères de Joseph voulaient le descendre dans une de ces excavations. Les débris qu'on rencontre partout, ces vestiges de terrasses qu'aucun voyageur ne conteste, prouvent évidemment le passage d'une industrieuse population vivant sur ce sol dont elle tirait les moyens d'existence par un travail intelligent en même temps qu'ils donnent raison aux livres saints célébrant la fertilité de la Terre-Sainte. Je crois que les Chamites et les Sémites eurent une égale part dans ces travaux.

Si ces ingénieux procédés des temps anciens, aujourd'hui à peu près négligés, pour recueillir et conserver les eaux; si ces ruines, que chaque âge a laissées en se retirant, font l'admiration des voyageurs, ils ont de la peine à concilier l'existence de nombreux troupeaux avec la nudité et l'aridité de la terre qu'ils parcourent. Pendant une partie de l'année ces déserts sont, il est vrai, dépouillés de verdure apparente, mais ils ne sont pas privés de vie végétative; on a dit que la flore de ces régions altérées est, à certaines époques, si non aussi brillante, au moins aussi variée que celle des climats plus tempérés. Une goutte de rosée fait sortir du sein ardent de cette terre une multitude de plantes qui germent, croissent et fleurissent avec une étonnante rapidité.

> *The Syrian flower*
> *Buds, and blooms, and Withers, in an hour,*

dit un poète anglais.

Plusieurs témoins de cette spontanéité de la germination et de la floraison des solitudes orientales après les tièdes pluies du printemps et de l'automne, la considèrent comme un phénomène qui a sa première cause dans la plénitude de vie répandue sur le globe par la divine Providence. Je suis souvent descendu de cheval pour examiner de près le sol où paissaient les troupeaux ; j'y ai trouvé une herbe fine répandant une odeur pénétrante quand je la froissai, pleine, sans doute, d'un suc qui nourrit la brebis et aromatise son lait.

Je vis peu d'insectes : quelques fourmis, des saute-relles, un coléoptère noir de la famille des jules, beaucoup de scorpions, des lézards, plusieurs arai-gnées, des légions de chacals, des oiseaux en assez grand nombre, dont je signale souvent la rencontre. Près Dhoheriyeh, mon cheval fit un écart qui faillit me désarçonner ; j'eus de la peine à le maintenir ; la cause de sa frayeur venait d'un énorme serpent qui, étendu au milieu du chemin, le menaçait de son dard fourchu et de son regard fascinateur. J'ajustai le reptile et le coupai en deux d'une balle de pistolet. Kadim devint pâle en voyant les deux tronçons s'agiter et en enten-dant le sifflement de l'animal à l'agonie. Il m'assura que son cheval était perdu s'il n'avait pas eu au cou un verset du Koran.

Il y a beaucoup de serpents en Palestine. La Genèse, les Nombres, Job, le Deutéronome, saint Mathieu cons-tatent ce fait. Seetzen prétend qu'il n'y en a point de dangereux ; les Arabes affirment le contraire. Un ber-ger me fit voir à quelques pas des Vasques de Salomon le trou d'un aspic qui, me dit-il, avait piqué deux bre-bis mortes de sa blessure. Ce reptile, logé avec sa fa-mille sous deux pierres énormes, se chauffait au soleil quand j'arrivai à peu de distance de son repaire. Je n'eus pas le temps de charger mon arme de petits plombs pour le tuer. Les Bédouins redoutent beaucoup et avec raison les serpents du désert. Quand ils sont piqués, ils lient la partie attaquée au-dessus de la blessure, font sucer le venin, brûlent la plaie et y appliquent un cataplasme d'herbes mêlées à la cendre de l'animal. Cependant ils en chassent une espèce; ils embrochent le serpent autour d'une baguette après lui avoir coupé la tête, et le rôtissent en le tournant lentement et en l'arrosant de jus de citron. C'est un délicieux rôti.

On trouve souvent sous les pierres un serpent fort agile et très joli, d'un jaune doré, moucheté de taches d'un beau bleu autour du cou et sur la tête. C'est le *Rhynchocalamus melanocephalus*. On m'a dit que dans les masures au nord de Jérusalem on trouve des serpents à l'état de domesticité; ils détruisent les rats, les souris, viennent boire le lait avec les chats, se glissent dans les lits, couchent avec les enfants; leur présence est regardée comme un bon présage. Quelques-uns se cachent dans les troupeaux, s'attachent aux mamelles des brebis qu'ils épuisent. Les charmeurs de serpents de la Judée, pas plus que ceux de l'Egypte, ne veulent divulguer leur secret.

J'avais à ma gauche un mamelon boisé couronné d'un pauvre village. C'était Youtta, le Jota du xve chapitre, v. 55 et le Jeta du chapitre xxi, v. 16 de Josué. Contrairement à l'opinion générale, Reland croit que cette ville fut la patrie de saint Jean-Baptiste, qu'il y a une faute de copiste dans la transcription du 39e vers du 1er chapitre de saint Luc et qu'il faut lire : « Marie alla avec hâte vers les montagnes en la ville de Youtta et non pas en une ville de Juda. Des pans de murs, quelques arasements d'édifices particuliers, deux citernes, voilà les seuls vestiges de cette antique cité sacerdotale. Eusèbe parle ainsi de Youtta : « Jettam, de la tribu de Juda, ville sacerdotale ; c'est maintenant un très grand village à dix-huit milles au sud d'Eleuthéropolis dans le Daroma.»

J'étais depuis quelque temps sur le territoire des Djahalins, la plus nombreuse et la plus puissante tribu de ces contrées. Riches en chevaux, en chameaux et en bestiaux, ils possèdent les champs fertiles autour du Carmel de Juda, d'où jaillissent des sources pour abreuver leurs troupeaux quand l'eau des citernes est épuisée. Ces eaux qu'ils partagent avec les Kaabineh sont conservées et ménagées avec un soin qui étonne le voyageur. Dès qu'elles commencent à baisser dans les réservoirs creusés çà et là au milieu des pâturages, des hommes veillent à leur impartiale distribution et en éloignent ceux qui n'ont pas le droit d'en user. J'ai vu refuser à un Alouath la permission de faire boire ses moutons à une citerne près de moi.

Les Djahalins n'ont pas de Khatib, ne s'assemblent ni le vendredi, ni jamais pour prier, se vantent de ne savoir ni lire ni écrire et se moquent des Ta'amirah, qu'ils appellent fellahs, parce que quelques-uns connaissent un peu la lecture ; ils sont crédules, superstitieux, vindicatifs, passionnés, aimant et haïssant avec fureur, abusant de leur force numérique pour chercher querelle à leurs voisins plus faibles qu'eux ; ils enlèvent alors leurs troupeaux, s'emparent de leurs pâturages, de leurs puits, de leurs récoltes. Sous le gouvernement égyptien, loin de se laisser désarmer, ils cachèrent leurs fusils dans les cavernes et ne se soumirent jamais complètement ; souvent ils attaquèrent les courriers du vice-roi, pillèrent ses convois sur les frontières de l'Egypte, tuant impitoyablement tous les soldats qu'ils rencontraient.

Les Djahalins et les Tayahahs sont souvent en guerre avec les tribus des bords de la mer Morte et avec celles d'au-delà du Jourdain, les Beni-Sakkars, les Beni-Hammidts, les Boharaths, les Soulits ; cette dernière tribu habite les environs d'Hesban. Quelque temps avant mon passage, ils avaient enlevé quarante-cinq chameaux aux Soulits ; un an auparavant, ils avaient organisé une expédition en règle. Réunis au nombre de deux cents cavaliers, ils traversèrent le Jourdain un peu plus bas que Jéricho, tombèrent à l'improviste sur leurs ennemis, pillèrent leurs tentes, s'emparèrent de cent-dix chameaux et rentrèrent dans leurs campements avec le butin qu'ils se partagèrent.

Les Djahalins s'avancent quelquefois à l'est jusqu'à la vallée de Moïse. Ils achètent les troupeaux des tribus du grand désert et les revendent en détail. Leurs chevaux sont les plus beaux, car ils ne conservent que ceux qui n'ont aucun défaut. Un Bédouin, qui par cupidité se laisserait entraîner à vendre un cheval irréprochable, serait obligé de s'expatrier. Une observation comparée des Djahalins montre vite qu'ils ne sortent pas tous de la même souche. Il y a parmi eux une race aristocratique qui est généralement belle, forte, intelligente ; l'autre est dégradée, apathique ;

c'est à peine si ces pauvres gens savent se nourrir. Plusieurs m'accompagnaient quand je m'arrêtai à un camp ; ils me suivaient comme des chiens, se jetaient à terre et dormaient. On ne les voit pas le jour, mais la nuit ils cherchent leur pâture comme les animaux sauvages.

Sur notre route, notre attention fut attirée par deux réservoirs taillés en plein roc, un puits creusé au pied d'un renflement d'une plaine, avec un conduit souterrain aboutissant à la surface de l'eau ; dans le lointain, on apercevait une soixantaine de tentes noires rangées en cercle sur une éminence rocailleuse, et trois ruines rapprochées l'une de l'autre.

Nous suivîmes les flancs d'une plaine encadrée au nord, à l'est et au sud de basses collines. Cette plaine, une des plus riches, des plus fertiles de la pierreuse Judée, est cultivée par les habitants d'Hébron, qui la tiennent du gouvernement. Dès que la récolte est levée, les moutons, les chèvres, gardés par les bergers montés sur des ânes, viennent y pâturer jusqu'au moment du labourage pour les semailles. En sortant de ce bassin, nous cheminâmes un quart-d'heure le long d'une étroite vallée flanquée d'un côté d'une muraille naturelle d'un calcaire grossier, disposé comme les gigantesques assises d'une construction cyclopéenne. Une petite fleur de la famille des labiacées, à feuilles finement nervées, se penchait sur ces blocs énormes, attendant une goutte de rosée pour s'épanouir, répandre son parfum, sourire aux étoiles et mourir.

Le soleil se cachait derrière les montagnes de l'ouest

lorsque je descendis de cheval au pied d'une colline arrondie comme un dôme, marquée de taches jaunâtres que contrariaient du haut en bas des stries brunes d'une régularité parfaite. En même temps arriva un troupeau ; les bergers le parquèrent sous un rocher et dans des grottes pour le mettre à l'abri des maraudeurs. Ils me donnèrent de l'eau fraîche et des oranges. L'un d'eux alla chercher des herbes sèches, des broussailles, des fientes de chameaux pour faire du feu ; un autre s'occupa à traire les brebis, tandis qu'un troisième pétrissait la farine pour les galettes ; les autres fumaient. Les figures de ces pasteurs, d'une belle couleur de vieux bronze, étaient bonnes, franches, mais inintelligentes et sans expression. Ceux qui ne devaient pas veiller se couchèrent et s'endormirent aussitôt ; pas un ne prononça le nom d'Allah.

Le soir en me promenant, je trouvai une grosse araignée noire rayée de jaune ; je me préparai à la piquer au bout d'une longue épingle : «Qu'Allah te protège, s'écria Kadim, en me retenant brusquement la main ; si tu touches Abou Kanakein, il lancera sur toi un venin qui te donnera la mort !» Abou Kanakein, le père du venin, n'échappa pas pour cela à son sort, je le tuai d'un coup de baguette. Un liquide verdâtre suinta en effet du corps de l'animal, mais avait-il bien la funeste propriété que lui attribuait le Bédouin ?

La nuit descendait du ciel, des vapeurs brunissaient les vallées ; on n'entendait plus que les gémissements des chacals, ou quelques cris aigus dans le lointain ; plus près de nous, les plaintes d'un petit chevreau séparé de sa mère et le bruit sourd de nos chevaux frappant la terre. Bientôt un solennel silence régnait sur la terre d'Israël.

Le lendemain, j'escaladai la colline à l'ombre de laquelle nous cheminions la veille. Mes regards plongèrent dans un océan de lumière qui baignait la plaine à l'ouest et au nord, tandis que dans le lointain, le paysage se perdait dans de blanches vapeurs. Quelques ruines accidentaient le sommet de la montagne que les Arabes appellent Maïm, le Maon de l'Écriture. On voyait à l'est toute la région autour de la mer Morte; au nord, Beni-Naïm; à l'ouest, Hébron; au sud la vue était arrêtée par les montagnes que je venais de traverser. J'avais autour de moi, circonscrites dans un demi-cercle, neuf villes judaïques dont les noms sont les mêmes aujourd'hui qu'autrefois, ou au moins très reconnaissables sous leur forme arabe : Maon, Maïm ; Jota ou Jeta, Youtta; Carmel, Kurmul; Jether, Attir; Anab; Esthemo, Es-Sémé ou Sémoa; Socoth, Shuweiket; Hébron. Sans préciser leurs emplacements, Eusèbe et saint Jérôme citent Anab, Esthemo, Jether, et Youtta comme de gros villages de l'époque; Maïm était à peu près ruiné. Ces écrivains ne parlent pas de Socoth des montagnes, et depuis eux jusqu'à ce jour, on ne trouve dans l'histoire que le nom de Carmel. Les Croisés ne s'avancèrent que deux ou trois fois au sud de la Palestine. En 1807, Seetzen suivit la route que j'ai moi-même parcourue ; je vois sur sa carte Sema, Youtta, Suweiket. Irby et Mangles, en 1818, passèrent dans ces parages en allant à Hébron ;

je ne lis dans leur ouvrage aucun des noms cités plus haut ; ils se contentent de dire que le Carmel était près d'un puits appelé Albard. Depuis quelques années, plusieurs voyageurs ont traversé Sémoa : Stephens, lord Lyndsay, Schubert ne donnent pas de renseignements sur ces villes anciennes.

Pendant que j'écrivais mes notes, que je consultai mes cartes ou mes livres, les Arabes-pasteurs, qui étaient montés sur la colline en même temps que moi, se disputaient l'honneur de m'être utiles. Ils m'inspiraient le plus grand intérêt. Tous espéraient un meilleur avenir ; quand un Franc passe au milieu d'eux, ils se persuadent qu'il vient prendre des informations sur leur état et se complaisent dans la pensée qu'ils seront bientôt délivrés du joug des musulmans.

Après avoir galopé un instant à travers champs, j'arrivai aux ruines du Carmel de Juda, sur les deux flancs d'une vallée. Les premiers vestiges anciens qui se présentent sont ceux de deux édifices accolés : la partie orientale est celle d'une église à trois nefs ; des bases encore debout marquent la place des colonnes ; rien dans le côté de l'ouest, qui est plus long et plus large, n'indique sa destination. Au fond de l'oued se trouve un immense réservoir de soixante mètres sur quarante, taillé en plein roc : c'est un beau travail. Un peu plus loin, une source limpide sortant d'une caverne coule d'abord sur un lit pierreux, s'engouffre sous une voûte artificielle et tombe de là dans un petit bassin d'où elle arrive au réservoir. De longues tiges vertes autour desquelles s'enroulent des fleurs rouges, garnissent les bords de la fontaine, mais pas une mousse ne tache la blancheur de lait du rocher.

Au-dessous de la pièce d'eau, le sol se soulevant un peu est jonché de décombres rongés par le temps ; à l'épaisseur des murs on reconnaît un fort, au milieu d'habitations particulières, d'édifices publics et d'un monument religieux. Un étroit passage aboutit à une petite grotte.

On a profité d'une plate-forme naturelle pour y construire une citadelle qui dominait la ville et la vallée. Elle avait dix-huit mètres sur les faces du nord et du midi, et treize sur celles du levant et du couchant. Les murs, de quatre mètres d'épaisseur, s'élèvent encore aujourd'hui à une hauteur de dix mètres à l'ouest et à l'est ; ils reposent sur un glacis semblable à celui de la tour de David à Jérusalem ; les matériaux en sont moins gros, mais c'est le même genre de travail. Ces substructions remontent donc à une époque ancienne et servaient à un édifice remplacé par un autre comparativement moderne, datant d'Hérode ou des Romains. Les arêtes sont vives, régulières ; à l'intérieur, tout porte le cachet sarrasin, en désaccord avec celui qu'accuse la construction vue à l'extérieur. A quelques mètres au nord, on remarque les fondations d'une tour ronde. En 1847, un voyageur anglais, Wolcot, vit une croix grecque sur un mur à une petite hauteur. La partie la moins considérable de la ville, le faubourg, protégé par une tour appuyée sur un glacis qui descend jusqu'au bas de la vallée, était échelonné le long d'une rampe fort rapide ; d'autres ruines éparses un peu partout diraient peut-être leur âge à celui qui les fouillerait.

Il n'y a pas de doute que le Kurmul des Arabes ne soit le Carmel des montagnes de Juda, où Saül éleva un arc de triomphe après sa victoire sur Amalec, où Nabal avait de nombreux troupeaux, où vécut la belle Abigaïl, devenue plus tard la femme de David. Ozias avait des vignes et des vignerons sur le Carmel; il bâtit des tours dans le désert, creusa des citernes pour abreuver ses nombreux troupeaux. Ces réservoirs, les bases des tours, remontent peut-être à l'époque de ce roi-pasteur et agriculteur. Voici les deux passages d'Eusèbe que copie saint Jérôme sur le Carmel. « Carmel, là habitait Nabal. C'est maintenant un village appelé Chermul, ce qui signifie la même chose que Carmel; il est situé à dix milles d'Hébron vers l'orient, et une garnison y est établie. Il y a un autre Carmel près de la mer phénicienne; Elie y demeura. » Second passage : « Charmel de la tribu de Juda. C'était la patrie de Nabal; il est proche d'Hébron, au sud. Une garnison y est établie. Il y a un très grand village de Charmel dans le Daroma. » Ce second passage rectifie le premier en un point, en plaçant le Carmel non pas à l'est mais au sud d'Hébron. Il est évident que c'était là une importante position, puisque les Romains y tenaient une garnison. Nous lisons dans une notice des dignitaires de l'empire : *Equites scutarii Illyriciani Chermulæi*. Ce Chermulæi ne peut être que notre Carmel. Il n'est pas à dix milles d'Hébron, mais à huit milles seulement. En 1172, Saladin envahit la région à l'est et au sud-est de la mer Morte, où les Croisés avaient une forteresse. Le roi de Jérusalem ne pouvant arrêter l'ennemi, battit en retraite et campa au Carmel, où il trouva de l'eau en abondance. Les Sarrasins démantelèrent la citadelle. Mais quand et comment la ville fut-elle abandonnée ?

Je ne pouvais me décider à quitter ces ruines sans me reporter aux évènements et aux personnages qui préserveront pour toujours ces lieux de l'oubli ; je lus le chapitre xxve du premier Livre des Rois, où l'écrivain sacré raconte l'histoire de Nabal, d'Abigaïl et de David. David errait dans le désert avec une petite armée. Ayant besoin de vivres pour lui et ses troupes, il envoya quelques-uns de ses serviteurs au riche Nabal, pour lui rappeler les services qu'il lui avait rendus en protègeant ses troupeaux, et lui demander des provisions. Nabal reçut les envoyés avec hauteur et refusa les secours qu'on réclamait de lui. Le roi irrité se mit à la tête de ses troupes et marcha contre Nabal. Mais Abigaïl, pour conjurer l'orage qui allait fondre sur son mari, s'avança au devant de David avec des ânes chargés de vivres, se jeta à ses pieds et le calma autant par ses dons que par ses prières.

Ainsi qu'à l'époque de Nabal, ce riche propriétaire de brebis, la tonte des troupeaux est encore aujourd'hui un jour de fête, et, chose digne de remarque, le messager chargé d'inviter les amis de son maître répète les paroles de la Bible. « Que Dieu accorde la paix à mes frères et à toi ; que la paix se repose sur ta tente et sur tout ce que tu possèdes ; mon maître tond ses brebis, viens te réjouir avec lui, car c'est un heureux jour. » Après la tonte, on sert aux invités du pain, de l'eau et de la viande.

Comme souvenir de mon passage au Carmel des montagnes de Juda, je fis avec mon poignard une petite croix latine sur une pierre ornée d'une fine moulure.

La vallée du Carmel réunie à plusieurs autres, arrive au sud d'Engaddy à la mer Morte, sous le nom d'oued Khoubarah. Nous rencontrâmes quatre Bédouins à cheval ; après un quart-d'heure de marche sur un sol pierreux, nous nous dirigeâmes vers des tentes au fond d'une gorge, entre des rochers d'un aspect triste, totalement dépouillés de toute végétation. Ces tentes appartenaient aux Djahalins. Le scheik Sallam se trouvait alors au milieu de cette fraction de ses sujets. Dès qu'il aperçut Alinéba, il monta à cheval, vint à notre rencontre, me salua amicalement et m'engagea à entrer sous sa tente. Ferai-je la description de ce palais de souverain ? Un large morceau d'étoffe en poil de chèvre jeté sur trois bâtons en divise l'intérieur en deux compartiments : l'un, le harem réservé aux femmes et aux enfants, l'autre au scheikh et à ses serviteurs. Il n'est pas permis aux étrangers de visiter la chambre des femmes. L'épouse de Sallam ne put résister à la curiorité de voir des voyageurs, et pour justifier son entrée au milieu de nous, elle traînait après elle ses quatre enfants qu'elle me présenta pour les bénir, ce que je fis volontiers ; elle avait entendu dire que j'étais un homme de prières. Je distribuai ensuite à chacun quelques friandises pour me concilier leur sympathie. Ces enfants n'ont pas le charme de ceux de mon pays. Ce n'est qu'en grandissant que ceux qui échappent aux dangers de l'adolescence prennent ces belles formes sculpturales qu'on leur connaît. Leur mère, enveloppée d'une longue robe bleue, serrée à la taille, avait les bras, les jambes ornés de verroteries sorties des fabriques d'Hébron. Sa figure ne manquait ni d'intelligence ni de distinction. Les autres femmes de la tribu allaient et venaient, occupées de leurs enfants qu'elles paraissent aimer beaucoup. On me présenta du lait frais dans une sébille à deux becs.

Après de longs pourparlers pendant lesquels je me reposai, Sallam consentit à m'accompagner pour une somme d'argent insignifiante. C'était un bel Arabe, couvert d'une abbaya en soie à raies rouges et jaunes, coiffé d'une kafiéh ; les larges manches de son vêtement laissaient voir des bras bronzés, secs, nerveux. Il montait un petit cheval de belles formes, avec des allures vives, un œil ardent et une crinière flottante. J'ai souvent admiré l'adresse avec laquelle ces nomades manient leurs montures, ils surpassent de beaucoup nos écuyers les plus habiles. Kadim lui remit la direction de la caravane.

Nous quittâmes la direction que nous suivions depuis un moment, en appuyant un peu sur la droite. Après avoir franchi deux petites vallées et une crête parsemée d'arbustes, nous descendîmes les pentes raboteuses d'une colline dont le bas était encombré de pierrailles d'un ton jaune-soufre.

Le pays que je parcourais était toujours cultivé ; les chaumes couvraient la terre, car on venait de terminer la moisson. Des genêts, beaucoup d'arbustes et de plantes épineuses, quelques graminées, des indigotiers nains reposaient la vue fatiguée par la blancheur du calcaire et de la poussière. Mais à mesure que j'avançai à l'orient, les travaux agricoles diminuaient ; les débris de terrasses étaient moins nombreux ; les puits, les citernes devenaient rares.

Nous laissâmes à notre gauche un campement de la tribu Kaabineh ; leurs tentes semblaient d'énormes taupinières. Mon drogman me dit que cette tribu pouvait armer cent hommes, et occupait le même territoire que les Djahalins ; les troupeaux, les chameaux qui paissaient dans les vallées, sur les collines que nous venions de traverser, appartenaient à ces Bédouins. Je m'attendais à voir arriver un scheikh ou son mandataire pour réclamer un droit de passage ou tout au moins, ce qui était l'équivalent, l'honneur de m'accompagner. Personne ne se présenta. Un berger donna une poignée d'épis à mon cheval, en échange de cette générosité, je lui jetai quelques piastres. Il portait suspendue à son bras une peau de gazelle remplie de beurre ; les deux pattes de derrière de l'animal, nouées ensemble, faisaient l'anse du panier. De loin, le berger Bédouin appuyé, immobile contre un rocher, semble une statue, et il faut presque chercher son troupeau, qui se détache à peine sur le sol, de la nuance des brebis.

Tout autour de moi prenait l'aspect du désert : les

plantes, la terre, le ciel ; la chaleur devenait plus intense ; les collines s'arrondissaient ; seuls, quelques arbustes de Suez reparaissaient de loin en loin ; bientôt toute trace de culture disparut subitement ; plus de verdure, partout l'aridité, la poussière ; mes yeux ne rencontraient que le calcaire injecté de craie et de silex ; plus d'eau dans les réservoirs, plus de sources, mais toujours sur ma tête un ciel d'azur, des horizons ardents et empourprés, sous mes pieds une terre inondée d'une pure et limpide lumière qui faisait ressortir toutes les nuances des couleurs. Je heurtai des ossements aussi blancs que l'ivoire. Quelques mamelons saupoudrés de petites pierres blanches et noires, avaient l'apparence d'une mosaïque. Cette solitude réveillait en moi des pensées de deuil, d'anéantissement ; l'étrangeté de cette nature me fascinait par ce je ne sais quoi qui nous charme et nous attire devant un spectacle nouveau ou qui n'est point comme nous nous imaginions qu'il devrait être.

Quoique naturellement peu causeur en voyage, ne cherchant pas à communiquer mes impressions, encore moins à recevoir celles des autres, je me sentais néanmoins l'esprit et l'imagination fatigués pendant ces longues marches à travers cette région désolée où rien ne venait me distraire de mes pensées. Je pressai parfois le pas de mon cheval avec une ardeur fiévreuse, ou je le ralentissais sans raison. Les rares lézards que je voyais abrités sous les pierres m'inspiraient une vraie pitié ; de quoi vivaient-ils ? où trouvaient-ils de l'eau pour se désaltérer ?

Nous arrivâmes enfin auprès de Bir el-Enib, vaste citerne creusée dans un énorme rocher; il reste encore des débris des colonnes sur lesquelles reposait la voûte aujourd'hui effondrée. Mes trois Bédouins prirent un bain après avoir rempli leurs outres d'une eau jaunâtre que recouvrait une belle couche verte de lemna.

Dans le désert, une brebis, un oiseau, un insecte, un brin d'herbe, tout ce qui vit, en un mot, est un évènement et occupe l'imagination. Je m'approchai d'une carcasse de chameau qui avait conservé sa forme et servait de ruche à un essaim d'abeilles; leur bourdonnement ressemblait au son d'une corde de violon trop tendue. Quelques corbeaux traversèrent silencieusement cette solitude. Il y a en Palestine plusieurs espèces de corbeaux et de corneilles. Tristram les a nommés avant moi : *corvus affinis, c. coran, c. umbricus, c. agricola, c. cornix, c. monedula* Quelques-uns habitent les bords de la mer Morte, les autres, les hauteurs et les ruines. Avec ces corbeaux, on rencontre souvent des geais à tête noire et blanche et d'autres qui appartiennent à la famille des pies. Lorsqu'un voyageur succombe dans le désert, les corbeaux se jettent sur lui et commencent par lui arracher les yeux. Leur cri sinistre glace d'effroi le plus intrépide lorsqu'il l'entend dans le silence de la nuit. Quelques-uns de ces oiseaux, arrivés à un grand âge, blanchissent, leur voix devient lamentable, leur vol lourd; on les voit, posés sur un rocher, passer des journées entières dans une immobilité complète. De loin j'aperçus au pied d'une colline conique l'ancienne Jenbeh ; puis el-Kuryestein, peut-être le Carioth du xv⁰ chapitre, v. 25 de Josué. El Beyoukh est sans doute le Al-Baid d'Irby et Mangles. On dit qu'il n'y a que d'informes débris sur les emplacements de ces villes.

Nous traversâmes une plaine nue, une vallée encombrée de pierrailles. Je vis un amas de ruines, les vestiges d'un barrage pour déverser les eaux dans un réservoir, des blocs crayeux d'une aveuglante blancheur et sur la lisière d'un plateau, des pierres énormes, arasements de murs que mon guide appelle Eoheit, restes d'habitations d'une race qui n'est plus. Après avoir cotoyé l'oued el-Hafaf qui tombe dans la mer Morte au-delà de Sebbeh, nous grimpâmes sur son versant nord ; nous descendîmes ensuite dans une gorge que nous quittâmes bientôt, la chaleur y était intolérable.

Depuis une heure le climat avait changé et tout se ressentait de l'atmosphère embrasée qui enveloppait la nature ; sa transparence était inouïe. J'étais arrivé au milieu d'un désert de pierres brûlées, fricassées, grillées ; à ma gauche se dressait un pic blanc strié et crevassé ; partout l'aridité, plus de culture, plus de troupeaux, plus rien de vivant ; le silence de ma caravane n'était interrompu que par de brèves interrogations suivies de réponses plus brèves encore. « Solitude absolue, dit Buffon, mille fois plus affreuse que celle des forêts, car les arbres sont des êtres pour l'homme qui se voit seul. Plus isolé, plus dénué, plus perdu dans ces lieux vides et sans bornes, il voit partout l'espace comme son tombeau. La lumière du jour, plus triste que l'ombre de la nuit, ne renaît que pour éclairer sa nudité, son impuissance, et pour lui présenter l'horreur de sa situation en reculant à ses yeux les barrières du vide, en étendant autour de lui l'abîme de l'immensité qui le sépare de la terre habitée : immensité qu'il tenterait en vain de parcourir, car la faim, la soif, la chaleur brûlante pressent tous les instants qui lui restent entre le désespoir et la mort. » — « Terre inhabitée et inaccessible, dit Jérémie, terre sèche et aride, image de la mort, terre où jamais l'homme n'a passé impunément, où il ne demeurera jamais.»

Nous nous arrêtâmes à l'ombre d'un rocher, je mangeai une galette, je bus de l'eau tiède acidulée avec le jus d'un citron et, cédant à une fatigue excessive, je m'endormis.

A mon réveil, je vis couchés à quelques pas de moi trois Bédouins d'un aspect vraiment hideux. Ils avaient le front bas, déprimé, les pommettes des joues saillantes, une barbe rare semblable à une broussaille, les mains longues, décharnées et noueuses comme les pattes du singe, la poitrine et les jambes velues, les dents blanches et pointues d'un jeune chat, les cheveux crépus, presque laineux, le teint d'un vieux cuir de Cordoue. Avez-vous remarqué dans votre foyer un charbon éteint, n'ayant plus qu'un point ardent, attirant et aveuglant tout à la fois : c'est le regard fatidique de ces sauvages aussi immobiles que des statues. Alinéba me dit qu'ils habitaient la presqu'île orientale de la mer Morte, que l'un d'eux m'avait menacé de me manger, si j'avais l'audace de violer le territoire de sa tribu. En lui montrant mon arme, je lui fis répondre, qu'avant de passer sous ses dents il faudrait qu'il avalât ce tube d'une assez laborieuse digestion. Je lui proposai de lui arracher une dent qui, lui sortant de la bouche, s'appuyait sur sa lèvre inférieure qu'elle comprimait. La vue de mon poignard et mon geste lui firent croire que je voulais le saigner, car il se leva brusquement et s'enfuit. Tu peux dire à ton ami, ajoutai-je, que celui qui tourne autour de moi, tourne autour de la mort et qu'il ne reverra jamais les siens.

Continuons à noter les moindres incidents.

Quelques grues passèrent sur ma tête ; elles volaient lentement et si bas que j'aurais pu les tirer. C'est la *grus cinerea* qu'on rencontre souvent dans le voisinage des sources et des puits. Plusieurs gazelles décampèrent devant nous ; nous trouvions souvent des perdrix et des alouettes, quelques chacals, mais pas un brin d'herbe.

J'avais plusieurs fois aperçu Sebbeh, l'ancienne Masada, bloc immense, baigné dans l'air pur du ciel, isolé au nord et au sud par de profondes vallées, rattaché à l'ouest aux collines que je venais de traverser.

Les aboiements d'un chien nous avertirent que nous n'étions pas éloignés d'un campement ; bientôt, en effet, nous tombâmes sur une dizaine de tentes dressées à l'ombre d'un rocher qui les surplombait. Quelques hommes en sortirent subitement, causèrent un instant avec Sallam, puis me saluèrent. Les Hihglanders chantent : « L'hospitalité se donne et ne se vend jamais. » Les montagnards arabes savent que la générosité est un arbre planté dans le ciel, ses branches touchent la terre, c'est par elles que le fidèle croyant arrive au Paradis. D'ailleurs l'hôte apporte une bénédiction et emporte les péchés. Ces pauvres Bédouins nous donnèrent ce qu'ils avaient : de l'eau et du leben. Ils n'étaient là qu'accidentellement et avaient laissé, parqués non loin, leurs petits troupeaux. J'éprouvai pendant cette journée une soif inextinguible ; j'avais probablement bu le matin à jeun ; on éprouve dans ce cas une grande soif jusqu'au soir. Une Bédouine me présenta son enfant pour le guérir ; la maigreur de cette innocente créature m'arrachait des larmes ; un squelette d'un cabinet d'anatomie n'est pas plus décharné ; il n'avait pas la force de pleurer : sa mère le couvait de ses grands yeux noirs, espérant lui infuser la vie qui menaçait de s'éteindre. Les sentiments maternels sont aussi développés chez ces nomades que chez les Européennes. J'ordonnai du lait de chèvre ou de chamelle et un peu de viande à cette petite malade dont le regard vague annonçait une fin prochaine. Toujours est-il que j'emportai de cette tribu des souhaits de bonheur auxquels je ne fus pas insensible.

Nous arrivâmes bientôt au pied de la montagne qui nous séparait de Sebbeh.

Les voyageurs qui ont parcouru la région que j'avais traversée la veille et ce jour même, racontent qu'en hiver la terre, nue en été, se tapisse de fleurs, parmi lesquelles on remarque les *asphodèles*, *l'ornithogalum arabicum*, connu des Arabes sous le nom de petite étoile de Bethléhem, un souci d'un jaune d'or, de belles graminées, de remarquables crucifères, des *crocus*, des iris, des hyacinthes. Les sangliers mangent les oignons de ces plantes bulbeuses qui sont innombrables.

CHAPITRE XIV.

Sebbeh l'ancienne Masada. — Son histoire. — Les Sicaires. — Rives de la mer Morte de Sebbeh à A'ïn Djedy. — Notes géologiques de Louis Lartet. — Mirage. — Oasis. — Oued Areijeh. —Divers oiseaux. — Chant arabe. — Arrivée à A'ïn Djedy.

JE ne voyais dans la paroi verticale du rocher qui se dressait devant moi aucune brèche par où nous pourrions parvenir à son sommet. Nous descendîmes de cheval et suivîmes un ravin couvert de pierrailles qui rendaient un son métallique sous le sabot de nos montures ; après cinq minutes de marche nous nous trouvâmes en face d'un couloir très incliné assez semblable à ceux dans lesquels glissent les avalanches des Alpes. Sallam continua à se diriger au midi avec nos chevaux. Nous nous engageâmes sur ce plan incliné, nous aidant pour l'escalader de toutes les aspérités qui se trouvaient sur notre passage. Cette fissure aboutissait à une corniche naturelle de quarante à cinquante centimètres de saillie, s'enroulant

6.

comme une vis au tour d'un piton presque détaché de la masse du rocher dont la cime brisée par un coup de foudre présentait une surface à peine assez large pour y poser deux pieds. Mon drogman, arrivé le premier sur ce piédestal, s'élança de là sur le rebord d'une caverne creusée dans le flanc sud de la montagne. En faisant le même saut après lui, je fus obligé de me baisser pour ne pas me fracasser la tête contre la voûte de cette excavation. Le pas le plus difficile était fait disait Alinéba. Après être restés un moment dans la niche pour prendre quelque repos, nous tournâmes un énorme bastion au-delà duquel commença une ascension impossible à décrire. Nous étions quelquefois collés contre le rocher, souvent suspendus au-dessus de crevasses sans fin, toujours côtoyant un précipice; tantôt c'était une énorme fissure qu'il fallait franchir, tantôt sauter d'un bloc à un autre, exercice que je ne puis mieux comparer qu'à une promenade sur un jeu de quilles. Nous circulâmes quelque temps autour de masses blanchâtres hardiment projetées en dehors de la ligne droite qui, par leurs formes semi-circulaires, ressemblaient à ces tourelles que les architectes suspendaient aux flancs des châteaux du moyen-âge. Ce ne fut qu'après des efforts inouïs que nous atteignîmes enfin un pallier assez large où nous pûmes nous asscoir exposés à une chaleur tropicale. Mes deux Arabes n'avaient pas laissé paraître le moindre signe de frayeur, ils bondissaient comme des chamois ; Alinéba m'indiquait avec une baguette de tamarix là où je devais poser le pied droit puis le pied gauche. Nous arrivâmes heureusement sur une plate-forme séparée de Masada par une étroite chaussée bordée de précipices de chaque côté. Quelques arasements, des pans de murs encore debout, des pierres travaillées éparses çà et là indiquaient, à ne pas s'y tromper, l'emplacement du camp de Silva que Josèphe appelle Leuké.

Quoique la jetée qui relie Sebbeh ou Masada aux montagnes de l'ouest fût très étroite, elle me parut, comparativement à la route que je venais de faire, un chemin aussi praticable que celui de nos belles routes de France, et quand je touchai la paroi du rocher élevé devant moi comme une muraille dont je pouvais à peine atteindre le faîte du regard, je ne doutai nullement de la possibilité d'y arriver. Il y a partout des anfractuosités, des repères, quelques fragments de murs de soutènement, des débris de degrés, de nombreuses aspérités, de gigantesques assises : le tout sert d'échelons. Je passai sous une porte ogivale d'une belle conservation et je me trouvai sur une plate-forme ovale dominant la mer Morte. La contrée désolée que je venais de traverser, c'est l'agonie ; à mes pieds la mer Maudite, c'est la mort.

A quel évènement de l'histoire juive l'aride rocher de Masada doit-il sa célébrité ? Josèphe va nous l'apprendre

L'historien juif attribue au pontife Jonathas l'idée première de fortifier ce rocher auquel il donna le nom de Masada, en hébreu forteresse ; il ajoute que plus tard le roi Hérode augmenta encore ces fortifications et, à la suite du récit de la chute lamentable de Jérusalem, il décrit ce dernier boulevard de la liberté juive et raconte la mort épouvantable de ses défenseurs.

« Il y avait non loin de Jérusalem, une citadelle extrêmement forte, construite par les anciens rois, pour y mettre leurs trésors et leur personne en sûreté, en cas de guerre malheureuse. Les sicaires s'étant emparés de Masada faisaient de là des courses dans la contrée environnante, ne cherchant à prendre que ce dont ils avaient absolument besoin pour vivre, parce que la crainte les empêchait de commettre leurs brigandages sur une plus grande échelle. Apprenant cependant que l'armée envahissante des Romains était en repos et que les juifs de Jérusalem étaient divisés par la sédition et par la plus inique tyrannie, ils en vinrent à commettre des crimes plus grands encore. Le jour même de la fête des Azimes, ils sortirent de Masada quand la nuit fut close, se ruèrent avec le moins de bruit possible sur tout ce qui leur faisait obstacle et vinrent fondre sur la petite ville d'Engaddy. Les habitants, surpris sans avoir le temps de se mettre en défense, furent dispersés et jetés hors de la ville. Tout ce qui ne put fuir, hommes, femmes et enfants, au nombre de plus de sept cents, fut passé au fil de l'épée. Ayant alors pillé les maisons et les jardins remplis de fruits mûrs, ils retournèrent en hâte avec leur butin à Masada. Ils continuèrent ensuite à ravager les bourgades des environs, en se recrutant journellement de tous ceux qui ne pouvaient vivre ailleurs. »

« Peu de temps après, Simon, fils de Giorgias, qui, à cause de son audace, avait été dépouillé de sa toparchie d'Acrabatène par le grand-prêtre Ananus, s'échappa de Jérusalem placée sous la tyrannie de Jean et vint demander un asile aux sicaires de Masada. D'abord il leur parut suspect, si bien qu'ils lui assignè-rent pour demeure la ville basse, où il se fixa avec les femmes qui l'avaient suivi, les sicaires restant exclusi-vement maîtres de la ville haute. Bientôt cependant, la part que Simon prenait à leurs expéditions lui valut leur confiance ; ils résistèrent pourtant au conseil qu'il leur donnait de frapper de plus grands coups. Ce Si-mon finit par se créer une armée à lui, et, se séparant des habitants de Masada, il alla commettre de son côté les plus atroces brigandages dans la Judée. Appelé à Jérusalem par le peuple, ce fut lui qui coopéra le plus activement à la défense de la ville contre les Romains : mais ayant été fait prisonnier, Simon fut conduit à Rome, où il figura dans le triomphe décerné à Titus ; le dernier acte de cette cérémonie fut la mise à mort du héros juif. »

« Bassus étant mort dans la Judée, Flavius Silva lui succéda, et comme Masada était la seule place qui restât à prendre, il assembla toutes ses forces pour l'attaquer. Eléazar, chef des sicaires, y commandait ; il était de la race de Juda. Ces factieux ne pouvant souffrir ceux qui voulaient obéir aux Romains, les re-gardaient comme des ennemis, pillaient leurs biens, incendiaient leurs maisons, voyaient en eux des traîtres à la patrie, qui ne méritaient aucun ménagement. »

« Silva à la tête de son armée marcha contre Eléazar et les sicaires de Masada, bien résolu d'anéantir ce foyer d'insurrection ; il mit des garnisons dans tous les lieux d'alentour qu'il jugea nécessaires pour s'assurer du pays, fit ensuite environner la place d'un mur avec des corps de garde, afin que personne ne pût s'échapper, et prit son quartier à l'endroit où les rochers du fort sont proches de la montagne voisine. Il ne rencontrait pas peu de difficultés à faire subsister son armée, parce qu'il fallait non-seulement faire venir des vivres de fort loin, ce qui était d'un très grand travail pour les juifs qu'il y employait, mais aller même chercher de l'eau ailleurs à cause qu'il n'y avait en ce lieu ni fontaine, ni ruisseau. A ces difficultés se joignait celle de la force de la place. Elle était bâtie sur un rocher d'un circuit considérable. Ce rocher est entouré de tous côtés de vallées tellement profondes, que d'en haut on ne peut en voir le fond. Il n'y a pour y arriver que deux chemins : l'un qui vient du lac Asphaltite, du côté de l'orient, et un autre qui part de l'occident. On a donné au premier de ces chemins le nom de couleuvre, parce qu'il fait divers plis et replis revenant souvent sur lui-même, s'élevant peu à peu, de manière à ne rejoindre qu'avec peine un point plus avancé. Il faut qu'on chemine un pied derrière l'autre quand on gravit ce chemin ; un faux pas serait la mort, car les rochers à pic plongent de chaque côté de façon à remplir de terreur les plus audacieux. Quand on est arrivé par ce chemin sur le sommet de la montagne, on trouve qu'au lieu de se terminer en pointe, c'est une plaine. Le grand sacrificateur Jonathas fut le premier qui choisit ce lieu pour y bâtir un château qu'il nomma Masada. Hérode-le-Grand n'épargna aucune dépense pour le fortifier. Il l'enferma par un mur en pierres blanches de douze coudées de haut et de huit de large. Le tour de ce mur était de sept stades ; il le flanqua de trente-sept tours hautes de cinquante coudées chacune, qui communiquaient avec de spacieux logements ; et comme la terre de cette petite plaine était très fertile, il voulut qu'on la cultivât pour nourrir ceux qui chercheraient un asile dans cette place. Ce prince avait aussi fait construire dans l'enceinte de ce château, du côté du nord, un superbe palais où l'on montait par un chemin qui venait du couchant. Ses murailles, hautes et fortes, étaient garnies aux quatre angles de quatre tours de soixante coudées. Les appartements royaux, les galeries, les bains, des colonnes monolithes, des mosaïques, de vastes citernes pour recueillir l'eau de la pluie, tout annonçait la demeure d'un prince puissant. Un sentier encaissé, que l'on n'apercevait point du dehors, conduisait de ce palais au haut du château qui servait de citadelle ; les routes visibles étaient d'un accès difficile pour les ennemis. Quant au chemin qui partait de l'orient, il était tel que nous l'avons représenté, et l'on avait bâti à mille coudées loin du château, dans l'endroit le plus étroit de ce chemin, une tour qui en fermait le passage. D'ailleurs, cette route avait été faite de telle sorte, que ceux qui s'avançaient sans crainte ne pouvaient pas marcher sans de grandes difficultés. »

« Cette place si forte par elle-même était abondamment approvisionnée : car il y avait du blé pour plusieurs années, du vin, de l'huile, des légumes, des dattes ; et quand Eléazar la surprit, il trouva ces vivres aussi sains, aussi entiers que lorsqu'ils y avaient été emmagasinés. Les Romains, maîtres de la forteresse, furent étonnés de la conservation de ces provisions ; on doit en attribuer la cause à la hauteur de ce lieu, qui le préserve de l'influence de l'air empesté de la plaine. Il y avait dans les magasins des armes pour équiper dix mille hommes, du fer, du cuivre et du plomb. »

« On dit qu'Hérode s'était fait construire cette ci-tadelle contre un double danger : il craignait que les juifs ne voulussent le détrôner pour le remplacer par la race des rois précédents ; d'un autre côté, il s'alar-mait des intrigues de la reine d'Egypte, Cléopâtre, qui toute-puissante sur le cœur d'Antoine, le pressait de lui donner le royaume de Judée. »

« Quand Silva eut enfermé Masada dans une forte muraille, qu'il eut placé des sentinelles pour couper la retraite aux fugitifs, il attaqua la place par son seul point vulnérable. Au-delà de la tour qui défendait le chemin à l'occident, qui le reliait au palais et à la cita-delle, il y avait un rocher plus bas que Masada de trois cents coudées ; on l'appelait Leuké, c'est-à-dire blanc. Le général romain, maître de cette position, y fit ap-porter de la terre par ses soldats, et ils y travaillèrent avec tant d'ardeur qu'ils élevèrent une jetée de cent coudées de hauteur ; mais cette chaussée n'étant ni assez haute ni assez solide pour qu'on pût y établir les machines de guerre, on l'exhaussa et on lui donna plus de solidité en construisant au-dessus une plate-forme en pierres énormes, haute de cinquante coudées, sur laquelle on plaça des machines semblables à celles que Vespasien et Titus employaient pour prendre les villes ; on construisit une tour de soixante coudées, couvertes de fer, d'où les Romains, avec des balistes, lançaient sur les assiégés des nuées de traits, des pierres et ne leur permettaient même pas de montrer la tête au-dessus des remparts. »

« Silva fit ensuite construire un immense bélier, battit le mur à coups redoublés et parvint à en renverser une partie. Pendant ce temps-là, les sicaires s'occupaient à élever un autre mur qui fût à l'abri de l'action des machines. Ces nouveaux retranchements étaient faits de manière à pouvoir amortir la violence des coups de l'ennemi. Ils emboîtèrent ensemble des poutres parallèles, reliées par d'autres poutres disposées transversalement ; l'intervalle était rempli de terre. Les chocs du bélier s'amortissaient sur cette terre qu'ils rendaient plus solide en la frappant. Silva s'étant aperçu de la résistance de ces fortifications crut qu'il ne pourrait les détruire que par le feu ; en conséquence il ordonna à ses soldats d'y jeter des brandons enflammés. L'attente du général romain ne fut pas trompée : on vit bientôt une ceinture de flammes envelopper la citadelle ; mais le vent du nord ayant porté des étincelles sur les machines des Romains, ils craignirent un instant de les voir réduites en cendres, quand tout à coup il changea de direction, souffla avec violence sur les remparts des assiégés qui brûlèrent du haut en bas. Les

Romains assistés par la Providence rentrèrent dans leur camp, résolus à donner l'assaut le lendemain dès la pointe du jour et redoublèrent de vigilance, afin que pas un des sicaires ne s'échappât. »

Je me suis servi pour la citation précédente de la traduction d'Arnauld d'Andilly ; si elle n'est pas la plus élégante, elle est la plus exacte.

Eléazar ne songeait pas à la fuite, il ne voulait même permettre à personne de s'échapper. Sa seule pensée était de mourir glorieusement sur les murs de Masada. Sachant qu'il ne pouvait résister longtemps, il assembla ses partisans le soir, à la lueur de l'incendie des remparts, et leur adressa d'ardentes paroles pour les persuader de s'ensevelir sous les murs qu'ils ne pouvaient plus défendre, il s'efforça de leur démontrer que Dieu les abandonnait, qu'ayant été les premiers à prendre les armes pour la liberté, ils devaient mourir volontairement pour obéir à l'honneur et à leurs lois, plutôt que de tomber vivants entre les mains des Romains, dont ils n'avaient à attendre que l'abjection de l'esclavage et les traitements les plus infâmes.

Le plus grand nombre des malheureux défenseurs approuvèrent le projet d'Eléazar, de brûler la citadelle et de s'ensevelir sous les ruines de leur patrie, mais quelques-uns, voyant leur dernière heure si proche, pensant à leurs femmes et à leurs enfants, ne purent s'empêcher de verser des larmes. Eléazar craignant un changement de résolution, poursuivant de ses regards obstinés les plus timides, s'adressa à tous avec plus de véhémence, leur laissa entrevoir la gloire qui rejaillirait

sur eux, les encouragea en leur parlant de l'immortalité de l'âme, du bonheur de la céleste patrie, et en
même temps il peignit sous les couleurs les plus vives
le sort malheureux des prisonniers; il rappela leurs
efforts inutiles pour résister à leurs ennemis, le temple
brûlé, Jérusalem détruite, leurs compatriotes vendus,
les maris séparés de leurs femmes, les enfants de leurs
mères; il conclut qu'il n'y a plus pour eux d'espérance
de salut et qu'ils doivent donner la mort à leurs femmes
et à leurs enfants comme une grâce pour les préserver
du déshonneur et de l'esclavage avant de se tuer eux-
mêmes.

« Mourons tous avec ceux que nous aimons, s'écria-
t-il, plutôt que de vivre esclaves. Nos lois nous l'or-
donnent, Dieu nous en fait une nécessité; ne laissons
que nos cadavres aux Romains, et qu'épouvantés de
notre courage, ils admirent notre héroïsme et apprennent ce dont sont capables des hommes libres. Je n'a-
dresse qu'une prière au ciel : Que mon sang laisse sur
ceux qui le verseront la tache que le sang d'Abel laissa
sur le front de Caïn; que mes assassins deviennent
l'horreur de la terre, et que les nations courbées sous
leur joug se lèvent et anéantissent ces cruels et impi-
toyables tyrans. »

Eléazar voulait continuer à parler; mais les sicaires,
animés d'une ardeur frénétique, lui imposèrent silence
et demandèrent à grands cris le signal de s'entre-tuer.
Ils réunirent leurs femmes, leurs enfants, les embrassèrent avec une tendresse convulsive et les poignardè-
rent sans verser une larme. Couverts du sang de ceux

qu'ils avaient aimés, pressés de rejoindre leurs victimes, ils en choisirent dix des plus déterminés d'entre eux, se couchèrent à côté des cadavres encore chauds de leurs femmes et présentèrent la gorge à leurs bourreaux. Les dix élus désignèrent à leur tour celui qui devait tuer les neuf autres. Après s'être acquitté de sa sanglante mission, ce dernier visite tous les cadavres pour s'assurer qu'il n'y avait plus de vie dans aucun, met le feu au château et se perce de son épée. Le sicaire, condamné à se tuer lui-même, se nommait Eliaz. Une vieille femme, une cousine d'Eléazar, et cinq enfants cachés dans un aqueduc où on ne pensa pas à aller les chercher, échappèrent à cette horrible boucherie.

Le lendemain matin, dès la pointe du jour, les Romains préparés à soutenir un combat acharné, s'approchèrent des murailles, y appliquèrent des échelles, montèrent à l'assaut sans rencontrer un seul ennemi; partout la solitude, un silence interrompu par le pétillement des flammes et la chute d'édifices embrasés. Les légionnaires effrayés poussèrent un grand cri : ils virent sortir de dessous leurs pieds deux femmes échevelées, cinq enfants couverts de haillons, se traînant à peine, demandant la vie par des larmes. La parente d'Eléazar conduite à Silva, lui raconta le drame de cette effroyable nuit. La vue des cadavres entassés ou répandus çà et là, dont le sang chauffé par les flammes de l'incendie commençait à obscurcir le ciel d'une fumée rougeâtre, convainquit les Romains d'un acte de patriotisme qu'ils ne voulaient d'abord pas croire;

alors au lieu de se réjouir de leur victoire, ils n'eurent que de l'admiration pour des ennemis qui avaient choisi la mort au milieu de leur défaite.

Je ne pense pas qu'il soit possible de trouver dans l'histoire un fait plus émouvant et plus tragique. En lisant ce récit sur le théâtre même de l'évènement, il me semblait voir Eléazar exhortant à la sinistre lueur des flammes les farouches sicaires à se donner la mort. Je voyais des femmes égorgées par leurs maris, des enfants tendre en souriant leurs bras à leur père qui les poignardaient; je croyais entendre des cris, des gémissements; je reculais d'horreur devant ces hommes couverts de sang, couchés à côté de cadavres encore palpitants et appelant avec rage le bourreau qui devait les délivrer; et ce dernier des sicaires qui seul visite ses victimes, s'assure, en posant la main sur leur cœur, qu'aucune ne respire. Quel spectacle! Ainsi moururent les derniers défenseurs de la liberté juive, traités de brigands par un historien juif qui consacra ses opulents loisirs, prix de sa trahison, son érudition, son habileté oratoire, les ressources d'un caractère sans moralité, d'une duplicité sans égale à relever les mérites des vainqueurs de sa nation tandis qu'il accuse ses compatriotes de s'être laissé entraîner par des factieux à une résistance inutile. Ce vil flatteur, ce protégé de Popée qu'il appelle l'amie des dieux, comblé d'honneurs par ses nouveaux maîtres, voyait sans émotion ses frères vendus sur les marchés d'esclaves des principales villes de l'empire, et oubliait leurs malédictions dans sa fastueuse villa romaine.

7

Longtemps avant le drame que je viens de raconter, pendant qu'Hérode sollicitait du Sénat le titre de roi qui lui fut accordé, son frère Joseph, enfermé dans Masada, était assiégé par les Parthes et les partisans d'Antigone. Il avait des vivres en abondance, mais l'eau allait lui manquer et le forcer à capituler, quand une pluie torrentielle vint fort à propos remplir les citernes de la forteresse. Alors il reprit courage, repoussa les ennemis et se maintint sur cet aride rocher jusqu'à ce qu'Hérode, revenu de Rome, vint le délivrer avec des troupes qu'il avait réunies à la hâte.

Le rocher de Masada, de forme oblongue, a dans sa plus grande longueur du nord au midi, six cents mètres, et deux cents à deux cent quatre-vingts de large du levant au couchant. Il est complètement isolé au nord et au midi par deux profondes vallées qui se réunissent ou prennent naissance à la jetée de Silva au couchant; l'oued du sud s'appelle Hafaf, vallon de ruines ou Sebbeh, celle du nord El-Seyal ; à l'est, le pied du rocher s'enfonce dans la plage de la mer Morte et se dresse de ce côté comme une gigantesque muraille. Le rocher que Josèphe nomme Leuké rattache Masada aux montagnes de l'ouest; il est à cent mètres en contre-bas; il ne reste là plus rien des travaux de Silva. Les pierres qui lui servirent à construire sa chaussée sont dans les vallées de droite et de gauche. De la tête de Leuké se détachaient deux chemins : l'un, celui de la Couleuvre, se dirigeait d'abord au nord, puis descendait à l'orient ; un autre traversait les montagnes du couchant. Ce dernier, dit Josèphe, présentait moins de danger et était moins rapide que le premier. Je doute qu'il soit possible d'en retrouver aujourd'hui des traces.

La plate-forme est couverte de débris, de pierres travaillées ou brutes, de pans de murs, de citernes, le tout dans un grand désordre. Des fragments de murailles entourent la circonférence du rocher ; celles du couchant, du midi et du nord sont mieux conservées que celles de l'est, construites avec moins de soin, parce que ce rocher était naturellement fortifié de ce côté. La porte par laquelle je suis entré est ogivale d'un côté et cintrée de l'autre ; l'appareil est de l'époque arabe ; sur la clef de voûte, sous les voussoirs en pierre d'une teinte brune, sont quelques croix mal formées, divers signes, des caractères grecs, droits ou renversés. Contre le rempart sont appuyés, à droite et à gauche de cette porte, de nombreux restes d'édifices, tous de petites dimensions. Le bas des fondrières est parsemé de brins d'herbe, de chardons brûlés, de quelques plantes grimpantes ; partout ailleurs c'est le roc nu. A l'angle sud-ouest est une remarquable excavation, très bien cimentée, ornée d'une galerie avec de nombreuses marches d'escaliers. Ce vaste appartement conserve intacte une couche de ciment mêlé à de petits cailloux : tout ce travail semble sortir des mains de l'ouvrier ; deux fenêtres percées dans la paroi méridionale donnent du jour à cette chambre, et comme le rocher est percé de plusieurs ouvertures semblables à celles-ci, il est possible qu'on découvre plus tard dans cette masse rocheuse d'autres cellules restées inconnues, parce que les puits ou les citernes qui y aboutissaient sont comblés.

Presque vis-à-vis de la porte, un peu à droite, existe une ruine avec une abside circulaire éclairée par une fenêtre ; les murs portent encore de nombreux fragments de poteries dispersées de manière à former des figures ou divers compartiments. On y trouve beaucoup de débris de vases, quelques cubes de pierre blanchâtre, deux ou trois moulures en marbre, et autres morceaux sculptés plus ou moins frustes.

Du rebord septentrional du rocher, on aperçoit à quarante mètres plus bas, sur une pointe en saillie, les arasements de trois ou quatre mètres de hauteur d'une tour ronde de petite dimension, et plus bas sur un autre pallier, les fondations d'un édifice carré, relié par sa base à la tour circulaire et probablement aussi aux remparts de l'enceinte générale.

Les principales ruines de Masada sont appuyées contre le mur du couchant et éparses çà et là au milieu de l'esplanade. Il a fallu que l'incendie fût bien dévastateur pour n'épargner que ce que nous voyons aujourd'hui. Il est probable que les Romains se firent les auxiliaires du feu.

A l'extrémité nord, au point où la plate-forme se rétrécit sensiblement, on remarque les ruines de plusieurs murs parallèles coupés par d'autres murs de distance en distance. C'est là, sans doute, dans ces remparts croisés en tous sens et qu'il fallait attaquer et prendre l'un après l'autre, que dut se réfugier pour la dernière défense une troupe désespérée.

M. de Saulcy visitant les mêmes lieux écrivait ces lignes :

« Devant nous, à moins de cent pas, est une ruine qui ressemble presque à une petite église avec une abside circulaire. La salle principale est terminée par cette abside en cul de four, percée d'une petite fenêtre ronde. Toute l'abside est en belles pierres de taille d'appareil ; les murailles contre lesquelles elle est appuyée sont couvertes d'un crépi très dur, dans lequel sont appliquées des mosaïques d'un genre tout nouveau pour moi. Ce sont des milliers de petits fragments rougeâtres de pots cassés, encastrés dans le mortier et formant des dessins réguliers, seul ornement des murailles de cette salle. Quelques petits cubes de pierre de couleur rouge, blanche et noire, me donnent à penser que la salle est pavée en véritable mosaïque. Mes Bédouins écartent les décombres du sol, et une jolie mosaïque, formée d'entrelacs circulaires est remise au jour. Elle est malheureusement toute effondrée. »

Il est facile de suivre du regard les lignes de circonvallation de Silva. Trois redoutes défendaient l'entrée de l'oued Hafaf à l'est sur le rivage de la mer Morte, et une quatrième commandait un ravin au nord à peu de distance de la route. La Couleuvre, les redoutes, sont reliées ensemble par un long mur qui côtoie les flancs de la montagne en face de Masada au midi et aboutit à Leuké, tandis qu'une autre branche se dirige au nord, ensuite à l'ouest, et enfin au sud pour arriver aussi à Leuké, en sorte que ce rocher était enfermé dans un cercle de pierre.

Pline et Strabon parlent de Masada. Le premier l'indique comme une forteresse sur un rocher; le second qui l'appelle Moasada, mentionne les pierres calcinées qui couvrent la surface de ce bloc aussi curieux par sa forme que par son histoire.

A trois lieues au sud d'Engaddy, dit Burchard ou Brocard, est la colline Achille que le roi Hérode fortifia et qui fut dès lors appelée Mosada. Ce nom fut cité plus tard par Breydenbach, puis oublié jusqu'à nos jours.

En 1838, Robinson vit Masada des hauteurs d'A'ïn-Djedy qu'il reconnut sous le nom de Sebbeh, nom qui en arabe signifie forteresse. Quelques années plus tard, en 1842, le missionnaire américain Wolcott et le peintre anglais Tipping escaladèrent ce rocher. Wolcott rendant compte de son exploration et décrivant les ruines de Masada, émet l'opinion que ces travaux remontaient à Hérode, mais que la porte ogivale datait d'une époque plus moderne. En 1848, Dale, Anderson et Bedlow, membres de l'expédition américaine commandée par Linch, visitèrent Masada; on peut lire leur rapport dans l'ouvrage anglais de ce voyageur.

En 1851, M. de Saulcy passa à Sebbeh; mais il eut à regretter de n'avoir pas alors sur Masada des documents plus précis: car il eût étudié ces ruines avec un soin consciencieux. Tous les amis de la science ont à partager ce regret.

Pendant qu'assis sur une ruine je lisais l'historien Josèphe, Alinéba me fit remarquer un bel oiseau noir tournoyant sur la plage et s'élevant lentement jusqu'à la hauteur du rocher par une ligne perpendiculaire, il se dirigea ensuite de mon côté et plana un instant au-dessus de moi. Sa tête, ses pieds allongés, les pennes de ses ailes se dessinaient nettement. Il sembla prendre plaisir à m'examiner. Un peu après un troupeau de cigognes disparut du côté d'A'ïn-Djedy ; je crus reconnaître des colombes au nord de Masada ; je ne vis pas un seul oiseau s'abattre sur l'eau et y nager.

Sebbeh est peut-être sur la côte occidentale le point le plus favorable pour étudier la mer Morte dans son ensemble, c'est aussi d'après l'opinion de voyageurs compétents un des points les plus remarquables du globe sous le rapport géologique. Je ne veux pas décrire ici cette mer fameuse dont le nom parle toujours à notre imagination, je me réserve de traiter ce sujet à part en réunissant toutes mes observations. Mais puisque nous sommes dans son voisinage, donnons lui maintenant quelques lignes.

La mer Morte semble être sous l'influence de la baguette d'un enchanteur, à chaque minute elle change d'aspect. A mon arrivée sur le rocher de Sebbeh, elle était calme, rien ne ridait sa surface, les rayons du soleil glissaient dessus sans la pénétrer ; au sud, elle reflétait la lumière imprégnée de ses nuances. Après mon exploration des ruines, changement complet de tableau. Le nuage du nord avait disparu, l'eau semblait légèrement agitée, car les rayons du soleil, en frappant ses rides, les illuminaient en les revêtant d'un éclat phosphorescent. Toute la plage abritée sous les montagnes présentait une ligne sombre, plus ou moins

large, brisée, coupée, festonnée de pointes, de dentelures et d'échancrures sans nombre ; l'eau sous ces
ombres semblait un acier bruni, moucheté de nuances
claires ou tranchées. La partie orientale encore éclairée, brillait comme une glace sous les feux du soleil.
Les montagnes se coloraient de teintes inimaginables ; tout au milieu de la mer apparaissait une vaste
tache sombre qui bouillonnait et se couvrait de ces
globules que vous voyez sur un vase d'eau chauffée à
un haut degré, une frange blanche l'entourait ; cette
moucheture s'effaça peu à peu, passa du gris sombre
au gris pâle et s'évanouit subitement.

La pointe méridionale ressemblait à un vaste réservoir de plomb fondu ou à l'étain d'une glace ; elle prit
ensuite l'apparence d'une saumure écumante, l'eau se
chargea de flocons grisâtres comme l'écume d'un torrent de neige mêlée à de la terre jaunâtre. Quand le
soleil cessa de l'éclairer, elle s'empourpra légèrement,
une couleur uniforme se répandit partout de ce côté,
mais en regardant au nord, je m'aperçus que la décoration avait déjà changée. Les rides de la mer Morte
sont lourdes, les vagues sans transparence, lumineuses
pendant la nuit, non de la même lumière que celle de
l'Océan Indien.

A l'orient un immense bloc plongeait ses pieds dans
l'eau. Le soleil le revêtit d'un ton du rouge le plus ardent qui, en se reflétant dans la mer, la colora au point
de lui donner l'éclat d'un énorme brasier. Je vis un
peu plus loin un épais brouillard comme une vapeur
qui sort d'une source chaude et sulfureuse, monter,

tournoyer, raser la surface de l'eau immobile et s'éva-
nouir insensiblement.

Il est impossible de ne pas être frappé de l'étrangeté
de cette mer : une eau qui semble du métal fondu, des
rivages bordés de montagnes grandioses et majes-
tueuses; les unes tombant à pic dans cet abîme, les
autres coupées et éventrées par des gorges, des crevasses, lits d'impétueux torrents d'hiver, toutes avec
des teintes variées, blanches, brunes, rouges, bleuâtres; sur la rive arabique, des rocs sourcilleux, den-
telés, rougeâtres, sans végétation, déchirés par des
fissures si profondes que l'œil ne peut y pénétrer;
quelques parties de ces bords couvertes de plantes inconnues, de gigantesques roseaux, de jungles comme
aux Indes, un peu plus loin l'aridité, la stérilité, le noir
bitume, des broussailles incrustées de sel comme le
givre sur les branches des arbres de nos climats le
matin d'une nuit brumeuse et froide. Associez à cette
nature anormale les faits bibliques et profanes qu'elle
a vu s'accomplir, les mœurs des tribus errantes qui
foulent ce sol maudit, le souvenir de la séduisante
peinture que fait la *Genèse* de cette heureuse terre bénie
de Dieu pendant qu'elle ne fut pas coupable. Pour
celui qui croit au récit biblique, la mer Morte et ses
environs sont la preuve la plus évidente de la colère
divine qui a voulu, comme pour nous inviter à faire
un rapprochement, laisser subsister quelques-uns des
aspects primitifs de cette contrée avant le passage
de sa justice. Le feu, la foudre, les agents les plus
actifs de la nature ont bouleversé ce pays; il en porte

des traces ineffaçables; les pierres sont brûlées, rôties, fricassées, on dirait qu'elles renferment encore des étincelles, car elles brûlent la main qui les touche; le soleil est aveuglant; on ne peut reposer les yeux ni sur la terre qui scintille, ni sur l'eau devenue un miroir ardent; une telle étendue d'eau, qui partout ailleurs s'associe à l'idée de fraîcheur, est ici dans un état de chaleur plus ou moins élevée, pleine de sel, de bitume, d'éléments huileux; et pour que rien ici ne soit comme partout, ces ondes se montrent quelquefois bleues comme le ciel et aussi limpides, aussi pures que l'eau du Rhône sortant du lac de Genève.

En montant à Sebbeh, je n'avais pas l'intention d'y passer la nuit, mais ayant appris que l'air y est meilleur que sur la triste plage de la mer, et que d'ailleurs je ne pouvais nulle part être plus en sûreté, je me décidai à y coucher. Je fis donc proposer à Kadim de descendre au pied du rocher, dans la vallée Hafaf, où Sallam était avec nos chevaux, pour m'apporter le sac dans lequel étaient mes provisions de bouche. Le scheikh quitta aussitôt son lieu d'attente et m'arriva peu de temps après. Je mangeai avec le plus grand appétit, je bus de l'eau pas trop tiède et fumai plusieurs tchibouks en prenant du café. Nous étions tous les trois assis sur des fragments de pierres du palais du grand Hérode, peut-être avaient-elles été rougies du sang d'un sicaire! La lueur blafarde du feu du bivouac éclairait la mâle figure du scheikh, toujours armé de son long fusil. J'étais enveloppé dans mon manteau, le capuchon rabattu pour me préserver de l'humidité de la nuit, car sur ces rivages, les nuits sont très dangereuses à cause de la rosée, de la pesanteur et de l'humidité de l'atmosphère. Nous fîmes notre repas de bonne heure, pour que la lueur de notre feu n'attirât pas les maraudeurs. Un aigle, venant du couchant, se balança quelques minutes sur nos têtes; un faucon poursuivait des colombes qui vinrent se réfugier près de nous; avant de rentrer dans leurs nids, des martinets, que Ruppel appelle *cotyle palustris*, tournoyaient autour du rocher en jetant quelques cris aigus.

J'assistai au coucher du soleil. Au désert, il ne ressemble pas à ce que nous voyons dans nos climats, où les arbres reflètent les rayons solaires, les coupent, les brisent et produisent de nombreux effets de lumière. Les derniers rayons de l'astre du jour rasèrent les cimes des montagnes de la côte orientale, passèrent du blanc au violet, au rouge, au bleu, et finirent par s'éteindre; les vallées, les plaines, les montagnes de l'occident se rembrunirent peu à peu et successivement; l'air devint comparativement frais, un vent léger souffla sur la mer; car j'entendis le bruissement des vagues qui troubla heureusement le silence fatigant du soir. Les ténèbres enveloppèrent la nature, un grand feu brilla au milieu de la péninsule. Je voyais de temps à autre la crête des flots scintiller et s'enrouler en torsades de flammes. Tous les objets sans contours déterminés semblaient se déplacer et se mouvoir; si cette nature est étrange le jour, elle est bien plus extraordinaire dans la pénombre de la nuit. Les étoiles se levèrent rapidement dans la blancheur du ciel, et dissi-

pèrent un peu les ombres autour de nous; la mer
brillait parfois d'une clarté semblable à celle du
soufre enflammé, et, çà et là, à travers les broussailles
et les halliers de la plaine, les feux des Bédouins jetaient de sinistres lueurs. Le cap Mersed à ma gauche,
le cap Usdom à ma droite, et devant moi le rocher de
Karak flottaient sous la lumière vacillante des étoiles;
le lac, à mes pieds, avait la couleur d'une lame de
plomb sortant du laminoir.

Kadim était venu s'asseoir près de moi; je vis qu'il
cherchait à savoir ce que je pensais. Peut-être croyait-
il, comme tous les enfants du désert, que je cherchais
des trésors et que je me lamentais de ne point en avoir
trouvé. Alinéba fumait son nargilheh en noix de coco,
le dos appuyé contre une ruine de la muraille d'enceinte. C'était un grand admirateur des merveilles de
la nature; l'aspect de ces montagnes le frappait. Il me
demanda si elles croissaient comme les plantes; je l'é-
tonnai beaucoup lorsque je lui dis que les hommes
qui étudiaient les phénomènes de ce monde préten-
daient qu'elles diminuaient de hauteur. Il m'avoua
qu'en y réfléchissant, il lui semblait que ces savants
avaient raison. Quand il me voyait cueillir une fleur,
il me demandait toujours à quoi elle pouvait me servir.

La nuit était vraiment délicieuse, la chaleur suppor-
table. Avant de me coucher, je déployai le drapeau
tricolore fixé à une longue baguette de tamarix; le
vent le fit flotter un instant et il retomba à larges plis
le long de sa hampe. J'ordonnai à mon drogman de
me réveiller avant le lever de l'aurore. Un oiseau vint

se poser sur le sommet de la porte ogivale sous laquelle Alinéba se coucha pour en garder l'entrée. Le
scheikh s'étendit sur des tiges d'herbes sèches, au
fond d'une citerne. Je doutai fort que tous les deux
se soient livrés au sommeil avant d'avoir fait une
invocation à Sidna-Aïssir, le patron des charmeurs de
serpents.

Le lendemain, je me réveillai à la même place où je
m'étais endormi la veille et j'allai aussitôt sur le
rebord du rocher, à l'est, m'accouder sur des débris pour suivre les divers phénomènes du soleil levant. La mer était uniformément plissée du nord au
sud d'une couleur cendrée tachetée de bandes irré-
gulières très sombres. Toutes les montagnes avaient la
même teinte. Le rivage de la péninsule conservait une
large lisière blanche mouchetée de points noirs, et les
hautes falaises qui s'élevaient derrière contrastaient
par des tons rembrunis avec la blancheur de la plage.
Un trait lumineux empourpra subitement l'horizon,
les sommités des montagnes s'enflammèrent, et tout à
coup un demi-cercle d'un rouge ardent comme un fer
sous le marteau du forgeron, émergea au dessus d'un
piton noirâtre, puis le soleil se montra splendide, bien
qu'il ne fût pas encore revêtu de ses rayons. Le cap
Mersed, au nord, salua l'astre radieux en s'imprégnant
de sa lumière et se colorant de rouge contrarié par de
larges raies blanches et jaunes. Sebbeh se revêtit de
teintes ardentes, Usdom, au midi, fit briller ses millions
de facettes. Les innombrables nuances que la main
prodigue du Créateur a répandues sur toutes ces mon-

tagnes vinrent y remplacer la végétation de nos climats. Je remarquai sur la rive orientale, dans le pays de Moab, un piton décharné, tout crevassé, étincelant comme un phare immense. Les bords de la mer étaient partout frangés de blanc. Aux pieds des montagnes de l'est, elle restait dans l'ombre, mais à l'ouest, aux extrémités nord et sud, la nappe liquide flamboyait ; il s'éleva bientôt au-dessus de sa surface une brume diaphane comme la fumée que laisse échapper le piston d'une machine à vapeur. Cette vapeur rasa les flots, se balança quelque temps, tournoya sur elle-même, monta peu à peu, et arrivée dans la région solaire, se revêtit d'une nuance d'un rouge clair d'une admirable délicatesse. C'était un voile rose entre le ciel et l'eau ; une brise légère l'agita, le plia, le contourna jusqu'à ce qu'enfin il s'évapora, absorbé par le soleil devenu le dominateur de la nature qu'il menaçait d'embraser, tandis qu'il estompait le ciel azuré de teintes dorées.

Quand je revins où j'avais passé la nuit je trouvai deux Bédouins accroupis auprès du scheikh et d'Alinéba. Je tâchai de dissimuler ma surprise et, sans m'inquiéter d'eux, je me mis à déjeuner me servant de mon poignard en guise de couteau. Un de ces Bédouins me présenta une orange, un citron et de l'eau un peu moins chaude que la mienne. J'acceptai ces dons avec reconnaissance et je lui donnai quelques piastres qu'il cacha dans les plis d'une abbaya en loques. Alinéba m'expliqua la présence de ces deux Arabes de la tribu Ta'amirah : ils avaient apporté un peu de farine pour mes guides et nos chevaux. Pleinement rassuré je fis préparer du café pour tout le monde.

Notons avant de quitter ces lieux que M. de Saulcy a trouvé à Masada le zonites Boissieri ; Tristram, une autre mollusque qu'il appelle *hélix masada* assez semblable à l'*hélix cæsariiensis*.

Je laissai ma carte de visite à Sebbeh : une croix gravée avec la pointe de mon poignard sur une pierre du jambage de la porte à droite en entrant. Il fallait quitter ce nid d'aigle et aller rejoindre Sallam au bas du rocher dans l'oued Hafaf. Nous descendîmes le sentier en lacets, nous traversâmes l'étroite chaussée ; arrivés à l'angle du camp de Silva, Alinéba me prévint que nous devions tenter la descente de la vallée ouverte à notre gauche, semblable à un défilé encombré de débris qui datent peut-être de la catastrophe de Sodôme. Les deux nouveaux Bédouins ouvraient la marche, mon drogman les dirigeait de la voix, je venais après lui, le scheikh était à l'arrière-garde. L'oued présentait l'aspect d'une cascade de pierres les unes brutes, les autres dégrossies, toutes dans un désordre indescriptible. Tantôt nous étions sur le versant, tantôt en bas ; nous nous élevâmes une seule fois jusque sur le sommet de la coiline où je reconnus cinq assises de blocs énormes posés sur les affleurements du rocher, restes de murs de circonvallation du général romain. J'avais le djebel Sebbeh à ma gauche, percé de rares ouvertures sans régularité, et à ma droite des pans de murs qui, suivant les accidents du terrain, finirent par s'éloigner de ma route ; nous arrivâmes au bas du précipice habité par des légions de lézards dont les pattes de devant ressemblaient à des mains. Je laissai les ruines de la première redoute à droite, je passai entre les deux autres pour gagner la crête de la colline qui diminuait sensiblement de hauteur en approchant de la mer Morte et se perdait dans des mamelons de sable et de cailloux. Nous trouvâmes Sallam couché auprès de nos chevaux, à l'ombre d'un quartier de rocher.

Je proposai à mes guides de me conduire à Usdom: mais ils m'objectèrent qu'ils n'avaient pas assez de provisions, que leurs chevaux étaient trop fatigués, qu'ils n'étaient pas en relation avec les tribus du sud, enfin que du lieu où nous étions à l'oued Safied, à l'extrémité méridionale, la contrée était le refuge de nombreux voleurs et maraudeurs. Il n'y avait rien à répondre à ces raisons.

Je m'avançai jusqu'au pied de Masada à travers des gravats, au risque de me rompre les jambes et je reconnus les traces bien visibles d'un étroit escalier dont les marches s'enfonçaient sous un amas de pierrailles. Ces marches taillées dans le roc et en zigzag grimpaient le long de la paroi orientale, finissaient tout à coup pour recommencer plus haut. Je ne sais si elles arrivent au sommet. Josèphe n'a peut-être pas eu connaissance de ce sentier, ou peut-être était-il déjà impraticable comme aujourd'hui.

Voici quelques notes de L. Lartet sur les formations géologiques des côtes occidentales de la mer Morte, aux environs de Masada. « Au Waddy Sebbeh, près de Masada, dans le ravin qui côtoie au sud la colline sur laquelle sont les ruines de la forteresse juive, on trouve une dolomie vacuolaire dont les vides assez considérables sont remplis d'asphalte noir et brillant qui, après y avoir sans doute pénétré à l'état liquide s'y est condensé et solidifié. Le calcaire dolomitique qui forme les escarpements du haut de la colline, examiné au microscope, montre lui-même des traces de bitume qui remplissent les petits vides et les loges des foraminifères microscopiques qui s'y trouvent. »

« Parfois les calcaires dolomitiques sont beaucoup plus imprégnés de matières bitumineuses qui les colorent alors en un beau noir, où l'action de la chaleur liquéfie cet asphalte de telle sorte qu'il découle de ces calcaires, forme en tombant des sortes de stalactites noires et imprègne les alluvions anciennes adossées contre ces roches. »

« Sur la plage du Waddy Seyal, nous avons recueilli un échantillon de calcaire provenant d'un bloc charrié des falaises par les eaux et qui présente un assez grand intérêt. C'est un calcaire subcristallin blanchâtre, rempli de cavités qui ne sont autre chose que des moules extérieurs de fossilles (*actéonelles, ptérodontes, bivalves*), dont les moules intérieurs ont même été conservés. L'espace correspondant au test du mollusque a toujours disparu et les surface des deux moules, interne et externe, sont tapissées de quartz pyramidé et de rhomboèdres de dolomie. »

L. Lartet explique la formation de ces cristaux, et il continue : « Les calcaires dolomitiques se suivent le long des falaises occidentales de la mer Morte ; au-dessus viennent des marnes blanchâtres et des calcaires de couleur claire plus compactes, dont certains bancs sont pétris de diverses petites huîtres. Ce sont l'*ostrea mermeti var. minor*, l'*ostrea vesicularis var. judaïca* C'est de ce calcaire que sort la source tiède d'A'ïn Jidy (Engaddi) et il est recouvert en ce point par une roche de même nature mais plus tendre, d'où les huîtres se détachent facilement, et dans laquelle foisonnent les foraminifères microscopiques. A cette roche tendre succède un calcaire crayeux gris, blanchâtre, taché de bandes jaunâtres et traversé dans tous les sens par des veinules de gypse fibreux. Nous y avons trouvé quelques rares foraminifères et débris de poissons. »

« Au-dessus de cette craie viennent des marnes et des calcaires en lits assez minces, à la partie supérieure desquelles un banc *d'ostrea olisoponensis* et *flabellata*, ainsi qu'un grand *cardium*, quelques foraminifères et des rhomboèdres spathiques visibles au microscope. »

« A Sebbeh (Masada), au-dessus de calcaires compactes, légèrement dolomitiques, et du côté de la chaussée de Silva, on trouve une couche de craie blanchâtre très riche en foraminifères microscopiques et qui renferme de beaux rhomboèdres de chaux carbonatée spathique. »

Voici, d'après le même savant géologue, la coupe des anciens dépôts de la mer Morte, prise sur la plage à l'entrée de l'oued Seyal, en face de la Lican. Ces dépôts étant très découpés il a été facile de les examiner.

« 1° Litsminces de gypse en petits cristaux ; 2" lits de

gypse en beaux cristaux ; 3° marnes feuilletées ; 4° marnes avec lits salifères ; 5° marnes avec débris de végétaux ; 6° marnes ; 7° galets siliceux roulés ; 8° alluvions ;
9° bois flottés. »

Au charme que j'éprouve à contempler les grands
aspects de la nature, je veux autant que possible y
ajouter les jouissances que procurent les connaissances
des lois qui la régissent et des phénomènes qui la boule-
versent dans certaines régions du globe. La mer Morte
et ses bords fournissent un ample sujet d'étude et d'observations en tout genre à l'ardente curiosité humaine.

Nous remontâmes à cheval et nous nous rapprochâmes du rivage en traversant des mamelons de sable et
de pierrailles. Là encore pas de trace du plus petit arbuste, pas un brin d'herbe, rien qui dénote la vie : si une
plante sort de terre, le soleil la brûle ; partout des
traces indélébiles de la foudre. Vu de la plage, Sebbeh
présente l'aspect d'un bloc oblong, tronqué au sommet,
formé d'aiguilles ou plutôt d'écailles adossées les unes
aux autres ; de larges stries le labourent du haut en
bas, il est presque perpendiculaire entre des gorges
à droite et à gauche ; ces gorges ou ces entailles l'isolent
des montagnes voisines toutes de couleur sombre, parsemées de taches blanches et jaunâtres ; sa base se perd
dans une série de petits monticules sablonneux. Ce roc
teint d'une nuance pourpre comme celle du sang coa-
gulé me reportait malgré moi à l'époque de la terrible
immolation d'Eléazar et de ses neuf cents sicaires dont
le sang a imprégné pour jamais cette indestructible
falaise. Tout ici s'harmonise avec les sanglants souve-

nirs du passé : la plage est couverte de cailloux sur une terre noirâtre. Mes deux Bédouins s'avancèrent très loin dans la mer, ayant de l'eau jusqu'aux genoux ; du fond ils m'apportèrent de la boue noire : tout le bord était incrusté de parties salines, les cailloux étaient onctueux au toucher, salés au goût, l'eau claire, au loin flottait une brume blanche, deux ou trois oiseaux volèrent derrière moi ; je ne m'aperçus pas d'une odeur nauséabonde : cependant j'éprouvai bientôt une lourdeur de tête, une envie de dormir, une grande lassitude et une soif inextinguible. Je ramassai quelques brindilles de bois revêtues d'une couche de sel, plusieurs carcasses de *chromis niloticus* descendues du Jourdain que l'eau de la mer avait fait périr : « car, dit Tristram, il est certain qu'un animal ne peut vivre qu'un court espace de temps dans la mer Morte et que tout ce qui y entre vivant y est aussitôt empoisonné. » Un Bédouin m'apporta un gros morceau de bitume et un cailloux d'un noir d'ébène ; ma carabine, mes pistolets se rouillèrent subitement.

Je suivis un instant le rivage pour continuer mes observations ; mais à la sollicitation d'Alinéba nous nous rapprochâmes des montagnes à travers un dédale de monticules, de cônes, d'éminences coupés par les lits des torrents d'hiver. Je cueillis des brins d'herbe grillés de la famille des salsolacées. A ma gauche les montagnes en calcaire infiltré de silex étaient nues sur le revers oriental, mais la verdure se montrait sur le versant nord. Nous coupâmes l'oued En-Nemrich, c'est-à-dire vallée des Tigres, puis une plaine ovale suivie d'un espace

parsemé de collines déchirées et affreusement tourmentées par les éléments.

Ici se renouvela pour moi l'étrange phénomène
encore inexpliqué du mirage. Je crus apercevoir dans
le lointain une série d'arcades reposant sur de nombreuses et sveltes colonnes, des palais magnifiques,
des dômes, des mosquées, des colonnades s'alignant à
perte de vue ; les broussailles que broutent les chameaux devinrent des forêts se mirant dans un lac bleu,
des routes sous des arbres isolés ou groupés. Des
tours crénelées se perdaient dans le ciel. L'illusion est
telle qu'on ne veut pas se laisser détromper et qu'elle
persiste encore même lorsqu'on continue à cheminer à
travers un pays d'une inconcevable désolation où rien
de ce qu'on a cru voir n'existe et ne peut exister. Ces
merveilleuses apparitions m'expliquent comment ces
contrées étaient devenues le séjour des rêves fantastiques. L'Arabe témoin du mirage n'a besoin pour être
merveilleux que de décrire exactement ce qu'il voit.

Sallam nous fit rapprocher de la mer pour éviter les
mouvements du sol, aussi pénibles pour les chevaux que
pour les cavaliers. La chaleur était telle que je ne pouvais toucher le canon de mon arme. Je voyageais
dans un dés cercles de feu décrits par le Dante.
Près de nous, toujours des montagnes nues plus ou
moins rapprochées ; pas ombre de végétation sur
les rives de la mer. Je pus être étonné de voir dans ce
lieu de désolation quelques cailles et deux perdrix qui
se levèrent à notre approche.

Je traversai l'oued el-Seyal. L'*acacia niloticus* croît

sur le revers de cette vallée qui se perd à l'occident et se creuse avant d'arriver à la mer, un lit profond dans un terrain sablonneux. La mer était devenue huileuse, quelques nuages erraient sur la surface. Les montagnes de l'Arabie paraissaient incandescentes, celles de l'ouest se rapprochaient ou s'éloignaient de la plage; des anses, des criques, de petits et bas-promontoires se succédaient et se multipliaient.

A l'ouest de la vallée El-Khalil se déploie une plaine ronde à laquelle on ne peut aboutir que par deux défilés l'un au sud, l'autre au nord. J'allai visiter, au point opposé à la vallée, le Birket-el-Khalil. Le scheikh m'expliqua pourquoi on donnait ce nom à ce réservoir. Pendant qu'Abraham, l'ami de Dieu, habitait Hébron, il monta un jour sur sa mule et se dirigea vers la mer Morte pour acheter du sel que recueillaient et vendaient des ouvriers. Mais on ne sait pourquoi les saliniers refusèrent de lui en vendre et ajoutèrent l'ironie au refus en disant : « Tu viens ici chercher du sel, tu vois qu'il n'y en a point, » et cependant ils en ramassaient de gros quartiers. L'Ami de Dieu, très justement irrité de cette impertinence, résolut de la punir : « Vous me dites que vous n'avez plus de sel, répondit-il, c'est vrai; et, la preuve, c'est qu'il n'y a ici plus que des pierres, et vous ne trouverez plus de sel dans ce lieu maudit, et même, vous n'aurez plus de chemin pour aller à Hébron. » Les saliniers virent leur sel se changer en pierres qui sont encore ici aujourd'hui. Ils prièrent et supplièrent Abraham de retirer sa malédiction, le Patriarche resta inflexible et partit sans les entendre.

C'est pourquoi les pierres de cette plaine semblent du sel. Le réservoir el-Khalil n'est qu'une partie du rivage plus déprimé et plus spongieux que le reste. A certaines époques de l'année il s'exhale de là une odeur fétide et nauséabonde, une odeur sulfureuse et de gaz hydrogène, A la suite de la saison des pluies, la mer l'inonde, mais lorsque l'eau s'écoule ou se vaporise on voit sur toute la surface du Birket un résidu de sel impur très épais au fond, et au bord semblable à cette légère efflorescence de tout bassin où on amène l'eau de la mer pour en faire du sel. Le soufre, l'asphalte, s'y rencontrent parfois. Les Arabes appellent la partie fétide du réservoir Murawict-el-Khalil. Tout le long de cette côte les atterrissements forment des deltas qui contribuent, moins que la péninsule cependant, à resserrer la mer, en sorte qu'ici ce n'est plus qu'un canal que Ritter nomme canal de Linch, du nom du célèbre voyageur américain.

Les falaises à ma gauche simulent d'une manière frappante des maisons alignées avec des pignons, des façades, des cheminées, des murs à créneaux, des flèches, des coupoles, des colonnes isolées ou réunies. Peut-on s'étonner que l'imagination orientale brode sur ce thème féerique et inspirateur! Mon guide ne sait pas donner un autre nom à cette architecture fantasque que Amud et Tin. Quel artiste n'a rêvé de reproduire un jour une nature tout à la fois étonnante et vraie? Que celui-là vienne sur les bords de la mer Morte, il y peindra des rochers sous leurs plus sauvages aspects, avec les formes les plus inusitées et revêtus de couleurs qui semblent être en dehors de la nature elle-même, tant elles sont étranges ou splendides.

En pays étranger, l'admiration pour les plus grandes choses ne fait pas oublier les petites. Saliam me fit remarquer un serpent, l'*echis arenicola*, entortillé autour des branches d'un arbuste mort rejeté sur le rivage; il disparut sous une masse de bois flottés s'élevant ici à deux ou trois mètres de hauteur ; ces arbres les uns noirs les autres blancs sont incrustés d'une épaisse couche de sel.

A une heure de l'oued Khuderah et à une heure sud de A'ïn djedy on trouve des sources sulfureuses coulant les unes à ciel ouvert, les autres entre deux lits de graviers. L'eau, noire et fétide, a une température de 88° fahr; celle de la mer en a 62. En approchant du lac et en creusant un peu, le liquide noirâtre qu'on rencontre s'élève à la température de 93°, et l'eau de la mer arrive à 72. Je pense que la plus grande source est dans le lac, car en remontant vers les montagnes on n'en rencontre plus d'autres. Les pierres, les cailloux des environs sont couverts d'une couche jaune, une odeur désagréable se répand au loin.

Dans l'estuaire d'une vallée, on remarque près de la plage une masse énorme de marne salée, friable, tombée des hauteurs voisines. Il était impossible de monter sur ces débris, car ils roulaient sous les pieds comme des petits cailloux ou du sable. Il y a dans le versant nord d'une vallée des couches régulières, superposées, séparées par des espaces égaux, tandis que celles de la paroi du levant, quoique de la même formation, traversaient les premières en sens contraire et présentaient des courbes contournées, convulsionnées. Plus loin le roc était coupé de larges lits de cailloux ombrés de pourpre.

Un corbeau (*corvus affinis*), perché je ne sais où, lançait de temps en temps son cri sinistre et troublait le silence profond de cette plage désolée.

J'arrivai à un endroit parsemé de grosses pierres et un peu plus loin, sur des ruines qui s'étendaient au nord. Là je quittai le rivage de la mer pour entrer dans la vallée El-Areijeh qui, à sa naissance, à Beni-Naïm, s'appelle El-Ghar. Le scheikh tenait à me faire voir une source et une oasis digne, me disait il, d'être habitée par les amis d'Allah. Je crus à une mystification, car l'oued ne justifia pas d'abord la réputation de beauté que lui faisait Kadim. Ses flancs abrupts n'étaient parsemés que d'arbustes épineux ; ce ne fut qu'après une demi-heure de marche que nous pénétrâmes dans un bois de seyal ; là cette solitude prit un aspect plus riant : les rochers étaient tapissés de verdure ; des colombes à collier bleu volaient de branche en branche ; le bas de la vallée se couvrit d'une splendide végétation : on y trouvait une variété de plantes, de fleurs, d'arbres des tropiques ; toute la famille des *asclépiadées* à feuilles grasses abritaient les fleurs violettes ou blanches et veloutées des aregs : le saule de Babylone à longues feuilles, à rameaux flexibles, d'aspect plus mélancolique que notre saule pleureur qui a dégénéré chez nous, le jujubier, d'innombrables tribus d'arbustes épineux, l'*althæa* plusieurs espèces de *mimosas*; un genévrier avec des baies bleuâtres, parfumées comme la pomme de pin, un autre à fleur rosacée à odeur pénétrante, beaucoup de tamarix, l'indigotier, l'osher des Arabes, le *solanum melongena* que Hasselquist prend pour la pomme de Sodome et l'*artemisia judaïca*. Cette plante a des feuilles cendrées, des graines jaunâtres fort désagréables à l'odorat et très amères. Les fleurs et les fruits servent en médecine, comme un puissant tonique et stomachique. Bernard a récolté en Judée, outre l'*artemisia judaïca*, l'*a. nilotica*, l'*a. fructuosa*, l'*a. cinerea*. Toutes ces espèces sont broutées par les animaux sauvages.

Toute cette végétation s'abreuvait d'un filet d'eau limpide et fraîche, répandant la vie partout où elle arrivait. Une multitude d'oiseaux au plumage éclatant peuplaient cette solitude. J'en remarquai un, gros comme notre moineau, dont le corps était bleu, les ailes noires et la tête blanche; les colombes se dérangeaient à peine pour me laisser passer, il y en avait sur toutes les anfractuosités des rochers qui descendirent se poser près de leur nid quand elles me virent regarder les petits tourtereaux. Ici, on trouve presque tous les oiseaux étrangers de la famille de nos traquets et de nos motteux, ils habitent à peu près tous la vallée du Jourdain ou les gorges de la mer Morte. Si nous cherchons leurs noms scientifiques nous trouvons : *saxicola déserti*, *s. isabellina*, *s. monacha*, *s. leucocaphala*, à tête blanche et noire, *s. philothamma*, *s. œnanthe*, *s. libanitica*, *s. xanthomelœna*. Nous devons à Ruppel les noms des trois premières espèces, les deux dernières ont été découvertes par Erhenberg. Plusieurs de ces oiseaux se trouvent en Nubie et dans le Sahara Algérien.

Un chasseur raconte une singulière ruse du traquet isabelle. Il était sur le point d'être ajusté quand tout à coup il disparaît dans un des trous dont la terre était criblée. Le chasseur croit le saisir dans sa prison, l'oiseau en sort devant lui, rentre sous terre un peu plus loin et renouvelle trois fois ce manège quand il se sent cerné de trop près. Enfin au quatrième trou, il semble ne pouvoir pas éviter son sort. On fouille la terre en suivant les sinuosités du terrier, mais le fugitif connaissait ces galeries : au moment où son ennemi portait toute son attention sur l'issue qu'il supposait être la seule par laquelle il pût s'échapper, il entend à quelques pas de lui un léger bruit d'ailes puis voit sa proie raser la pousssière et disparaître derrière un rocher.

Je vis accroché aux branches des caroubiers le lézard appelé par les nomades hherdaun. Il est noir, d'un aspect hideux; sa gueule armée de dents très aiguës s'ouvre largement, entourée d'une peau visqueuse: deux petits yeux rouges brillent d'un éclat vitreux sur sa tête écrasée, ses pattes semblables à celles du singe, s'allongent lentement pour saisir un point d'appui ; il se colle quelquefois au tronc d'un arbre, demeure immobile, jusqu'à ce que vous le touchiez ou avec la main par mégarde, ou avec une baguette, et alors il pousse un petit sifflement; s'il tombe il fait le mort et se sauve rapidement quand vous vous éloignez.

Mes Arabes furent fort effrayés en reconnaissant les

traces fraîches d'une panthère sur le bord du ruisseau. Je glissai deux balles dans ma carabine à son intention. Chemin faisant, je pris un papillon blanc, quelques insectes, beaucoup de fleurs. En moins d'une heure, j'avais quitté le désert aride et je me trouvai au milieu d'une délicieuse oasis, d'une verdoyante vallée. Il n'était guère possible qu'elle n'eût pas sa légende; je sus bientôt à quel évènement ce coin de terre devait d'être doté de ces ombrages et de cette source. Lorsque Abraham eut puni les insolents saliniers, il suivit les bords de la mer où il trouva du sel et revint à Hébron par la vallée Aréijeh. Arrivé à l'endroit où est aujourd'hui l'oasis, l'ami d'Allah rencontra un majestueux vieillard, déguenillé, mangeant une moitié d'orange. Voyant Abraham fatigué, il lui dit : « Je n'ai que cette moitié d'orange pour me désaltérer, mais toi qui voyages, tu dois avoir encore plus soif que moi, prends et mange. » Le Patriarche, touché de la générosité du pauvre solitaire, refusa sa moitié d'orange et lui donna un pain en lui prédisant que le lendemain il verrait une belle source jaillir du rocher et de beaux arbres sortir de terre : « Tu t'abreuveras des eaux de cette fontaine, dit-il, et tu mangeras des fruits de ces arbres. » Après ces paroles, Abraham continua son chemin.

Nous nous reposâmes un instant sous ces ombrages frais et parfumés ; deux ou trois sifflements, un léger bruit de feuilles sèches annoncèrent la présence de serpents dans ces fourrés. Nous continuâmes à cheminer le long de la vallée, mais plus nous nous éloignions de la source, plus la végétation devenait rare, jusqu'à ce qu'enfin elle disparut à peu près complètement. Les versants de l'oued s'abaissaient parfois, se relevaient ensuite de nouveau. Nous profitâmes d'une de ces dépressions pour gagner la crête du revers nord, de niveau avec un plateau pierreux. Ces solitudes m'inspiraient la plus profonde tristesse. Des hauteurs d'A'ïn-Djedy, j'aperçus la mer Morte. Sebbeh, que je venais de quitter, se dressait majestueusement à ma droite, enveloppé d'une ardente atmosphère.

Les deux Bédouins qui étaient avec moi depuis Masada me quittèrent alors pour retourner dans leur tribu. Avant de partir, ils vinrent me saluer ; je leur donnai quelques piastres. L'un d'eux ne m'avait pas quitté, il portait mes armes, tenait la bride de mon cheval dans les pas dangereux, m'apportait des pierres et des fleurs quand il en trouvait. Ce pauvre enfant du désert de la Judée m'intéressait. Il était d'une maigreur extrême, timide, obligeant; son vêtement consistait en une courte chemise bleue, serrée à la taille par une lanière de cuir éraillée ; un mauvais mouchoir lui servait de kafié; depuis Sebbeh, il n'avait pas pris de nourriture, si ce n'est boire un peu et fumer. Il était père de deux enfants, il possédait trois moutons et une chèvre. Son compagnon, grand jeune homme à l'œil ouvert, bien charpenté, était le poète et le conteur de sa tribu. Voici la traduction de quelques couplets d'une chanson qu'il nous fit entendre dans l'oued Areijeh. « Vois-tu cette gazelle qui boit l'air? mon beau coursier est plus rapide. Vois-tu ces épis que la brise plie à peine? mon coursier est plus léger que ce souffle ; il vit sous ma tente, mange mon pain, boit dans ma main. Un jour, après une longue course, je ne trouvai qu'un peu d'eau je la lui présentai, il la refusa jusqu'à ce que j'eusse étanché ma soif. Je n'échangerai pas mon coursier contre les diamants du sultan : c'est ma richesse, c'est ma vie; dans le désert où se lève l'aurore, on parle de sa beauté et de sa vaillance; quand il s'élance, la crinière flottante, toutes les voix le proclament incomparable. Tu me demandes son nom? Le Victorieux! » Dans les combats de tribu, ce poète bédouin tire, je n'en doute pas, le premier et le dernier coup.

Pour descendre à A'ïn-Djedy, nous avions à suivre un sentier courant tout le long de la paroi perpendiculaire de la montagne à laquelle il est suspendu comme une corniche, s'enlaçant en lignes courbes et très rapprochées ou en nombreux lacets autour d'un rocher blanchâtre. La pente de cette voie aérienne est telle que je n'osais la parcourir des yeux dans la crainte de prendre le vertige. Je vis devant moi une Bédouine rouler d'abîme en abîme et périr sans pouvoir lui donner du secours. Plus tard, j'ai parcouru le Liban ; avant j'avais visité la Suisse et ses pics les plus escarpés, je n'ai pas rencontré un chemin plus dangereux que celui-ci. Le passage de la Gemmi n'est pas comparable à celui d'Engaddy.

A mesure que je descendais, j'étais le jouet de très curieuses illusions d'optique. Ainsi, à l'orient, il me semblait voir un long banc de sable se déployer lentement et ensuite se changer en une nappe d'eau au milieu d'un cercle légèrement ondulé. Les montagnes de l'est se reflétaient dans ce miroir en lui communiquant leurs nuances. Irby et Mangles furent témoins de ce phénomène de la rive orientale où ils étaient. « Au lever du soleil disent-ils, une ombre se répandit sur la mer, de telle sorte qu'elle prit l'aspect d'une île. Nous ne fûmes détrompés qu'après avoir braqué nos lunettes sur cette île imaginaire. » Seetzen, égaré par la même illusion, crut que la péninsule était une île.

De Sebbeh à A'ïn-Djedy, il y a six à sept heures de cheval au pas. Le rivage sort un peu de la ligne droite à l'embouchure de chaque oued qui amène des atterrissements, des sédiments pierreux, sablonneux, marneux. On y compte six vallées principales en commençant par le sud, Nemriyeh, Seyal, Makeras, el-Khalil, Khubarah et Areijeh. La plage est séparée des montagnes par une plaine qui aboutit au pied d'une chaîne de montagnes formant un ovale touchant la plage au sud à une demi-heure de Sebbeh et s'en rapprochant de fort près au nord de l'oued Khalil. Là, les hauteurs s'éloignent laissant entre elles et la mer un bassin rond où se trouve le Birket du Bien-Aimé, ensuite elles reviennent à l'orient vers le lac. C'est de ce point jusqu'au pied de A'ïn-Djedy que nous trouvons des ruines éparses. La plaine, parsemée de tamarix et d'acacias rabougris, échevelés, se compose de quatre terrasses corrodées, inclinées vers la mer, échelonnées l'une sur l'autre en s'exhaussant et couvertes de débris descendus des hauteurs voisines. La plage proprement dite n'est qu'une série de quatre énormes degrés comme

des marches d'escaliers de formation récente indiquant les divers niveaux des eaux à des époques plus
ou moins éloignées. Au pied de chaque terrasse sont
entassés des débris de matières variées servant à
grimper sur celle qui la domine. La plaine est mamelon-
née, élevée en moyenne de soixante mètres au-dessus du
niveau de la mer Morte. Çà et là on remarque du sable
gris-verdâtre, des branches de bois noires ou blanches;
d'êtres vivants, il n'y en a pas un seul sur le rivage.

On pourrait diviser le sud extrême de la Palestine
orientale en trois parties à peu près d'égale largeur.
La première se présente sous l'aspect d'une contrée
ondulée, abondante en pâturages, nourrissant les nombreux troupeaux des Bédouins. La seconde n'est qu'une
série de collines côniques à peu près dénudées. La
troisième division, la plus curieuse sous le point de vue
géologique, est parsemée de cônes cratériformes, de
dépôts calcaires concrétionnés, de masses de marne, de
sable siliceux mêlé à l'argile, de conglomérats, de petites plaines hérissées de monticules laviques, d'énormes rideaux rocheux brisés, confusionnés, laissant voir
dans leurs entrailles ouvertes des infiltrations, des couches les unes régulières, les autres dans un désordre
désespérant pour le géologue venu dans ce désert avec
un système élaboré dans le cabinet et que des faits irrécusables détruisent. Ajoutez à ces formations déjà anormales, des montagnes de sel, du bitume, des sources
chaudes, sulfureuses, des cailloux noirs, parfois avec des
noduls, des débris revêtus d'oxyde de fer.

CHAPITRE XV.

AïN Djedy sort d'un rocher à plus de cent
quarante mètres au-dessus du niveau de
la mer Morte. Ce rocher, d'une belle couleur mordorée, tacheté de quelques points d'un vert
chatoyant, velouté, se creuse en voûte surbaissée. La
source est jaillissante, l'eau limpide, fraîche quand elle
a passé la nuit dans un vase ; filtrant à travers des couches calcaires, elle dépose un résidu doré, mais elle
n'a jamais un mauvais goût. Toutes les races humaines
ont bu de cette eau. Elle coule pendant quelques mètres
sur un plan légèrement incliné, couvert d'un sable très
fin, très doux au toucher, puis elle descend en cascades
une pente rapide, ombragée et enveloppée de splen-

dides végétaux des régions intertropicales. « Le murmure des eaux, la fraîcheur d'un vallon ombreux, dit Linch, m'attiraient; je m'avançai jusqu'à la fontaine, à travers une forêt de tamarix, perdue au milieu de roseaux, éparpillée, enfouie, entrelacée, cachée sous des rocs d'un beau rose, sous la sombre verdure d'une admirable végétation, coulant en gazouillant d'un bassin à un autre : ici sous un rocher, là au-dessus, plus loin divisée en mille filets liquides, ailleurs embrassant de ses bras de cristal d'innombrables blocs blanchâtres; telle est cette merveilleuse fontaine d'Engaddy. »

Après une course fatigante à travers une région aride et brûlante, on peut se figurer la joie du voyageur subitement transporté au milieu d'un fouilli d'arbustes, de plantes et de fleurs dans une oasis verdoyante. Je me rappelai les paroles du poète arabe : « Ce lieu ressemble à l'éternel paradis, nul n'y peut pénétrer sans avoir d'abord franchi le pont de l'enfer. » Ici la vie débordait de toutes parts : au ciel, sur la terre et dans les eaux. L'air était plein de chants : le bulbul, la tourterelle, la perdrix, une foule d'oiseaux nichés dans ces fourrés, s'excitant les uns les autres, formaient un harmonieux concert répété par les échos. Parfois un vautour tournoyant sur ma tête jetait une note stridente ; ce cri sinistre effrayait les chanteurs, il y avait un moment de silence, puis tous reprenaient ensemble lorsque le bulbul recommençait sa mélodieuse chanson.

Wilson, qui a voyagé dans les Indes et les deux Amériques, raconte qu'il n'a vu ni entendu nulle part, sur au-

cune partie du globe, autant d'oiseaux qu'à A'ïn Djedy.
Les oiseaux de la Palestine sont à peu près les mêmes
que ceux qui habitent sur le pourtour de la Méditerranée. Cependant dans le Ghor ou Rhor, basse vallée
du Jourdain, sur les bords de la mer Morte , zone tropicale au milieu d'un climat tempéré, on en trouve
d'espèces différentes. Sur les trois cent vingt-deux
espèces connues jusqu'ici en Judée, cinquante-huit sont
communes à la Palestine et au nord-ouest de l'Afrique :
sept appartienent à la faune de l'Inde et de la Perse ;
deux cent quarante se rencontrent dans l'Europe du
sud et dans l'Asie. Les espèces communes à la Terre-
Sainte et au nord-ouest de l'Afrique sont presque exclusivement dans le Rhor, aux environs de la mer Morte,
à Jéricho, à A'ïn Soulthan,

Un Anglais, Arthur Clyton, qui, depuis plusieurs
mois explorait la rive occidentale de la mer Morte et que
j'eus la bonne fortune de rencontrer à A'ïn Djedy où il
était campé avec trois domestiques européens et plusieurs Bédouins, avait pris au filet un oiseau signalé par
plusieurs voyageurs naturalistes comme un colibri dont
l'espèce appartenait exclusivement au Nouveau-Monde.
Mais suivant Tristram, qui en a observé le nid, ce sosie
du colibri serait un *sunbir*, le *cinnyris osea* ou *nectarinia
osea*, le plus petit, le plus joli de la famille des oiseaux-
mouches. Il n'est pas plus gros qu'un bourdon. A
l'élégance de la forme, il réunit la variété, la vivacité
des couleurs : le bleu, le vert, le pourpre de ses
plumes prennent sous les rayons du soleil des reflets
chatoyants et métalliques ; rien n'égale la splendeur

et la richesse des nuances qui font de cette petite créature un vrai bijou. Ses ailes azurées et d'un jaune orange miroitent sous la verdure ; la rapidité de ses mouvements est incroyable. Pendant qu'il plonge son bec effilé dans le sein des fleurs pour en sucer le suc, il semble immobile comme nos papillons de nuit. C'est à ce moment qu'il étale dans toute sa magnificence la petite huppe qu'il porte sur la tête, la couronne du plus puissant monarque n'a pas un diamant plus éclatant.

Les domestiques d'Arthur Clyton avaient pris ou tué trois perdrix différentes de plumage et de grosseur. La première *caccabis heyi*, un peu plus grosse qu'une caille, a le bec et les jambes d'un jaune orange très brillant, le reste du corps sombre, moucheté de marron ; cette couleur la confond avec le sol, aussi l'aperçoit-on à peine : elle est peu sauvage. Poursuivie, elle se cache dans le creux d'un rocher et se laisse prendre à la main. La seconde *caccabis saxatilis* habite toujours les hauteurs et ne descend jamais dans la plaine ; c'est un bel oiseau aux jambes rouges comme le bec. Sa chair blanche est aussi bonne que celle du faisan. David, fugitif, errant, caché dans les montagnes, se compare à cette perdrix qui a pour ennemi l'oiseau de proie. La troisième que le coup de fusil avait déchiquetée est la perdrix grecque. Cette sorte de gibier est très abondant ; à ces perdrix étaient mêlés deux autres oiseaux, l'un, le *Printincola melanura*, que Ruppel a rencontré dans le Sahara ; un autre petit, fort élégant, d'une grande richesse de plumage, appelé par Tristram *ammomanes fraterculus*.

Le voyageur me racontait que ses trappeurs étaient parvenus l'année précédente, à s'emparer d'un jeune *ibex sinaiticus*, le beden des Arabes. Il l'avait envoyé en Angleterre avec trois chèvres pour le nourrir pendant le voyage. Cet animal représente ici le chamois des Alpes, il est moins sauvage, plus facile à tirer. Ses cornes d'un mètre quatre-vingts, ornées de nœuds régulièrement espacés, se courbent gracieusement en arrière; elles servent à faire des manches de poignards. Les *ibex* vivent en famille sous la direction du plus vieux de la bande; ils broutent les arbustes, mais leur principal fourrage est l'*Artemisia judaica*.

Les bas-reliefs des tombes de l'Ancien Empire Égyptien prouvent, sans permettre d'en douter, que dans ce pays on avait réduit à l'état de domesticité le beden et la gazelle. On en voit des troupeaux conduits par des bergers.

La flore d'A'ïn Djedy accuse nettement un caractère tropical. On y trouve l'*acacia seyal*, le *minosa anguis cati* de Forskal, le *rhamnus nebeca*, du même botaniste, ou le *zizyphus spina Christi*, le *nubk*, le *doum*, le *sidr* des Arabes, le *pistachier*, plusieurs espèces d'*asclepiades*, des *solanées*, des *salsolacées*, la *lawsonia alba* ou *henné* petit arbrisseau assez semblable à notre aubépine, chargé de grosses grappes de fleurs roses fouettées de blanc. La description de cette plante, comme celle de la Pomme de Sodome, nous occupera un peu plus loin. L'*arundo donax*, le *phragmites*, s'emparent des oueds où il y a un peu d'eau.

Sous ces latitudes ardentes, les plantes herbacées

des climats tempérés deviennent des arbustes. L'*atri- plex alimus* est un arbre ; le ricin a un tronc à écorce rugueuse, comme celle de nos chênes.

La Providence semble avoir placé ici le *zizyphus spina Christi* pour protéger les petits oiseaux contre les aigles et les vautours perchés sur les pics les plus élevés. Cet arbuste vient par bouquets, il est plus impénétrable que nos haies d'aubépines, ses branches longues, flexibles, armées d'épines recourbées, se mêlent, s'enlacent de manière à former un fourré inaccessible. L'intérieur de l'arbre est littéralement couvert de nids ; dans cette retraite, les chanteurs défient leurs ennemis, qui, s'ils s'y engageaient, n'en pourraient plus sortir.

Lorsqu'un petit bloc de pierre ralentit la rapidité du courant, formant un petit remous ou une anse en miniature, le lit du ruisseau est parsemé de coquilles des genres *melania*, *melanopsis*, *neritina*, les unes cachées sous le sable, les autres à sa surface.

Plusieurs Bédouins arrivèrent avec leurs chevaux chargés de sel, ils firent abreuver leurs animaux, cau- sèrent un instant avec mes guides, m'offrirent quelques débris de roches imprégnées de soufre et partirent en me saluant. Les décombres que je remarque autour de la source sont ceux d'un Kan et non de la ville d'En- gaddy, que les savants placent au bas de la montagne.

En suivant le ruisseau dans sa course tantôt lente, tantôt follement rapide, je fis lever des légions de tourterelles *(turtur risorius, ægyptius)*, le bulbul *(ixos xanthopygius)*, plusieurs espèces de corbeaux, les uns plus gros, les autres plus petits que ceux de nos pays, les *corvus affinis*, *c. umbricius*, *c. agricola*. Le *passer moabiticus*, un peu moins gros que notre moineau, tout aussi frétillant, voltigeait d'un roseau à un autre ; ce petit oiseau est splendide avec ses ailes mordorées, sa gorge marquée de chaque côté d'un point jaune magnifique, tout son plumage d'une richesse inouïe de couleurs. Le *drymœca* à longue queue, habitant du Sahara, caché dans les jungles, les emplissait de son chant un peu monotone.

En descendant sur les bords de la mer, on remarque facilement les vestiges de nombreuses terrasses ornées jadis de jardins couverts de vignes, de palmiers et d'arbres fruitiers. J'arrivai à une petite plaine parsemée de blocs, ayant tous les caractères d'une haute anti-quité. Trois Bédouins de la tribu Rashaïdehs, abrités sous des roseaux, gardaient un champ d'énormes con-combres arrosés par des filets d'eau dirigés au pied de chaque plante. Ils sortirent de leur tannière, me fixè-rent de leurs yeux de chat et se recouchèrent sans nous adresser un seul mot. Cette petite tribu, moitié nomade, moitié sédentaire, habite de pauvres cabanes autour de la fontaine, sur le rivage du lac Asphaltite, et sur le plateau aux environs de Thékoa. Ces Bédouins, doux, paisibles, cultivent quelques parcelles de terre ; très souvent leurs récoltes sont enlevées par les Ta'amirahs, passant avec leurs ânes chargés de sel qu'ils vont vendre à Bethléhem.

Au pied de la montagne, la plaine est presque carrée, bornée au nord par l'oued Sudeir et au sud par celui d'Areijeh ; là où elle est arrosée, sa fertilité est remarquable. Au nord, le cap Mersed ou le Djebel Shukif coupe la route le long de la mer. Ce promontoire plonge ses pieds dans les flots, il s'entr'ouvre au midi pour livrer un passage à l'oued Sudeir.

La végétation cesse tout à coup : la plage est semée de cailloux couverts d'une couche de sel, de bois flottés noirs avec de rares points blanchâtres ; l'eau est verte, d'une transparence trompeuse, nauséabonde, le fond pierreux, sans boue ni limon, parsemé de brillants et de paillettes. Ici, pas un être vivant, pas un brin d'herbe, un silence fatigant, une eau immobile comme celle d'un lac gelé.

En tournant le dos aux rivages arabiques, j'avais devant moi la montagne d'Engaddy, séparée de la mer par un plateau qui s'élève graduellement jusqu'aux pieds de monticules de sable ronds comme des dômes. Du sein de cette série de cônes sort une gigantesque masse rocheuse, s'arrondissant en montant, coupée par cinq assises bien marquées : on dirait d'énormes repères en retrait ou, si vous aimez mieux, des degrés que des géants de trente mètres pourraient seuls enjamber. C'est entre ce bloc et la montagne de droite que descend la source indiquée par une large bande verdoyante qui ne fait que mieux ressortir la nudité du cadre. La montagne de droite, moins régulière que celle de gauche, présente un aspect tout aussi curieux : ce sont des cônes appuyés les uns aux autres et couronnés par une pyramide isolée. Un de ces cônes, le plus rapproché du point culminant, semble une tente;

l'assise du sommet, par ses couleurs tranchées en bandes noires et blanches, simule le haut de la tente. Ces montagnes effeuillées, effritées, fendillées, striées, empruntent leurs tons, leurs nuances des rayons solaires qui les colorent avec plus ou moins d'intensité selon leur formation géologique et leur stratification.

Ce ne fut qu'après des efforts inouïs, souvent en rampant, que je parvins à une de ces grottes qui s'ouvrent dans la paroi du rocher. La porte de celle que je visitai est basse, très étroite, cintrée. Alinéba alluma une bougie en y entrant le premier. Je reconnus un vestibule ou un couloir en communication par une ouverture dans l'axe de la porte avec une grotte naturelle à plafond plat ornée de niches sur le côté droit. Au fond, du côté gauche, un escalier taillé dans un boyau me conduisit à un étage supérieur plus vaste que la chambre de dessous. Cette seconde salle recevait le jour du côté des montagnes de l'Arabie. Trois autres cavernes plus petites se reliaient à celle-ci, toutes sur des niveaux différents. La voûte de la première, taillée au ciseau, avait la forme d'un dôme. Je crus distinguer sur les parois des croix grossièrement sculptées, des signes d'une écriture inconnue, des vestiges de pilastres sans bases, mais avec des chapiteaux. En revenant sur mes pas, Alinéba me fit remarquer une ouverture dans le flanc ouest du couloir. J'y pénétrai après lui. Nous avançâmes en rampant sur un espace d'environ dix à douze mètres et nous débouchâmes dans une immense excavation d'une grande élévation de voûte ; cette voûte était blanche, veinée de rouge, des sièges règnaient sur les côtés. La lumière de nos bougies et de quelques chiffons de papier répandit une subite et fantastique lueur sur ces parois qui brillèrent, miroitèrent un instant et rentrèrent dans les ténèbres. Nous en sortîmes par un passage tortueux arrivant à une terrasse inclinée où on voyait encore les traces de l'escalier par lequel on arrivait à ces curieux souterrains.

L'ascension de la pyramide de Chéops n'est qu'un badinage en comparaison d'une excursion sur les bords de la mer Morte; la descente de ces grottes fut plus pénible que l'escalade.

Les solitaires habitants de ces cellules, où ils arrivaient par des chemins que le temps et les éléments ont détruits, durent être souvent les témoins des phénomènes extraordinaires et inexpliqués de cette mer de Mort, sur laquelle leurs regards pouvaient s'arrêter lorsque des illusions décevantes venaient troubler leur vie ascétique. Au surplus, nulle solitude n'est mieux faite pour les mystiques tristesses du cœur. C'est là que le pieux ermite vouait son corps au travail, ses yeux aux larmes, son âme à la contemplation.

J'allai avec un Rashaïdhes voir des tombes qu'il appelle Ye hudy. Ces sépulcres sont semblables à ceux des environs de Jérusalem. Un vestibule précède une chambre intérieure garnie de cercueils pris dans la masse du rocher. Le bakhchich que je donnai à mon guide me prouva que ces nomades ne sont pas insensibles aux bons procédés. Tous les trois vinrent me témoigner leur reconnaissance en me priant de ne pas couper leurs concombres et de ne pas arracher les plantes. Qu'il faut peu de choses à quelques-uns de ces hommes du désert pour vivre heureux !

Je m'avançai au nord le long du rivage, en ayant soin de me rapprocher le plus possible du pied de la montagne, respirant le parfum de la *lawsonia alba* qui sortait en touffes de toutes les fissures du rocher. J'arrivai au débouché de l'oued Sudeir sur un sol pierreux ; je m'enfonçai dans une étroite crevasse où le soleil ne pénètre jamais, parsemée d'arbustes rabougris, squarreux ; en avançant, la végétation prenait de plus amples proportions : les arbres, les arbustes, les roseaux se disputaient le terrain. Un ibex décampa devant moi, grimpa le long d'une paroi presque verticale, s'arrêta un instant sur un pic pour me regarder et disparut. Ce n'était qu'avec peine que je me frayais un passage à travers ces jungles, ces roseaux de quatre à six mètres de haut, sous lesquels s'abritent, dit-on, des léopards, des sangliers, des hyènes et des panthères. Enfin, je me trouvai en présence d'un vaste amphithéâtre formé par un immense rocher calcaire, creusé en voûte, d'où jaillissait une eau relativement fraîche. Cette voûte, d'où pendaient d'énormes stalactites, s'ouvrait comme un vaste portique ; des tresses de fougères, *adianthum capillus veneris*, *asplenium adianthum nigrum*, *ceterach officinarum*, en drapaient l'entrée, couvraient les parois intérieures de verdoyantes guirlandes, tandis que des figuiers chargés de fruits, des *nitraria tridentata*, des genêts, le retem des Arabes, sortaient de toutes les fentes et se mêlaient à une foule d'arbres et d'arbustes. Les deux flancs de l'oued étaient cachés sous une végétation à nulle autre pareille. On ne voyait que des fleurs, on ne respirait que des parfums. Le laurier rose qu'on trouve en Orient partout où il y a un filet d'eau, mêle ses fleurs roses à la verdure lustrée des roseaux. J'ai coupé des branches de cet arbuste de trois mètres, poussées de l'année, qui étaient littéralement garnies de fleurs de haut en bas. La couleur harmonieuse de ces fleurs caresse le regard, elle peut se comparer à celle des plus belles de nos roses.

Le chant des oiseaux, le frémissement des feuilles troublaient seuls le silence de cette délicieuse solitude. Le bruant bigarré de Nubie, la perdrix du désert, une alouette semblable à celle du nord de l'Espagne, la *pratincola melanura*, les tourterelles volaient, chantaient, gazouillaient dans cette oasis. Quelques-uns de ces nombreux oiseaux étaient si légers qu'ils ne faisaient pas plier les feuilles du roseau sur lesquelles ils se perchaient. L'un des plus beaux se posait sur le genêt chargé de fleurs d'un jaune d'or. Esquissons le portrait de cette délicieuse créature : une tête noire, des ailes mordorées, la queue blanche et deux mouchetures d'un rouge de flamme de chaque côté de la gorge. Ma présence fit sortir de leur retraite des vautours, des aigles qui, du haut des airs, me regardèrent de leurs yeux perçants et étonnés.

La présence dans cette région de nombreux corbeaux et d'oiseaux de proie, aigles, vautours, s'explique par le voisinage de milliers de poissons morts que le courant du Jourdain entraîne dans la mer Morte et que les vagues rejettent sur le rivage. Il n'y a pas un seul être organisé, ni animal, ni végétal, dans ce lac. MM. Lartet et Combe après avoir pris dans les lagunes des sources de la côte, des poissons du genre Cyprinodon Moseas, C. Hammonis, les mirent dans un vase plein d'eau du lac; ils tournèrent un instant et périrent tous.

On peut remarquer ici la rapidité avec laquelle les plantes se couvrent de sédiments calcaires. Des touffes de fougères, de roseaux végétaient encore que déjà la moitié était pétrifiée. Longtemps avant l'arrivée d'Abraham, les habitants de cette région élevaient des palmiers; on trouve la preuve de cette culture dans l'existence de feuilles pétrifiées de cet arbre: il y a des arbres entiers dont toutes les parties, racines, tronc, branches, feuillage, sont dans un merveilleux état de conservation. La première couche de l'oued est de pétrification récente, mais si on perce cette croûte, on arrive au roc primitif, à un lit mêlé de fossiles.

Voici les noms des quelques poissons qu'on trouve dans ce bassin; l'eau en est si limpide qu'il est facile de suivre tous leurs mouvements: *cypriodon cypris*, *cypriodon sophia, cobitis insignis, chromis niloticus;* une coquille, *exogyra densata*, découverte par Linch sur la rive orientale, sert à prouver que la formation géologique est identique sur les deux bords du lac Asphaltite.

En revenant sur mes pas, je piquai quelques insectes, je cueillis diverses fleurs et ramassai des échantillons de minéraux. Les Rashaïdhes m'offrirent un concombre, des pierres, du bois saturé de sel, de la boue durcie au soleil, prise au fond du lac, et une branche de *zizyphus spina Christi*. Je ne partage pas l'opinion de ceux qui croient que les branches épineuses de cet arbuste eurent l'honneur de composer la couronne du Sauveur : on employa plutôt le *lycium spinosum* dont les longues brindilles parsemées d'épines sont plus flexibles que celles du saule pleureur. On le trouve partout dans les environs de Jérusalem. Le *zizyphus* est un petit arbrisseau très touffu, très épineux, à feuilles ovales, d'un vert sombre, portant au bout de ses branches des grappes de fleurs qui deviennent des fruits semblables pour la forme à nos cerises, mais moins charnus et fort acides. Les Arabes les font sécher, les broient et les mélangent avec la farine de froment et de sauterelles.

Ils appellent l'arbuste *nubk, sidr* ou *doum*. C'est le *rhamnus nabecca* de Forskal, le *rhamnus spina Christi* de Hasselquist, le *zizyphus lotus* de Sprengel, le *borassius flabelliformis* de Linnée, le *zizyphus spina Christi* de presque tous les botanistes modernes. Le mot *nubk* s'applique, je crois, aux fruits mûrs en avril. Quoique les Bédouins donnent à cet arbrisseau le nom de *doum*, il ne faut pas le confondre avec le *palmier-doum* qui vit dans le voisinage des tropiques. Ce bel arbre, de la famille des palmiers, de quinze mètres de haut, se bifurque d'abord en deux branches, qui elles-mêmes se divisent en deux ou trois, puis en plusieurs petites couronnées de vingt ou trente feuilles palmées. Le tronc nu est formé de la base des pétioles qui y laissent des écailles. Les fleurs pendent aux bouts des rameaux ; les fruits, baies ovales de la grosseur d'une petite poire, sont enveloppés d'une couche assez mince, sous laquelle on trouve une pulpe jaune, aromatique, mielleuse, parsemée de fibres ligneuses qui l'attachent à la semence, noyau dur, corné et blanchâtre ; débarrassée de cette substance ligneuse, cette pulpe devient un mets grossier réservé à la classe la plus misérable du Saïd. Avec les feuilles, on fabrique des tapis, des paniers ; le tronc est débité en planches ; l'amande, travaillée par les tourneurs, prend un beau poli et une couleur de noyer, elle sert à faire des grains de chapelets. Un auteur arabe, Abou-Hanifa, traduit par Silvestre de Sacy, nous apprend que les habitants du Saïd, de la Mecque appellent le fruit du *palmier-doum*, *molk* et *wakh ;* les feuilles, *tafi* et *aslam.*

Je quittai sans regret et peut-être pour toujours les bords de la mer Morte ; ils sont grandioses, imposants, merveilleux par leur constitution géologique, majestueux, terribles par leurs aspects anormaux, mais ils impressionnent sans attirer. La belle végétation, dont parlent quelques voyageurs enthousiastes, n'échappe que par son élévation au-dessus du niveau de la mer à sa funeste influence. Sur la plage, on ne trouve que de rares roseaux, des arbustes épineux, chétifs, lépreux, souvent enveloppés d'un sédiment salin, des bois secs, noirs comme le charbon, du sable grisâtre, des pierrailles, des cailloux roulés. Les expériences les plus consciencieuses ont prouvé qu'il n'y avait pas un être vivant dans ce bassin ; les oiseaux qui volent au-dessus peuvent s'y abattre un instant, mais ils n'y nagent jamais longtemps.

Quand j'arrivai à A'ïn Djedy, le soleil n'éclairait plus que les cimes les plus élevées des montagnes de l'ouest ; une partie de la mer Morte était dans l'ombre, les vallées entraient dans les ténèbres, mais les rochers étaient encore revêtus de nuances variées ; une vapeur diaphane enveloppait le rivage, tandis que le ciel conservait toujours son inaltérable pureté.

Arthur Clyton revenait d'une excursion au sud d'A'ïn Djedy, avec ses chasseurs et ses trappeurs. Il avait tué un daman, l'hirax syriacus, peut-être le shaphan de l'Ecriture dont il est fait mention dans le xxxe chapitre des Proverbes, v. 26. Cet animal ne peut ni attaquer, ni se défendre ; il passe le jour dans un trou, sort au coucher du soleil, attend sa proie et se sauve au moindre bruit ; sa tête est ronde, ses oreilles courtes, son pelage fauve ; il n'a ni ongles, ni queue. L'Anglais avait pu, comme moi, observer un vol de cigognes et une grue, probablement la *grus cinerea*.

Tout en causant, nous nous mîmes à plumer du gibier pour notre dîner. Nous avions des perdrix, des alouettes, des canards, des pluviers, un coq de Bruyère de la famille africaine, un lièvre, le *lepus sinaïticus*, un morceau d'agneau, des oranges, du fromage, des figues ; pour arroser tout cela, de l'eau avec du thé froid et quelques verres de vin du Beaujolais. Un domestique d'Arthur Clyton avait chassé dans les deux Amériques ; aussi adroit chasseur que rusé trappeur, il manquait rarement sa proie : dans les déserts du

Nouveau-Monde, il avait constamment vécu de chasse. Les trois pauvres Rashaïdhes vinrent se joindre à nous, ils eurent leur part du festin.

A'in Djedy, Ayn Djedy, Ain Djiddi et encore Ain Jidy (en arabe : source du Chevreau), est l'Engaddy de l'histoire, nom donné à la fontaine et à la ville ; mais le nom primitif de cette antique cité, *Asason Thamar* ou coupe des palmiers, lui vint probablement de ce que les habitants opéraient la fécondation artificielle de cet arbre, dont une espèce est appelée par eux *tami*. Ce pays fut habité par les Amorrhéens que Chordolahomor défit à Cadès. Le nom d'Asason Thamar, leur capitale, ne se trouve dans les Livres-Saints que pour nous apprendre qu'il a été changé en celui d'Engaddy, et voici à quelle occasion. Les Amorrhéens et les Moabites, ligués pour faire la guerre à Josaphat, campèrent à Asason Thamar qui est Engaddy. Ces peuples suivaient la route que prennent aujourd'hui des Bédouins maraudeurs venant de l'Orient, qui, après avoir traversé le désert à l'extrémité sud de la mer Morte, pillent les environs de Thékoa et de Bethléhem. Nous retrouvons ce nom dans Josué, les Rois, le Cantique des Cantiques, et dans Ezéchiel. On lit dans le premier livre des Rois, chapitre XXIV, l'histoire de Saül et de David où il est question d'Engaddy. Dans le Cantique des Cantiques, l'épouse compare son époux à une grappe des vignes d'Engaddy. C'est avec le vin de ces vignes que les filles de Lot enivrèrent leur père.

J'ai vainement cherché sur les pierres de la plaine

quelques traces de sculpture ou d'inscriptions: toutes sont frustes ; il est cependant évident que ce sont des débris de murs. Ces matériaux mégalithiques ramenaient ma pensée aux premiers jours du monde. Ils servirent à une ville contemporaine de Sodome qui vit les hordes assyriennes sous Chordolahomor, ce chef de la première grande expédition militaire que nous lisons dans l'histoire, le type et le précurseur de tous ces conquérants pillards qui, depuis lui jusqu'à Saladin, ont périodiquement ravagé l'Orient.

Josèphe nomme cette ville Engeddy, Engaddaï ; il la dit située à trois cents stades de Jérusalem ; elle fut le siège de l'une des douze toparchies de la Judée. Eléazar la dévasta pendant quelque temps avant la prise de Masada par Sylva. D'après l'historien juif, elle était célèbre par ses palmiers et ses baumiers : il n'y a pas un seul de ces arbres aujourd'hui à Aïn Djedy.

Pline raconte dans son histoire naturelle que les jardins d'Engaddy furent détruits par les Juifs, rétablis par les Romains, et que Cléopatre fit arracher tous les baumiers pour les transplanter en Egypte.

Ce qu'on appelait la falaise de Ziz n'est autre chose que le couloir par lequel on descend sur le rivage du lac Asphaltite. Il n'y a pas un chemin plus dangereux dans les Alpes.

A l'époque d'Eusèbe et de saint Jérôme, Engaddy était un gros village sur les bords de la mer Morte. Si ces deux écrivains la placent dans l'Aulon de Jéricho, c'est parce qu'ils comprennent sous ce nom toute la vallée du Jourdain jusqu'au désert de Pharan. D'après

le solitaire de Bethléhem, Engaddy serait située à l'extrémité sud de la mer, ce qui n'est pas exact, puisqu'elle
est presque au milieu de la côte occidentale, à moins
qu'on ne regarde son rétrécissement sud comme son
point extrême. A l'article Asason Thamar, il dit que le
désert de Juda, où est Engaddy, s'étend le long de la
rive ouest jusqu'à Cadès au midi.

On lit dans le XLVIIe chapitre d'Ezéchiel, v. 10 :
« Les pêcheurs se tiendront sur les eaux, et depuis
Engaddy jusqu'à Engallim où sècheront les filets, il y
aura beaucoup d'espèces différentes de poissons et en
très grande abondance, comme il y en a dans la grande
mer. » Ce verset a un sens mystique, car pas plus
autrefois qu'aujourd'hui on ne trouvait des poissons
dans le Bahr-Louth, depuis Engaddy jusqu'à Engallim,
qui est A'ïn Adjelim entre le Jourdain et Jéricho.

Etienne de Byzance place Engaddy, qu'il appelle
Engadda, près de Sodome. En 1113, l'igoumène russe
Daniel avoue qu'il n'osa pas aller sur les bords de la
mer Morte, parce que les Barbares maltraitaient souvent et parfois tuaient les pèlerins qui tombaient entre
leurs mains.

Je ne trouve pas le nom d'Engaddy dans les historiens
des Croisades. En 1383, Burchard ou Brocard parle
des montagnes voisines de cette ville, de manière
à laisser croire qu'il les connaissait. « Elles sont, dit-il,
très élevées, escarpées, coupées à pic, d'un accès
difficile, dominant la ville de ce nom. » Depuis, plusieurs voyageurs ont répété cette courte description.

On avait déplacé la ville en la rapprochant de Mar-

Saba, au point que les vignes de Bethléhem et d'Engaddy ne faisaient qu'un seul et même vignoble. Hasselquist croit que Salomon planta ces vignes. Le nom d'Engaddy se trouve dans l'ouvrage et sur la carte de Seetzen.

Il y avait indubitablement des vignes autrefois à Engaddy. Ce vignoble existait encore au XIIIe siècle. A cette époque, un ver presque imperceptible attaquait les racines des ceps qui séchaient ; on les sauva en les couvrant d'une huile qui était extraite de l'asphalte. C'est du moins ce que M. de Bertou apprit en 1839 de l'évêque de Tyr. Depuis, M. de Bertou a eu l'heureuse chance de trouver à la bibliothèque nationale un manuscrit latin qui remonte au XIIIe siècle, où il est question, à propos des vignes d'Engaddy, d'une substance noire et nauséabonde, très nécessaire, *ad fricandum vites pro expollandis verminibus consumptoribus earum*, pour badigeonner les vignes et les débarrasser des vers qui les épuisent. C'est dans la bibliothèque du couvent de Saint-Saba qu'il faudrait chercher le manuscrit original. Ce ver dont il est question dans le manuscrit de M. de Bertou ne peut-il pas être une espèce de phylloxera ?

Le nom d'Engaddy nous reporte au souvenir de Moïse : c'est une croyance chez les Arabes que le corps du législateur hébreu repose près de cette ville, sous un monceau de pierres. En 1483, Félix Fabri, allant à Engaddy, rencontra le monument funéraire dans toute la simplicité primitive de la légende arabe. Le baumier croissait dans les environs. Suivant le pieux pèlerin, au nombre des présents que la reine de Saba offrit à Salomon, se trouvait une racine de baumier que le roi fit planter sur les montagnes.

En 1495, Mejr-ed-Din cite Engaddy sur les limites du district d'Hébron; on lit ce nom dans Breydenbach et Zuallart. Ce dernier voyageur parle longuement des merveilleuses propriétés du baume et rapporte les opinions des anciens naturalistes sur ce parfum.

C'est probablement près d'Engaddy qu'était Nebsan, la ville de sel du chapitre xve, v. 62. de Josué.

Tôt ou tard, la mer Morte sera reliée à la Méditerranée et à la mer Rouge par des canaux ou des chemins de fer. A'ïn Djedy deviendra alors une station d'hiver pour les malades: l'air y est pur, facile à respirer, on y trouve des eaux froides, chaudes, alcalines, sulfureuses. Il sera facile de rendre à cette terre sa primitive fécondité. Les palmiers, les orangers, tous les arbres, toutes les fleurs des climats les plus favorisés pourront s'y développer comme en leu r pays natal. Le ciel y est splendide; les aspects magnifiques d'une opulente nature fascinent les regards, les laissent inassouvis par leur mobilité et leur variété. Ici, rien ne ressemble à ce que nous voyons ordinairement; le tableau déroulé devant nous est plus imposant, plus magnifique que celui qui enthousiasme à juste titre le touriste du sommet du Righi. L'industrie humaine y arrivera avec ses capitaux pour exploiter le bitume, le sel, les marbres, le jaspe vert des environs d'Usdom, la soie de l'Osher, les fruits et autres produits cachés dans la mer de Mort.

Le soleil a une puissance anormale d'absorption à Engaddy. L'humidité disparaît subitement. Je jetais quelques gouttes d'eau sur les pierres, je les voyais s'évaporer comme celles jetées sur un fer rouge. Mes plantes se desséchaient rapidement. Ici on peut vivre avec une moitié de poumon.

Nous nous sommes assez étendu sur les productions de la contrée pour donner place à quelques notes sur l'*asclépias gigantea*, l'oscher, l'osher et encore l'aschar des Arabes, que plusieurs voyageurs naturalistes croient être la plante qui porte le fruit que nous appelons pomme de Sodome, très abondante à A'in Djedy.

Citons quelques-unes des diverses observations auxquelles a donné lieu ce singulier produit de la nature.

Cette plante, qui n'est qu'un arbuste à Jéricho et sur les rives ouest du Lac Salé, devient un bel arbre au sud et dans le pays de Moab.

Josèphe, l'auteur profane le plus ancien qui parle de Sodome, dans la guerre des juifs, après avoir raconté la catastrophe des villes maudites, ajoute : « Il y a dans cette contrée des fruits pleins de cendres qui ressemblent à ceux qu'on mange, quant à la couleur, mais qui, étant pressés avec la main, tombent en poussière. » L'écrivain juif ne donne pas le nom de ce fruit. « Non loin de la mer Asphaltite, dit Tacite dans le cinquième livre de son histoire, s'étendent des plaines. On raconte que ces plaines, autrefois fertiles et peuplées, ont été brûlées par le tonnerre, qu'il reste encore des traces de ce désastre, et que la terre, qui garde l'empreinte du feu, a perdu la force de produire, car les plantes qui poussent d'elles-mêmes ou qu'on sème à la main, herbes ou fleurs, dès qu'elles sont arrivées à leur accroissement ordinaire, noircissent et tombent en poussière. »

Grégoire de Tours a voulu parler de ce fruit, lorsqu'il dit : « Il y a près de Jéricho des arbres qui portent des pommes dont l'enveloppe est consistante, mais qui renferme de la belle laine. »

L'asclépiade était connue des anciens. Théophraste en fait mention. Prosper Alépin la décrit sous le nom de Birdet-el-Ossar. Il la classe dans la famille des Calotropis.

Faucher de Chartres, qui voyageait en Terre-Sainte en 1100, raconte avoir vu dans les environs de Zoar, sur un arbre, une pomme qui laissa échapper une noire poussière après qu'il en eut brisé l'écorce, et compare la pomme trompeuse aux plaisirs du monde. Brocard ou Bürchard trouva un peu plus tard à Engaddy de beaux fruits, mais pleins de cendres. Jusqu'à nos jours, les pèlerins ont copié les auteurs que je viens de citer, en faisant suivre ces citations de réflexions morales sur les illusions du monde dont la pomme de Sodome est l'emblème.

Le P. Nau fit à Damas la connaissance de l'abbé Daniel, moine russe de Saint-Saba. Ce religieux avait parcouru les côtes orientales et occidentales de la mer Morte. Il raconta au missionnaire jésuite qu'il avait vu plusieurs arbres de Sodome. « Ils sont, d'après l'abbé

Daniel, de la hauteur du figuier, ils semblent en avoir le bois. Leurs feuilles ont la verdure et la forme de celles de nos noyers ; leurs fruits la grosseur de nos limons ; quoiqu'ils en aient la couleur, ils n'en ont pas la bonté ; quand on les presse, ils cèdent et on reconnaît qu'ils sont pleins de vent. »

Quelques naturalistes, Linné entre autres, ont aussi appelé pomme de Sodome le fruit d'une solanée, *solanum Sodomæum*, composée de grosses baies jaunes remplies d'une pulpe verte et de graines noires mêlées à une poussière amère et nauséabonde. Mais il paraîtrait que cette plante est originaire de l'Afrique du sud et non de la Palestine.

Voici l'opinion du célèbre naturaliste suédois Hasselquist sur ce fruit : « La pomme de Sodome est le fruit du *solanum melongena* de Linné, appelée par d'autres *mala insana*. On en trouve en quantité près de Jéricho, dans les vallées du Jourdain, dans le voisinage de la mer Morte. Il est vrai qu'elles sont quelquefois remplies de poussière, mais cela n'arrive que lorsque le fruit est attaqué par un insecte qui convertit tout le dedans en poussière sans lui rien faire perdre de sa couleur. »

« Je vis, dit Seetzen, pendant mon séjour à Karak chez le curé grec de cette ville, une espèce de coton, ressemblant à la soie. Ce coton vient de la plaine du Rhor, à la partie orientale de la mer Morte, sur un arbre pareil au figuier et qui porte le nom d'Aoèscha. On le trouve dans un fruit ressemblant à la grenade. J'ai pensé que ces fruits, qui n'ont pas de chair intérieurement et qui sont inconnus dans tout le reste de la Palestine, pourraient bien être les fameuses pommes de Sodome. »

Irby et Mangles virent avec étonnement sur les rivages orientaux du lac Asphaltite, au-dessous de Karak, l'Osher arriver à des dimensions d'un véritable arbre. Quelques-unes de ces plantes avaient des troncs de deux pieds de circonférence, des branches de quinze pieds de hauteur, leurs fruits étaient plus gros et plus nombreux que ceux des côtes du couchant.

Les Arabes de Burckardt lui racontèrent qu'il y avait dans le Rhor un grenadier sauvage dont les fruits semblables à la grenade ne contenaient que de la poussière. « L'ascheyr, dit ce voyageur, très commun dans le Rhor, porte un fruit jaune et rouge, plein d'une substance blanche semblable à la plus belle soie, enveloppant de petites graines. Les Arabes s'en servent pour faire des mèches de fusil ; elles sont très inflammables. La plaine pourrait fournir plus de vingt charges de chameaux de cette plante qui alimenterait les manufactures de soie et de coton de l'Europe. Plusieurs de ces fruits pourrissaient sur l'arbre. En faisant une incision aux branches, on en tire une liqueur blanche qu'on recueille au moyen d'un roseau et que les Bédouins vendent aux droguistes de Jérusalem qui l'emploient contre les catarrhes. »

« Il n'y a presque point de lecteur, dit Chateaubriand, qui n'ait entendu parler du fameux arbre de Sodome ; cet arbre doit porter une pomme agréable à l'œil, mais amère au goût et pleine de cendres. »

«Nous avons cité Faucher de Chartres ; les uns, comme Ceverius de Vera, Baumgarten, Pierre de la Valle, Troilo et quelques missionnaires confirment son récit ; d'autres, comme Reland, le P. Neret, Maundrell, inclinent à croire que ce fruit n'est qu'une image poétique de nos fausses joies, *mala mentis gaudia* ; d'autres enfin, tels que Pockocke, Shaw, doutent absolument de son existence. Amman semble trancher la difficulté : il décrit l'arbre qui, selon lui, ressemble à une aubépine : « Le fruit, dit-il, est une petite pomme d'une belle couleur. » Me voilà bien embarrassé, car je crois aussi avoir trouvé le fruit tant recherché ; l'arbuste qui le porte croît partout à deux ou trois lieues de l'embouchure du Jourdain ; il est épineux, et ses feuilles sont grêles et menues ; il ressemble beaucoup à l'arbuste décrit par Amman ; son fruit est tout à fait semblable en couleur et en forme au petit limon d'Egypte. Lorsque ce fruit n'est pas encore mûr, il est enflé d'une sève corrosive et salée ; quand il est desséché, il donne une semence noirâtre qu'on peut comparer à des cendres, et dont le goût est semblable à un poivre amer. J'ai cueilli une demi-douzaine de ces fruits. »

Le maréchal Marmont décrit un fruit à peu près semblable à celui dont parle Chateaubriand et qu'il trouva rempli de cendres. Les descriptions de ces deux voyageurs s'appliquent à un petit arbuste commun en Palestine, appartenant à la famille des solanées, le *solanum sanctum ou Sodomœum* de Linné.

Robinson donne la description suivante de l'Osher

des Arabes, *l'asclepias gigantea* des botanistes qui ne croît en Palestine que sur les bords de la mer Morte. « C'est, dit le voyageur américain, un arbuste dont les troncs ont de six à sept pouces de diamètre, et de dix à quinze pieds de hauteur. L'écorce est grisâtre comme celle du chêne-liège ; les feuilles sont longues et ovales et laissent échapper un suc laiteux quand on les presse. Les fruits réunis en groupes par trois ou quatre sont de la grosseur d'une pomme et deviennent jaunes à la maturité. Lorsqu'on les presse, ils éclatent comme une vessie, ne laissant entre les doigts que des lambeaux de peau et quelques filaments soyeux attachés à de petites graines noires. Les Arabes recueillent cette laine pour en faire des mèches de fusil. Quand la maturité est encore plus avancée, on ne peut toucher les fruits sans qu'ils tombent en poussière immédiatement. Cet arbre croît aussi dans la haute Egypte, en Nubie, dans l'Arabie heureuse. »

Le docteur Barth a encore rencontré *l'asclepias gigantea* dans le Soudan. Elle existerait dans l'Indostan, d'après Roxburh. Suivant Smith, les fleurs de notre plante sont de couleur pourpre, petites, en forme de cloche et disposées en grappes axillaires. Les branches sont tortueuses comme celles du caroubier, dans une écorce d'un gris cendré parsemée de raies longitudinales, les feuilles épaisses, opposées, d'un vert tirant sur le noir, luisantes, courtement pédonculées; elles servent de nourriture à un insecte noir avec des taches jaunes, muni d'ailes rouges semblables par leur tissu à une gaze très fine.

« C'est sur les bords de la fontaine d'Elisée, écrit Mgr Mislin, que je trouvai le fruit qu'on appelle communément pomme de Sodome. En parcourant ce bosquet, je vis une plante de la hauteur d'un homme chargée de fruits pareils à de petites oranges. J'en ouvris une avec un couteau ; elle était pleine d'un suc incolore et très abondant qui noircit la lame avec une rapidité étonnante. C'est le fruit du *solanum Sodomœum* de Linnée. On le prend généralement pour la pomme de Sodome. Je suis porté à croire que cette plante est celle qui a été décrite par Hasselquist, Chateaubriand, le maréchal Marmont ; seulement ils l'ont vue à des époques différentes. Les Arabes nomment ce fruit *leimun lut*, limon de Loth, parce que selon eux, le neveu d'Abraham, à cause des crimes des Sodomites, aurait maudit cet arbuste qui auparavant portait d'excellents fruits. »

Le 22 avril, Linch trouva à A'in Djedy l'osher qu'il décrit en ces termes : « L'osher, quoique en fleurs, conservait encore des fruits de l'année précédente ; ils étaient secs, fragiles, très peu attachés aux branches ; les fleurs d'un pourpre délicat, petites, en forme de cloches, ramassées en grappes ; les feuilles oblongues, de quatre pouces de long sur trois de large, nombreuses, douces au toucher, d'un vert luisant tirant sur le noir ; les branches tortueuses comme celles du caroubier, l'écorce de la couleur de la cendre, avec des raies longitudinales plus claires que celles du sassafras de ma patrie. Je cueillis des fleurs, des fruits verts et secs pour les conserver. Les fruits de l'année précédente étaient extrêmement fragiles, se brisaient à la moindre pression, renfermaient, sous une écorce jaune et mince, une multitude de fibres très fines qui servent aux Arabes de mèches de fusil. Ceux de l'année, à demi formés, ressemblaient à un ballon, laissant échapper, ainsi que les branches et la tige, une liqueur visqueuse, blanche, laiteuse comme celle de l'euphorbe; les Bédouins appellent ce liquide *leben usher*, lait de l'osher; ils emploient ce suc pour diverses maladies, mais il est dangereux d'en répandre sur les yeux. »

Linch envoya à Washington plusieurs échantillons de fleurs, de fruits verts et secs et de feuilles de l'osher pour les faire examiner par Griffith, savant naturaliste américain. Voici la description de cet arbuste : « La plante est haute, vivace, avec des feuilles épaisses, opposées, d'un vert tirant sur le noir, d'une couleur luisante, attachées à la tige par un pédoncule très court ; les fleurs en ombelles, axillaires, d'un rouge pourpre, terminales, se changeant en cosses rondes, de la grosseur d'une pomme renfermant plusieurs semences brunes, un peu plates, ornées d'une aigrette de soie. L'écorce de la partie inférieure de la tige est similaire à celle des branches, très striée. Si vous coupez la tige ou si vous froissez les feuilles, il s'en échappe un suc laiteux très âcre et d'un mordant tel qu'on s'en sert en Egypte comme épilatoire. En Perse, cette plante ne se remplit de ce liquide, espèce de manne amère, qu'après avoir été piquée par un insecte. Chardin affirme que ce suc est vénéneux. C'est le mudar ou madar des Indes employé à l'extérieur avec succès pour guérir les maladies de la peau. »

Un naturaliste anglais s'exprime ainsi sur l'osher des Arabes, auquel il donne le nom de *calotropis procera* qu'il regarde comme la pomme de Sodome : « C'est un arbre semblable au chêne-liège, grossier, légèrement brun, torturé, couturé, avec des feuilles épaisses, lustrées, plus rondes que celles du laurier, presque de la même dimension que celles du caoutchouc. Je pris cet arbuste pour une espèce d'euphorbe, à cause de l'abondance du suc qui s'en échappait quand on le froissait ou qu'on le piquait. Mon compagnon de voyage crut l'avoir vu en Nubie. Il était alors couvert de fleurs et de fruits ; les fleurs ressemblaient à celles du câprier, les fruits à une belle pomme d'un jaune doré, douce au toucher, crevant comme un ballon à la moindre pression, découvrant alors une rangée de petites graines dans une moitié de cosse, avec de longs filaments soyeux qui servent aux Bédouins de mèches de fusil. »

Ajoutons encore quelques lignes de M. de Saulcy sur la pomme de Sodome : « De beaux fruits qu'on ne cueille pas sans se déchirer affreusement les doigts se montrent partout. C'est l'orange de Sodome, la *bourtonkan sdoum* des Bédouins, fruit de l'*asclepiade procera*. Ce fruit a l'apparence d'un cédrat de taille médiocre. Quand il n'est pas mûr, sa pulpe verte, qui n'est qu'une simple enveloppe destinée à protéger les graines, s'éraille facilement au contact de la main pressée de la cueillir, et laisse échapper des gouttes d'un suc laiteux et épais. Quand il est mûr, il s'ouvre facilement sous la moindre pression et il en sort alors une foule de petites graines noires, plates, surmontées de panaches soyeux d'une blancheur éclatante. Un autre fruit peut encore revendiquer l'honneur d'être la pomme de Sodome : c'est celui d'un énorme *solanum* épineux à fleurs larges et roses, le *solanum melongena*. Il est parfaitement rond et passe en mûrissant du vert glauque au jaune doré. Ce fruit, qui a la taille d'une petite pomme d'api, est plus charmant à voir qu'à cueillir, et pour cause : quand il est bien mûr, une pression médiocre du doigt en fait échapper de petites graines noires semblables à celles du pavot. »

A l'angle nord-ouest des montagnes calcaires de la Judée, dans un fourré à quelques centaines de mètres des bords de la mer Morte, autour d'une source saumâtre, couverte de roseaux et d'arbres épineux, je cueillis un fruit de la grosseur d'une petite noix, assez dur et cependant cédant sous une médiocre pression. La couleur de la peau était jaunâtre. Je le fendis et je trouvai intérieurement une matière blanche, spongieuse, molle comme de l'amadou, percée de trous à peine perceptibles et d'une odeur tout à fait nauséabonde. L'arbuste sur lequel je pris ce fruit avait un mètre de hauteur, il était touffu, les branches en étaient rudes, armées d'épines ; les feuilles avaient la forme de celles du saule un peu diminuées. Je n'ai nulle part ailleurs revu cette plante. Est-ce de cet arbuste qu'Amman a voulu parler quand il le compare à une aubépine ?

On trouve le *solanum melongena* et l'osher à côté l'un de l'autre. Le premier n'a rien d'extraordinaire, il croît dans divers pays. Le second attire tout de suite les regards par sa singulière conformité avec tout ce qu'on dit de la pomme de Sodome et on ne le trouve en Palestine que sur les bords de la mer Morte. Les voyageurs ayant vu cette plante, ses feuilles, ses fleurs, ses fruits à diverses époques de l'année, il n'est pas étonnant de remarquer des différences dans leurs descriptions. Je crois qu'il y a dans ces parages désolés plusieurs fruits d'une belle couleur, mais qui, s'ils ne renferment pas de cendres, sont tout au moins fort mauvais.

Notons cependant que ces espèces de plantes peuvent servir à un autre usage que celui auquel les Arabes l'emploient pour leurs armes. Dans un bout de ficelle qui avait servi à lier une cruche de vin, à Pompeïa, on a reconnu l'écorce filée de l'*asclépiade* de Syrie.

Le *henné* des Arabes, la *lawsonia alba* de Linné, de la famille des *lythrariées*, est un arbuste des plus gracieux, de un mètre de hauteur. L'écorce de la tige est remarquable par sa couleur mordorée ; les feuilles, d'un vert sombre, sont pétiolées, alternes et lancéolées, les fleurs en grappes d'une belle couleur rouge mouchetée d'un blanc nacré, pendent aux bouts des branches ; elles exhalent une odeur suave. Cet arbuste devient épineux en vieillissant. Pour en tirer la nuance jaune qui sert aux femmes à se teindre les ongles et la paume de la main, on fait sécher les feuilles, on les pulvérise, et pour l'appliquer, on délaye cette poudre dans l'eau chaude. Il est en pleine floraison au commencement de juin.

Sous les chaudes latitudes, on ne connaît pas le crépuscule, cette faible lumière qui répand sur la nature une teinte sombre adoucissant les contours, qui nous fait en quelque sorte nous replier sur nous-mêmes par une douce mélancolie ; ce n'est plus le jour, ce n'est pas encore la nuit. Dès que le soleil se fût caché derrière les montagnes de l'ouest, les noires ombres enveloppèrent les terres bibliques ; une nuit sereine régna dans les cieux : quelques insectes lumineux voltigèrent de roseau en roseau, tandis que la lueur des étoiles scintillait comme une flamme sur les eaux du ruisseau. J'aspirais avec délices la fraîcheur du soir qui rendait la vie aux fleurs endormies par la chaleur torride du jour : elles livraient leurs parfums enivrants aux caresses d'une légère brise ; les colombes roucoulaient doucement pour endormir leurs petits, et dans le lointain on entendait le cri larmoyant du chacal. Bientôt tout bruit cessa, les chevaux attachés à des piquets se calmèrent ou finirent de broyer, les uns de l'orge, les autres quelques brins d'herbes. Les scheikhs, les domestiques d'Arthur Clyton s'enveloppèrent dans des manteaux et se couchèrent le plus près possible du ruisseau. Je veillai une heure ou deux avec le voyageur anglais, causant de tout, buvant des findjanes de café, fumant le tchibouck, le narghileh, même des cigarettes, puis nous nous retirâmes chacun sous notre tente.

Je fus réveillé le matin par la voix monotone d'Alinéba chantant sa prière; à peine avais-je terminé la mienne que le soleil enflamma l'orient et dissipa un brouillard floconneux et diaphane qui planait sur la surface des eaux légèrement plissées. Mais ce qui me surprit au-delà de toute expression, ce fut d'entendre le chant d'une foule d'oiseaux cachés dans les fourrés de zizyphus, de tamarix, perchés sur les roseaux, sur les rochers. Nos plus fraîches et plus riantes vallées ne possèdent pas au printemps une aussi complète variété d'oiseaux chanteurs. Tout bruissait autour de moi. Les fleurs se réveillaient et s'épanouissaient après avoir bu la rosée du ciel. Une véritable guirlande de colombes garnissaient le ruisseau : les unes se haussaient sur leurs pattes pour ne pas se mouiller, les autres, au contraire, se baignaient. Les *turtur auritus*, *risorius*, *senagalensis*, *ægyptius* étaient les plus nombreuses. Les hirondelles fendaient les airs en poussant des cris perçants que dominaient parfois ceux des aigles, des faucons, des vautours. Je n'eus que le temps de jeter un regard sur un oiseau niché dans la fleur d'un laurier rose; il était long, svelte, avec un bec jaune recourbé, le dos vert, la gorge bleue, la poitrine pourpre, sur la tête deux plumes flamboyantes au soleil comme des pierres précieuses, les ailes d'un jaune orange fouettées de noir. Quand Arthur Clyton se présenta avec son filet il avait disparu; ce n'était pas le *nectarina osea*, il appartenait sûrement à cette famille que les Anglais appellent sunbir.

Tout à coup le concert cessa : les oiseaux de proie qui tournoyaient sur ma tête tombèrent comme une pierre, les autres disparurent. Alinéba, Sallam, Kadim poussèrent un cri d'effroi en prononçant le mot simoun ; je les vis rapprocher les chevaux du rocher, se couvrir la tête et se jeter à terre. Quant à moi, je m'abritai sous un arbre pour étudier les phénomènes qui se succédèrent rapidement. Occupé que j'étais je n'avais pas remarqué du côté du mont Nebo un petit nuage grossissant à vue d'œil, tourbillonnant sur lui-même comme s'il eût recélé une force intérieure qui cherchât à déchirer ses flancs pour s'en échapper. Tous les arbres frémissaient subitement et de temps en temps, les roseaux frottés les uns contre les autres s'agitaient en sens divers ; à ces mouvements succéda un silence morne et fatigant. Le soleil sans rayons se voila, se balança, incertain de sa route ; je crus qu'il se rapprochait de moi, et je reculai par un mouvement instinctif. Les montagnes avaient passé par toutes les teintes depuis le brun jusqu'au rouge éclatant ; près des côtes la mer avait l'aspect d'un acier bruni : les rivages du levant n'étaient qu'une masse d'écume. Un premier coup de tonnerre fut suivi d'un roulement continuel et d'une complète obscurité. J'entendais les bruits les plus étranges, de sourds mugissements, des cris aigus, des sifflements prolongés. Les nues se déchirèrent tout à coup, les éclairs les sillonnèrent sans interruption ; ces lueurs ardentes semblaient présager l'embrasement de l'univers : la mer bouillonnait, elle était phosphorescente, les vagues roulaient çà et là ;

de temps en temps leurs mugissements métalliques arrivaient jusqu'à moi ; le rivage opposé apparaissait tantôt noir, tantôt d'un rouge de flamme, et quand les éclairs frappaient la crête des montagnes, on avait le spectacle d'un vaste incendie. Je vis des îlots de lumière briller d'une clarté plus éblouissante que la lumière électrique, telle que le rêve ne saurait en créer dans ses tableaux les plus fantastiques. A mes côtés, un vent venu de je ne sais d'où, soufflait par raffales, s'apaisait, puis reprenait avec plus de violence ; en chassant les nuages il imprima un rapide mouvement à tout ce qui m'entourait ; je me croyais le jouet d'une force mystérieuse. Depuis un instant un sourd mugissement grondait, s'approchait, s'éloignait sans jamais cesser. Je ne me trompais pas en attribuant ce bruit aux flots de la mer qu'une force souterraine soulevait avec une sonorité lugubre et stridente ; des éclairs successifs rayaient les flots de lignes embrasées, la mer de mort devenait une mer de feu. Ses étincelles couraient avec rapidité, suivaient les ondulations des vagues, se cachaient dans leurs plis et replis, reparaissaient plus loin, grimpaient en larges bandes sur les rochers de la rive, s'évanouissaient pour recommencer sous un aspect plus terrible. Le silence était plus effrayant que les éclats de la foudre. Par une illusion d'optique dont je ne puis me rendre compte, il me semblait que l'eau blanche comme le lait arrivait jusqu'à me mouiller les pieds. Je m'éloignai pour éviter ce danger imaginaire. Tous les objets prenaient des formes bizarres, des proportions gigantesques. Sur les montagnes couronnées

de brouillards plus ou moins intenses erraient des fan-
tômes; les éclairs s'allongeaient en lignes directes ou
suivaient des courbes innombrables, perçant les nuages d'un noir d'ébène. Tout semblait se mouvoir. Le
cap Mersed paraissait enveloppé d'une bande livide.
La terre, l'eau, le ciel convulsionnés se tordaient sous
l'étreinte d'une main puissante. Une banderole du plus
beau ponceau s'étendit sur la mer, se déploya, se re-
plia, passa par toutes les nuances de l'arc-en-ciel avant
de s'éteindre dans les flots avec le pétillement du fer
rouge plongé subitement dans l'eau. Enfin, l'obscurité
devint moins intense, les ruines de Karak émergèrent
à l'horizon. Les sommets des montagnes électrisées
jetaient au vent des aigrettes de feu ; sur la péninsule
au milieu des halliers serpentait une flamme bleuâtre et
un immense feu de Bengale brûlait au nord à l'embouchure du Jourdain, tandis que plus loin quelques rideaux de rochers avaient l'aspect d'une plaie sangui-
nolente.

Pendant toute cette tempête, la température fut très
chaude ; je sentis ma peau devenir sèche et rude, mes
yeux se fermaient malgré moi; tandis que les paupières
se dilataient, mon gosier se resserrait ; j'éprouvai une
extrême fatigue, un pénible ennui ; j'entendais un bourdonnement dans les oreilles, mes poumons pouvaient
à peine respirer un air trop embrasé, trop chargé
d'exhalaisons sulfureuses.

Peu à peu le roulement du tonnerre s'éloigna, les
éclairs devinrent moins fréquents, quelques gouttes de
pluie tombées sur la pierre séchèrent subitement; la

tourmente gagnait les déserts de l'Arabie ; le soleil se dégagea de la brume et se couronna de brûlants rayons ; mes guides me rejoignirent et tout rentra dans le calme.

Je demandai à Sallam s'il avait déjà vu une semblable tempête, il me répondit affirmativement et il ajouta que les Francs seuls contemplaient ce spectacle sans mourir. Selon lui, ce sont les mauvais génies qu'Allah a renfermés dans des demeures de feu qui en sortent quand les gardiens oublient de fermer les portes ; ils profitent de ce moment de liberté pour bouleverser la terre. Mais Allah prévenu de leur escapade les fait arrêter par les anges et réintégrer dans leur prison. Il me raconta que trois Bédouins soupçonnant que ces génies étaient dans une caverne, y pénétrèrent pour les exterminer, mais ayant entendu du bruit, ils se sauvèrent en toute hâte. Ils moururent tous les trois peu de temps après et le même jour.

Pendant la nuit, une Bédouine chargée de son jeune enfant avait glissé dans l'abîme que côtoie le sentier qui descend des hauteurs à la fontaine. Le pauvre petit être, sans doute à peu près nu, avait été attaqué le premier par les oiseaux de proie ; ils se disputaient le corps de la mère que ses vêtements protégeaient. Le chasseur d'Arthur Clyton était allé se poster sur une éminence pour abattre ces carnassiers quand bien repus ils voleraient lentement et remonteraient à leurs repaires.

Après mon déjeuner avec Arthur Clyton, je fis mes adieux à cet aimable voyageur, je montai à cheval et je m'éloignai d'Engaddy, célèbre jadis par ses vignes, ses baumiers, ses palmiers. Il y a, dit Seetzen, pendant les basses eaux, un étroit sentier le long du rivage au pied du cap Mersed, mais il est rarement praticable. Je n'avais pas le projet de tenter ce passage, ne voulant suivre les hauteurs que pendant deux ou trois heures avant de regagner Bethléhem. Je traversai l'oued Sudeir, vrai lit d'un torrent qui, en avançant à l'est, se creuse une issue entre de hautes falaises et finit par un précipice. Le promontoire Mersed était toujours à ma droite.

Toute cette montagne d'un calcaire blanc veiné de rouge pâle et de larges raies noires fut jadis peuplée de solitaires et d'ermites. On y remarque ici et là des ouvertures très rapprochées les unes des autres, portes ou fenêtres de leurs retraites. J'en remarquai une plus haute que large ornée de sculptures sur l'entrée à plein cintre. Tout en cherchant par où je pourrais y arriver, je vis un peu plus bas une autre caverne au-dessous de la première d'un accès facile. J'y entrai en me baissant, et après quelques pas dans un étroit couloir, je me trouvai au pied d'un escalier aboutissant à un vaste appartement éclairé par l'ouverture supérieure qui avait d'abord attiré mes regards. Cette chambre avait douze pas en tout sens. La voûte s'appuyait sur une colonne centrale ; elle se reliait à une autre par un couloir à pente douce.

Le pays que je parcourais alors est sans contredit le plus triste, le plus aride du globe. Il porte partout les marques indélébiles de la justice de Dieu. Les austérités des solitaires vivant dans cette région maudite n'ont pu faire que sa face fut renouvelée. Les voyageurs qui ont parcouru les déserts de l'Afrique affirment qu'ils sont moins affreux que ceux des bords de la mer Morte.

Alinéba me fit remarquer un serpent céraste, *l'échis aranicola*, qui porte sur la tête une excroissance en guise de corne. Ce reptile se cache le long des chemins sous le sable et pique le sabot des chevaux ; son venin est d'une telle violence que la jambe de l'animal se raidit et enfle rapidement. Les scorpions sont noirs ou rouges, armés de pinces et d'aiguillons en si grand nombre qu'il est impossible de les saisir sans en être piqué. Ils ne sortent que la nuit. Je puis affirmer que leur aiguillon n'est pas vénéneux, car j'ai été piqué deux fois. Quand je tenais ces insectes au bout de ma pince d'entomologiste, ils s'agitaient, laissaient suinter un liqueur jaunâtre, puis se pelotonnaient et ne présentaient plus qu'une boule hérissée de dards.

Je cheminai lentement dans la direction du nord sur un haut plateau plus ou moins mouvementé, couvert de pierrailles fricassées, charbonnées : c'est une succession de collines dénudées formant l'ourlet de la plage de la mer Morte. On me fit remarquer des tas de pierres sur les tombeaux des Daouarys, fakirs fort respectés des Bédouins, que les soldats égyptiens regardaient comme des maraudeurs et massacraient impitoyablement partout où ils les rencontraient.

Je traversai trois oueds principaux descendant de l'ouest à l'est. Le premier, en commençant par le nord, est l'oued Ta'amirah, le second Derejeh, le troisième Hasasah. Tous sont creusés dans un calcaire avec des filons de formations diverses.

La vallée Ta'amirah commence aux environs de Bethléhem, se rattache à la vallée Rahib ou des Moines, au sud de la cité de David, tourne autour de Saint-Saba, puis se réunit pour perdre son nom à la vallée Ourthas qui prend naissance aux vasques de Salomon.

L'oued Derejeh commence au sud de Thékoa, dans sa partie supérieure il porte le nom de Tahar.

La vallée Hasasah traverse le plateau qui lui donne son nom. Mais ces oueds échangent quelquefois leur nom contre celui d'un village, puis reprennent plus loin leur dénomination primitive.

Ce désert est habité par les Kaabinehs, petite tribu qui n'a jamais pu vivre en paix avec les Rashaïdehs.

Je rencontrai trois cavaliers qui portaient des provisions aux gardes des concombres à l'A'ïn Djedy. Un peu plus loin on m'indiqua les ruines d'une tour et au pied de cette tour une citerne qui est remplie par les pluies d'hiver.

Dans une dépression de terrain parsemé de hautes herbes, au milieu d'arbres épineux, Alinéba me fit remarquer sur le sable les traces d'une panthère, le nimr des Arabes. La panthère est revêtue d'une superbe fourrure mouchetée qui sert à faire des tapis, des housses et des couvertures. Les Arabes la chassent à cheval, la tuent à coups de fusil, de lance et quelquefois à coups de poignard. Le jour elle se blottit dans les fourrés, dort ou fait semblant de dormir; la nuit venue elle se jette au milieu d'un troupeau, étrangle tout ce qui se trouve sur son passage, et quand elle se sent découverte, s'empare de la grosse pièce et disparaît comme l'éclair pour aller dévorer sa proie dans une caverne ou dans des jungles. Les bergers élèvent de gros chiens semblables à nos loups et fort méchants dont les hurlements annoncent l'approche de l'ennemi. La panthère n'attaque pas l'homme, elle se défend avec rage; elle blesse rarement le chasseur.

En continuant à suivre la côte, je serais arrivé à l'oued Goumren. Dans les environs de cette vallée, M. de Saulcy a observé plusieurs lignes de pierres qu'il croit être les vestiges d'un vaste mur d'enceinte d'une ville, et pour lui cette ville serait Gomorrhe. Il y a longtemps qu'on cherche l'emplacemeni des villes criminelles.

Je quittai la direction du nord pour prendre celle de l'ouest. Pendant une halte je fus accosté par quatre Bédouins, les plus misérables que j'eusse encore rencontrés sur ma route; leur maigreur était effrayante, des morts sortant de la tombe ne seraient ni plus livides, ni plus desséchés. En les voyant marcher, je crus entendre le son sinistre d'ossements secoués dans un sac.

Nous entrâmes dans une fissure entre deux montagnes rapprochées si près l'une de l'autre qu'elles semblaient devoir nous étouffer. Après une heure à travers un paysage moins triste, nous arrivâmes au pied de la colline cônique sur laquelle est bâti Beni-Naïm, un des points culminants du sud de la Palestine. Je me rendis à la mosquée sous laquelle repose le corps de Loth, suivant la légende musulmane. C'est un kan, un fort plutôt qu'un lieu de prière. Un mur couronné d'un parapet, percé de meurtrières, entoure une vaste cour carrée sur laquelle s'ouvrent deux rangs de galeries superposées. Du haut de la terrasse qui sert de toiture, mes regards se promenèrent sur la contrée que je venais de parcourir; les montagnes, les plaines, les vallées, les gorges avec leurs teintes bistres, rouges, jaunes d'ocre se découpaient nettement sous un ciel d'azur.

Si le Dante eût connu cette lisière des bords de la mer de Mort, il n'eût pas hésité à y placer un de ses plus grands coupables.

Dans les murs des maisons du village, on remarque des matériaux remontant sans aucun doute à une haute antiquité : un fragment de feuillage, deux tronçons de colonnes, une petite moulure, des caractères très frustes et un morceau de beau marbre blanc. Nous ne trouvâmes pas un seul habitant : tous étaient dans les champs, sous les tentes ou avec leurs troupeaux. Car, à cette époque de l'année, pendant les moissons et le temps des pâturages, ils vivent en plein air, ici ou là, ils ne reviennent au village qu'au commencement de l'hiver. Tels de grands seigneurs qui ont des résidences pour chaque saison. Une belle citerne creusée dans le roc témoigne de la haute antiquité de ce site. Ici comme partout les citernes sont couvertes d'une large pierre percée au centre, une autre s'adapte sur cette ouverture de telle façon que pour l'enlever il faut plusieurs hommes. On ne peut y puiser de l'eau que quand le scheikh juge à propos de faire enlever la pierre. Cette coutume rendue nécessaire nous rappelle ce passage du XXIXe chapitre de la Genèse : « Jacob vit un puits dans un champ, et auprès trois troupeaux de brebis couchées : car c'est à ce puits que les troupeaux s'abreuvaient, et le puits était fermé avec une grosse pierre. Il était d'usage que, lorsque tous les troupeaux étaient assemblés, on roulait la pierre et les troupeaux s'abreuvaient et on la remettait sur le puits. » On comprend qu'il ne faut pas gaspiller l'eau dans un pays où il pleut rarement et où les sources sont à de grandes distances les unes des autres.

Nous en sommes réduits aux conjectures pour l'identification de Beni-Naïm avec une ancienne localité. Saint Jérôme raconte que sainte Paule s'arrêta sur les hauteurs de Caphar Barncha, village de Bénédiction, où Abraham accompagna les anges allant à Sodome, et que de là elle jeta ses regards sur Sodome et Gomorrhe : elle vit un vaste désert, le pays d'Engaddy et de Zoar ; le souvenir de Loth et de sa femme lui vint à la mémoire ; il ajoute ensuite qu'elle revint à Jérusalem par Thékoa. Beni-Naïm serait-il sur l'emplacement de Barncha ? Ce récit de saint Jérôme pourrait le faire croire. Il ne faut pas chercher ici la vallée de Bénédiction dans laquelle Josaphat célébra sa victoire sur les Moabites et les Amalécites ou Ammonites. Le nom de Bereikat écrit sur la carte de Seetzen serait-il l'ancien nom donné par saint Jérôme, mais altéré ? On ne le pense pas. Il faut chercher ailleurs le Bereikat de Seetzen, qui est bien la vallée de Bénédiction de Josaphat. Ce fut, d'après les Paralipomènes, dans une vallée et non sur une hauteur comme Beni-Naïm que le roi de Juda assembla le peuple et adressa à Dieu des prières d'actions de grâces.

Je descendis de Beni-Naïm avant la nuit pour aller camper dans la plaine à quelques pas d'un groupe de tentes des Ta'amirahs. Le scheikh Ali vint me présenter ses hommages; ils m'offrit un agneau. Ce Bédouin au front large, au regard franc un peu chargé de tristesse, portait une abbaya très ample, dans sa ceinture un yatagan et un vieux pistolet; il se drapait dans son vêtement avec une majesté de roi. Ali connaissait mon drogman; dès qu'ils s'aperçurent, ils se jetèrent dans les bras l'un de l'autre, s'embrassèrent sur les joues, le front, les épaules, puis tous les deux s'éloignèrent simultanément de quelques pas pour bien s'assurer qu'ils ne se trompaient pas; ensuite ils se rapprochèrent et s'embrassèrent de nouveau avec plus d'ardeur.

Les Ta'amirahs peuvent armer trois cents hommes. Il n'y a rien de bien fixe quant aux limites de leur territoire; il semblerait cependant qu'ils habiteraient entre Bethléhem, Thékoa et Beni-Naïm jusque sur les terres des Djahalins. Ils n'ont qu'un seul village, Beit-Ta'amar. Cette capitale d'une puissante tribu a succédé à une localité antique dont on n'a pas retrouvé le nom. Car ce n'est pas le Baatmar d'Eusèbe ou le Bethamari de saint Jérôme, ville près de Gabaa, selon les deux auteurs. Elle est située sur une montagne protégée par une tour, entourée de citernes, de tombeaux, de magasins souterrains pratiqués dans le roc vif. Les Ta'amirahs cachent leurs céréales dans ces cavernes dont seuls ils connaissent les portes. C'est une race intermédiaire entre le Fellah et le Bédouin. Reniés par les uns et les autres, les Ta'amirahs vivent dans un état de guerre à peu près perpétuel qui entretient chez ce petit clan un esprit entreprenant, une humeur querelleuse et turbulente qui cherchent trop souvent un aliment dans le vol et la maraude. Ce sont d'audacieux partisans. Ils prirent une part active à l'insurrection de 1834. Leur scheikh à la tête de ses sujets s'empara de Jérusalem qu'il assiégeait. Pendant qu'il était à examiner les remparts, ne sachant trop comment il pourrait les escalader, on vint lui dire qu'il y avait dans la vallée du Cédron une caverne dont la direction semblait être du côté de la ville. Il s'engagea hardiment dans ce couloir avec quelques-uns de ses soldats, armés de fusils et de poignards. Cette petite troupe parut tout à coup sur la plate-forme du Haram, tua trois ou quatre nègres, courut ouvrir une porte après en avoir massacré les gardes et fit les signaux convenus aux assiégeants qui entrèrent comme une vague.

Les Ta'amirahs refusèrent de se soumettre au gouvernement égyptien. Pour échapper aux suites de leur insoumission et à la conscription, ils se réfugièrent dans le désert, campant dans les gorges les plus désolées de la mer Morte. Le gouverneur d'Acre s'établit sur leur territoire pendant un mois, et ce ne fut que lorsqu'ils virent leurs magasins détruits, leurs troupeaux saisis, leurs récoltes menacées qu'ils se rendirent; ils payèrent cent piastres par hommes et jurèrent de ne plus s'occuper que de leurs travaux. Pendant les dernières années de la domination égyptienne, Ibrahim Pacha ordonna une levée parmi eux. Tous les jeunes gens disparurent ; on en saisit trois qui moururent d'ennui sous les drapeaux. Leur scheikh fit des représentations au gouverneur de Jérusalem et l'ordre fut révoqué. Cette tribu a eu sa vie nomade interrompue : pendant plusieurs années elle cultiva les champs et fit le commerce des céréales ; il sembla qu'elle avait pour toujours renoncé à errer dans le désert. Cette transformation ne pouvait être de longue durée ; lasse bientôt d'une existence sédentaire, sans aucune harmonie avec ses goûts et son passé, la peuplade abandonna ses villages et reprit la vie errante de ses pères qui, il faut le reconnaître, ne manque pas de charmes.

Les Ta'amirahs que les P. P. Franciscains appellent Bethuliens, je ne sais pourquoi, sont les auxiliaires des Bethléhémites contre les autres Bédouins. Si leurs services ne sont pas désintéressés, ils sont au moins fidèles. J'avoue que ces Arabes ne savent pas toujours bien distinguer le mien et le tien, mais il serait injuste d'ajouter foi à tout ce qu'on dit de leur propension, de leur aptitude au vol.

J'étais campé dans un pli de terrain parsemé d'arbustes épineux, abrité au nord par une boursouflure rocheuse tapissée d'une espèce de mousse jaune qu'on prend pour des taches de rouille. Tout près de moi était une cavité ronde qui se remplit d'eau pendant l'hiver. Alinéba prépara l'agneau du scheikh, y ajouta une ou deux poules et un oiseau tué en route par Sallam. Tous les scheikhs partagèrent mon dîner, burent de mon café et fumèrent de mon tabac. Un Ta'amirah fit rôtir sur les charbons un reptile, lézard ou serpent qu'il dévora avec ses dents blanches.

Le lendemain, j'allai me promener autour du camp sans exciter ni surprise, ni crainte. Tout y était en mouvement. De nombreuses chèvres aux oreilles pendantes, de petites vaches rousses attendaient en ruminant qu'on vînt les traire; les moutons se préparaient à partir pour les pâturages. Les chevaux hennissaient, frappaient du pied, les poules caquetaient, les hommes, les femmes, les enfants allaient, venaient, couraient. J'eus l'occasion de voir comment les choses ordinaires de la vie se passaient parmi ces nomades. Les tentes noires rayées de brun étaient dressées sans ordre, çà et là; des femmes s'occupaient à pétrir de la farine dans des vases en terre ou en bois; elles faisaient cuire cette pâte roulée en gâteaux ou étendue très mince sur une plaque chaude de fer, ou bien encore elles la collaient contre la paroi d'une cuvette creusée dans la terre préalablement chauffée. Tout ce qui est préparé pour un repas est consommé. Après le déjeuner du matin, on ne trouve rien dans les tribus jusqu'au soir. La méthode pour faire le beurre est des plus simples. La barette n'est autre chose qu'un sac en cuir, souvent la peau d'un agneau; on remplit ce sac de lait, on le suspend à un bâton fixé par ses deux extrémités ou sur deux pieux, ou sur deux tentes rapprochées et on agite jusqu'à ce que le beurre soit fait. Plus loin, j'entendis le grincement de plusieurs moulins à bras que tournaient péniblement de malheureuses créatures. Ces moulins remontent aux époques bibliques, et rappellent les textes de l'Exode, de Jérémie, de saint Mathieu, de saint Luc. Sous une tente dont on avait relevé les draperies était un enfant couché dans une corbeille, sa mère accroupie à ses côtés le berçait en prononçant quelques mots d'un ton plaintif. Elle disait : Feuille de rose nouvellement épanouie, que le vent du désert épargne ta fraîcheur, qu'Allah te couvre de son ombre, comme l'oiseau tu boiras la rosée du matin, les larmes de l'aurore, dors en paix, petite gazelle.

L'enfant bédouin est loin d'être beau : ce n'est qu'en grandissant que ses formes se développent. Ceux que je voyais là vautrés dans la poussière étaient gros, trapus, malpropres, les yeux chassieux, les joues pendantes ; ils n'avaient pour vêtement qu'une chemise. Leurs pères fumaient tranquillement ou pansaient leurs chevaux. Le Bédouin fait consister la dignité humaine dans l'oisiveté ; c'est sur la Bédouine que retombe toutes les charges de la famille.

La vie au désert est monotone et cependant attrayante ; elle inspire plus de tristesse que de joie, c'est peut-être par ce côté qu'elle séduit. Dans nos plus pauvres villages, un homme, une femme, une fille chantent en travaillant. J'ai traversé plusieurs campements arabes ; j'ai entendu le gloussement du chameau, le bêlement de la brebis, le hennissement du cheval, l'aboiement du chien, la voix humaine jamais.

Pendant que j'examinais ce campement arabe, le soleil se leva. Le désert change d'aspect au moins trois

fois dans la journée. Le matin, dès que les rayons solaires ont inondé de leur splendide lumière ces vastes
espaces, tout prend un couleur rose un peu pâle ; les
gouttes de rosée que la chaleur n'a pas encore séchées,
brillent comme les facettes d'un diamant ; ces jets lumineux se mêlent à ceux des minéraux microscopiques ; les feuilles des arbres s'imprègnent peu à peu
de nuances sans nombre. Un matin, je vis une plaine
couverte d'un brouillard aussi blanc que celui qui s'é-
lève quelquefois sur nos marais. A midi, une vapeur
semblable à celle qui s'échappe de la gueule d'un four
flotta dans le ciel. Un peu avant le coucher du soleil,
autre décoration ; les rochers calcaires sont de la blancheur des neiges des Alpes, les arbres reprennent leur
verdure, les plaines, les vallées représentent une étoffe
rayée, les lisières des collines revêtent un manteau de
pourpre, les montagnes nagent dans des grandes ombres violacées.

J'allai, sous la conduite d'Ali, visiter une caverne
que je n'ai trouvée décrite par aucun voyageur. L'ouverture d'un mètre de haut sur soixante-dix de large, a
été indubitablement ornée de sculptures. On y voit
encore des vestiges de feuillages et de fruits le long
d'une tige noueuse. J'entrai dans un vestibule à voûte
plate, soutenue par une colonne sans chapiteau, avec
des niches dans les parois pour recevoir des lampes ou
des statuettes. De ce vestibule je passai dans une chambre plus vaste avec quatre fours à cercueils sur chaque
côté. Cette nécropole n'a pas été achevée.

Sallam me quitta : je ne devais pas passer sur le territoire de sa tribu, moins nombreuse que celle des Ta'amirahs, mais tout aussi audacieuse. Ce ne fut pas sans regret que je vis ce Bédouin s'éloigner; car quoiqu'il ne fût avec moi que depuis peu de temps, j'avais déjà pu l'apprécier. Plusieurs fois il avait quitté ma petite caravane pour remplir ma zemzémie d'eau fraîche; il descendait volontiers de cheval pour me cueillir un brin d'herbe ou ramasser une pierre qui lui paraissait curieuse.

Je déjeunai avec de l'assida, farine de froment qu'on fait bouillir dans l'eau jusqu'à ce qu'elle acquière une certaine consistance. On met cette colle dans un plat, puis on fait dans le milieu une ouverture qu'on remplit de beurre et de miel. Pour manger ce ragoût, qui n'est pas mauvais, on plie le pouce au milieu de la paume de la main, on enfonce les quatre doigts dans le plat et on les porte à sa bouche en aspirant fortement. La politesse exige qu'on lèche ses doigts avant de recommencer.

Je vis défiler devant moi pour se rendre aux pâturages les brebis, les chèvres, les vaches, les chameaux, les chiens et les bergers. Si le prophète Amos sortait de sa tombe, il ne trouverait rien de changé dans les champs de sa patrie qui nourrissaient son troupeau. Les Bédouins ont un cri particulier pour réunir les chameaux et les rappeler des pâturages. Ces animaux comprennent cet appel, et dès qu'ils l'entendent ils se mettent en mouvement pour revenir au campement. Quoique nombreux et disséminés, ils ne se perdent jamais de vue; celui qui s'égare est atteint de vertige, il fuit, il faut l'abandonner. On dit qu'une chamelle se laissa mourir auprès de son petit qui ne pouvait la suivre.

CHAPITRE XVI.

 A route de Béni-Naïm à Thékoa coupe l'oued El-Ghar. Les versants de cette vallée sont très escarpés; les chevaux ne peuvent ni les monter ni les descendre, je fus donc obligé de faire un long circuit à gauche du chemin direct.

C'est près de cette vallée que l'Igoumène russe Daniel prétend avoir vu une grande église voûtée dédiée aux saints Prophètes; elle était bâtie sur une caverne où reposaient dans trois sarcophages les reliques d'Habacuc, de Michée, de Joël, d'Ezéchiel, d'Abdias, d'Amos, de Nahum et de Sophonie. Boniface de Raguse, Felix Fabri et Georgius Gemnicus mentionnent des ruines d'une maison d'Habacuc dans ces parages. Les Arabes appellent Pabélié l'endroit où sont ces décombres.

La partie méridionale de la Palestine que je parcourais n'est que partiellement cultivée. Les oliviers, les vignes couvrent les pentes des collines couronnées de villages, de ruines ; les plaines, les bas des vallées sont réservés aux céréales, blé et orge. A chaque pas on rencontre les vestiges d'anciens travaux, des arasements de murs de soutènement de terrasses, des réservoirs, des restes de digues, des citernes, les unes intactes, les autres effondrées.

Nous suivîmes quelque temps une profonde vallée qui prend plus loin au sud le nom d'El-Khalil, parce qu'Hébron est située sur un de ses versants. A ma droite, je vis une petite tour, des pans d'une muraille à laquelle je ne puis pas donner un âge, plusieurs villages disséminés sur des mamelons, des troupeaux et plus au loin des tentes qui parsemaient le sol de points noirs.

Saïr, le Siphéer d'Irby et Mangles, était à ma gauche. Une croyance musulmane fait reposer le corps d'Esaü dans un cercueil à Saïr ; le tombeau qu'on lui attribue est couvert d'un vieux tapis. La Genèse nous apprend que le frère de Jacob alla habiter les montagnes de Seir en Edom. Peut-on supposer qu'il soit venu mourir dans le pays de Chanaan ? On trouve autour du village, creusés dans le rocher, de beaux sépulcres précédés de vestibules utilisés aujourd'hui par les habitants soit comme habitations, soit comme magasins.

Je traversai des maquis de chênes nains parsemés d'oliviers sauvages et de nombreux arbres épineux que les chèvres ne peuvent pas brouter. De toutes les fissures des rochers sortent des broussailles, des graminées, des plantes plus ou moins verdoyantes.

Un Bédouin monté sur un petit âne me demanda du tabac d'un ton brusque et impérieux. « Si tu parles plus poliment, lui dis-je, je te donnerai ce que tu veux. » Il ne répondit rien et continua son chemin.

J'escaladai au galop la colline sur laquelle est située Thékoa. Son nom signifie Trompette ; elle existait déjà avant l'arrivée des Hébreux en Terre-Sainte. Nous lisons dans la généalogie des enfants de Juda, qu'Asur fut père de Thékoa, c'est-à-dire qu'il fut le chef de la famille dont cette ville devint la propriété. Hiza, un des trente vaillants de David était de Thékoa. On lit dans le second livre des Rois que Joab appela de cette ville une femme pleine de sagesse qui réconcilia David et Absalon. On recueillait ses sentences ; nous en choisirons deux qui nous découvrent l'esprit de haute sagesse qui l'animait : « Nous mourrons tous, et nous nous écoulons sur la terre comme les eaux qui ne reviennent plus. Dieu ne veut pas qu'une âme périsse, mais il différera l'exécution de son arrêt, de peur que celui qui a été rejeté ne soit perdu. » Thékoa fut rebâtie par Jéroboam qui la fortifia pour tenir en respect les nomades d'au-delà de la mer Morte, qui, à cette époque comme aujourd'hui, étaient toujours disposés à faire des incursions dans la Judée. Amos, pasteur de Thékoa, gardait son troupeau sur les collines voisines. Il vint mourir dans cette ville. Quel charme n'éprouve-t-on pas à lire les prophéties de l'illustre berger, là où elles furent prononcées ; j'avais lu les lamentations de

Jérémie dans la grotte qui porte son nom : « Fortifiez-vous fils de Benjamin, au milieu de Jérusalem, s'écrie ce dernier prophète, chapitre XI, v. 1. Faites retentir les trompettes à Thékoa. » Dans son livre, Esdras raconte que cette ville fut réhabitée après la captivité, et que les habitants contribuèrent à la reconstruction des murs de la cité de David. Le désert de Thékoa qui s'étendait jusqu'à la mer Morte est cité dans les Paralipomènes. Jonathas et Simon, fils de Judas Maccabée, poursuivis par Bacchides, trouvèrent un refuge dans ce désert aux environs du lac Asphaltite. Céréalis et Josèphe y furent envoyés par Titus pour examiner si cette position était convenable pour l'établissement d'un de ces camps que les Romains plaçaient au milieu des nations conquises. Eusèbe et saint Jérôme parlent de Thékoa comme d'une petite bourgade où on montrait le tombeau d'Amos. Où le trouver aujourd'hui ?

Saint Willibald, qui la visita en 763, croit que les enfants de cette ville furent compris avec ceux de Bethléhem dans l'ordre de massacre donné par Hérode. L'église dédiée à saint Chariton était en grande vénération. Pendant le siège de Jérusalem par les Croisés, les chrétiens de Thékoa envoyèrent des secours aux Latins. En 1132, la reine Mélisinde y fonda un couvent de Bénédictines, dont sa sœur Yvette fut la première abbesse. Plus tard, elle échangea ce monastère qu'elle donna aux chanoines du Saint-Sépulcre contre celui de Béthanie. Les habitants de Thékoa s'étaient toujours réservé le droit de prendre du bitume et du sel dans la mer Morte.

Le Martyrologe fait mention, le 28 mai, de saints solitaires mis à mort à Thékoa par les Sarrasins, sous l'empereur Théodose. Cassien raconte que les habitants des villes voisines furent sur le point de se disputer leurs reliques les armes à la main.

Saint Saba, mort en 532, abbé du monastère qui porte son nom, avait établi une laure près de Thékoa. La bonne harmonie qui n'avait cessé d'exister entre cette laure et le couvent que dirigeait saint Saba fut rompue par des discussions théologiques au sujet des doctrines d'Origène. Nonnus, moine de la nouvelle laure, partisan d'Origène, avait entraîné tous les religieux qui vivaient avec lui ; plusieurs solitaires de l'ancienne laure étaient aussi origènistes. Chassés par ceux qui avaient conservé la foi dans son intégrité, ils se réfugièrent auprès de Nonnus qui, aidé de ses partisans se porta à des actes de violence condamnables. En 536, le patriarche de Jérusalem, Pierre, assembla dans la ville sainte un concile où furent convoqués les évêques et les abbés des trois Palestines. Le concile anathématisa les sectateurs d'Origène. Nonnus irrité, refusa de se soumettre et quittant la laure de Thékoa, se retira dans la plaine. Il ne rentra au monastère qu'après de longues négociations et y continua par ses intrigues à agiter les moines de Saint-Saba. Les origénistes parvinrent même à faire élire un de leurs partisans pour abbé ; mais l'élu ne conserva pas longtemps sa dignité, puisqu'en 545 la paix fut rétablie parmi les solitaires de Thékoa par l'expulsion des plus turbulents.

En 1138, l'ancienne Thékoa fut détruite par une bande de musulmans : les habitants échappèrent à la mort en se cachant dans la grotte de saint Chariton. Quaresmius avoue ne pas avoir visité ce pays, parce que les Arabes pillaient et tuaient les voyageurs.

Au milieu du XIIIᵉ siècle, le rabbi Jacob arriva à Thékoa, « où, dit-il, est enseveli Isaïe le prophète, dont la mémoire soit en bénédiction. » Eusèbe et saint Jérôme eussent certainement parlé de ce sépulcre si la tradition eût placé ici la tombe de l'un des plus grands prophètes.

Isaac Chelo visita Thékoa en 1333. On lui montra une caverne qu'on lui dit être le sépulcre d'un des sept prophètes dont les ossements sacrés reposent en Judée. Selon les uns, c'est celui du prophète Amos, selon d'autres, celui d'Isaïe. L'Elahah Massaôt cite ce tombeau. L'auteur juif des *Tombeaux sacrés* place le lieu de repos d'Isaïe à Thékoa. D'après ce pèlerin, les restes du fils d'Amos sont sous un édifice carré, percé de cinq fenêtres, couronné d'une lanterne.

Les ruines de Thékoa occupent une vaste surface sur le sommet d'une colline environnée de profondes vallées, dominant toute la contrée. La forteresse s'élevait au nord-est; un reste de tour indique sa place ainsi que des fondations de murs fort épais et solidement construits, puisqu'ils ont résisté à tous les éléments de destruction. Non loin de là, on trouve des cubes de mosaïques, des tronçons de colonnes, de chapiteaux, vestiges d'une église à trois nefs citée par Quaresmius. A l'époque du voyage du P. Nau les murs de cet édifice étaient encore en bon état, mais il n'y avait plus de voûte ; un vieillard de Bethléhem lui apprit que cette église, desservie par un prêtre grec, était encore intacte peu d'années auparavant.

On remarque sur quelques pierres des signes symboliques, peut-être des fleurs de lis, des croix.

Il n'y a pas longtemps qu'on a découvert sous ces décombres un magnifique baptistère en calcaire rouge, moucheté de blanc, d'un seul bloc ; il est de forme octogone, orné de croix, de couronnes sur les côtés et percé à la base pour l'écoulement de l'eau baptismale qui tombait dans une petite citerne. Je n'ai pas trouvé les ruines d'une autre église dédiée à saint Pantaléon, dont parle le voyageur anglais Pockcoke. La nécropole de la ville était sur un versant de la colline.

Thékoa est à huit kilomètres de Bethléhem et à seize de Jérusalem. En moins d'une demi-heure je descendis de la hauteur dans la vallée de Kharitoun. C'est là que se trouve le Labyrinthe creusé dans les parois verticales d'une montagne qui fait partie d'un réseau montagneux connu des Arabes sous le nom de Djebel el-Khalil. Ici le désert est empreint d'une sauvage majesté. D'innombrables blocs de rochers roulés dans l'oued encombrent le chemin, tandis que d'autres blocs suspendus à diverses hauteurs menacent de s'ébouler et de vous écraser. Le ton général de la pierre est celui de la rouille de fer ; quelques arbustes végètent sur ces rochers. Je rencontrai trois Bédouins de Thékoa qui m'avaient devancé pour m'offrir leurs services. Ces hommes ont la vue perçante ; cachés sous des touffes d'herbes, sous un rocher, ils guettent le voyageur et se trouvent comme par hasard là où vous arrivez. Il faut reconnaître qu'ils savent se rendre utiles et même nécessaires. J'acceptai la proposition qu'ils me firent de me conduire dans la caverne, Labyrinthe que je citai quelques lignes plus haut. Nous parvînmes à son ouverture à quelques mètres au-dessus du bas de la vallée par un sentier étroit et sinueux. J'allumai une petite lanterne sourde et donnai une bougie à chacun de mes guides, puis nous entrâmes : c'est bien un vaste labyrinthe. Après avoir suivi un passage surbaissé sur lequel aboutissent plusieurs petites chambres à droite et à gauche, on arrive à un vaste appartement très élevé, régulièrement voûté, d'où partent de nombreux couloirs communiquant avec des chambres plus ou moins spacieuses. Plusieurs corridors ont été taillés au ciseau, ils en portent les traces. Je foulai des débris d'urnes, des poteries ; ici s'offraient des caractères inconnus ; là, étaient des niches creusées dans les parois pour recevoir des cercueils. Les voies de communication toutes au même niveau, n'ont pas plus de deux mètres de haut sur soixante-dix centimètres de large. Lacouleur du rocher est brune, autant que j'ai pu en juger, car il était difficile d'en définir exactement les nuances à cause des reflets de nos lumières. Une fine poussière couvrait le sol. Nous arrivâmes sur le bord d'un gouffre dont je ne pus apprécier la profondeur, ne me trouvant pas muni d'une corde pour y descendre une bougie. N'y a-t-il plus rien à découvrir dans cette caverne ? Qui le sait ?

Irby et Mangles ont visité et décrit ce Labyrinthe :
« Nous quittons nos chevaux aux ruines d'un village
appelé Kharitoun, et nous gagnons à pied l'ouverture
d'une caverne qui s'ouvre sur une profonde ravine
d'un aspect pittoresque. Cette grotte n'est d'abord
qu'un long et sinueux corridor ou passage sur lequel
aboutissent de petites chambres de chaque côté. En
avançant nous arrivons à un grand appartement voûté,
d'une belle hauteur, d'où partent des passages dans
toutes les directions. Il y a dans cette vaste salle des
pétrifications ; elle est propre, l'air y est bon ; des débris de poteries que nous y trouvons, nous disent
qu'elle a été jadis habitée. »

Cette caverne dans un massif rocheux n'a pas été
faite pour percer la montagne ; c'est une nécropole.
Le premier appartement porte le nom de celui qui l'a
exploré le premier, John Gordon ; le second, pour la
même raison, s'appelle cellule des Franciscains. De
l'entrée à l'extrémité il y a au moins trois cents mètres.
Sa direction, d'abord nord-ouest, devient ensuite
nord.

Depuis longtemps, la tradition identifie cette caverne avec celle d'Odollam. Il y a dans le voisinage
des ruines considérables, des débris de fortifications
et d'églises, de nombreuses citernes. Nous lisons dans
le 1ᵉʳ livre des Rois, chapitre XXII, v. 1, que David
s'enfuit de Geth et chercha dans la caverne d'Odollam
un refuge contre la colère de Saül. C'est là qu'il se
retrancha avec son armée lorsque les Philistins étaient
maîtres de Bethléhem. On voit par ce qu'on en lit dans

les Rois et les Paralipomènes, que cette excavation était spacieuse et peu éloignée de Bethléhem, car David ayant désiré de l'eau de la citerne située à la porte de cette ville, trois de ses plus braves compagnons d'infortune, bravant tout danger, traversèrent le camp des Philistins, pour aller puiser dans la citerne l'eau tant désirée et l'apportèrent à leur roi.

Josué, chapitre xv, v. 35 et chapitre xii, v. 15, cite deux fois la ville d'Odollam, mais il la place dans la plaine de Juda, avec Jérimoth, Socho, Azéça, et ailleurs avec Lebna. Nous lisons dans le chapitre 11, v. 7 et 8 du second livre des Paralipomènes, que Roboam fortifia Odollam, ville entre Socho et Geth. D'après le second livre d'Esdras, elle était entre Zanoa et Lachis. Eusèbe, que copie Saint-Jérôme, nous dit qu'Odollam était de son temps un gros village de la tribu de Juda, à dix milles d'Eleuthéropolis à l'Orient. Mais Beit Djibrin, l'antique Eleuthéropolis est à plus de vingt milles de la caverne en question. Malgré les textes sacrés et profanes qui présentent des difficultés à l'identification de la grotte de Saint-Chariton avec celle d'Odollam, on croyait au moyen-âge à cette identité, car Guillaume de Tyr raconte qu'en 1138, des maraudeurs sarrasins fondirent tout à coup sur Thékoa, et tuèrent tous les habitants qui n'eurent pas le temps de se réfugier dans la caverne d'Odollam. Or, la grotte de Saint-Chariton n'est pas à plus d'une demi-heure de la Thékoa moderne, qui est incontestablement sur l'emplacement de l'ancienne. Elle sert encore aujourd'hui de camp retranché aux Bédouins en guerre avec le gouvernement turc.

On lit dans le xxxviiie chapitre de la Genèse que Juda, fils de Jacob, épousa une Chananéenne, fille de Sue d'Odollam. Il avait pour berger de ses troupeaux un Odollamite ; il le chargea de remettre un agneau à Thamar pour lui demander son anneau, son bracelet et son bâton. Nous trouvons le nom d'Odollam dans Michée, dans Néhémie. Judas Maccabée y célébra le Sabbat après avoir battu Gorgias. Certains auteurs pensent que ce fut dans cette caverne que Saül était endormi lorsque David lui coupa un morceau de son manteau et emporta la coupe royale. En examinant les lieux de la scène racontée dans le xxive chapitre du premier livre des Rois, tous les accessoires du récit biblique s'expliquent très bien.

Le pays que je venais de parcourir est plein du souvenir de David. A chaque pas on y retrouve les traces de ce berger devenu roi. Quand je voyais un pasteur bédouin perché sur un piton de rocher, exposé aux ardeurs du soleil, immobile comme une statue, je me représentais cet ancêtre du Messie, gardant les troupeaux de son père. C'est là qu'il passa sa vie de berger et ensuite sa vie de fugitif et qu'il sentit que la vie de l'homme est dure. Ses Psaumes sont pleins de comparaisons tirées de son premier état. Le Seigneur est un berger, les hommes sont ses brebis. La poésie de ces admirables morceaux de chants respire l'âpreté, la mélancolie et, en même temps, la suavité du désert où la nature étale des spectacles grandioses, moins faits cependant pour nous impressionner que ses lointains indéfinis, ses horizons sans limites, ses aridités mêmes qui rendent délicieuses ses luxuriantes oasis, ses eaux pures et fraîches. Que de fois peut-être, entouré de serviteurs, comblé de richesses, au faîte de la puissance, ce roi d'Israël ne regretta-t-il pas les solitudes de Thékoa où, jeune enfant, il conduisait un petit troupeau, buvant l'eau du torrent dans le creux de sa main, nourri du lait de ses brebis, mais admirant, avec la pureté de sa jeune âme, le soleil du matin se levant glorieusement derrière les montagnes de l'Arabie, et le soir se couchant à l'Occident dans cette grande mer, dont il a chanté le bruit et les tempêtes avec des expressions qu'il faut encore lui emprunter aujourd'hui si l'on veut peindre exactement ses phénomènes saisissants. Pendant les heures de halte, je lisais quelques-uns de ces admirables psaumes, qui ne sont pas seulement des modèles de poésie et d'éloquence. Qui n'y a trouvé de ces pensées qui frappent au cœur, qui consolent les affligés, qui inspirent l'espérance aux découragés, aux ennuyés de la vie, et remuent ce qu'il y a de plus intime dans l'âme. Il chante la concorde fraternelle, la prospérité du méchant vite passée, le bonheur inaltérable du juste, la mélancolique tristesse de l'exilé, son allégresse au retour, la paisible existence du pasteur, de l'homme des champs; il célèbre aussi la magnificence royale et exhale son repentir en des accents si pénétrants, si pleins de larmes, qu'on lui pardonne sans peine d'avoir été coupable. Toutes les joies, aussi bien que toutes les douleurs, lui sont connues.

Sous David, la poésie héroïque des Hébreux atteignit son plus haut degré de splendeur. La fleur sauvage des champs transportée sur la superbe Sion y brilla de tout l'éclat d'une royale fleur. Le sentiment poétique et musical déposé en germe dans l'âme du fils d'Isaïe avait pu se développer admirablement pendant son enfance et sa jeunesse. Fils d'un pasteur, pasteur lui-même, il avait puisé dans la nature, dans ses beautés, ses harmonies, l'inspiration poétique qui devait éclater plus tard dans ses Psaumes héroïques et dans ses chants de douleur et de repentir que nous avons nommés Psaumes de la Pénitence. La musique qu'il cultiva lui avait valu tout d'abord autant de traverses que de triomphes. Exaltées par ses chants, les femmes le proclamèrent le rival de Saül qui, par jalousie, le poursuivit et le força à se cacher dans les montagnes de la Judée où il vécut hors la loi, attendant la vie de la nourriture trouvée sur le chemin, comme la perdrix du désert. Ce fut alors que sa harpe fut sa confidente et sa consolation ; les sons qu'il en tira devinrent les échos de ses sensations les plus tendres, mais ils prirent bientôt les caractères de la prière. Le roi-prophète sanctifia la poésie et la musique en les employant au service du temple ; ses Psaumes devinrent des chants nationaux que le peuple répétait avec enthousiasme.

A l'époque où toutes les innombrables grottes de la Palestine étaient habitées par une population d'ermites, de solitaires, d'ascètes, de moines, vivait un saint homme nommé Chariton. Un jour qu'il allait à Jérusalem prier sur le tombeau du Sauveur, il fut pris par des voleurs qui, après lui avoir lié les jambes et les

314

bras, l'enfermèrent dans une caverne. Mais, bientôt convaincus du peu qu'il y avait à tirer d'un prisonnier qui passait son temps dans la prière, ils lui rendirent la liberté. Chariton se retira dans le désert où sa réputation de sainteté lui attira de nombreux visiteurs, car, à ces époques de ferveur, les hommes frappés intérieurement cherchaient le chemin du ciel auprès de ceux qui le connaissaient. Pour échapper à cette foule, Chariton confia la direction de sa laure à un de ses disciples, prit son bâton, sortit un soir de sa cellule et se dirigea du côté de Jéricho, sur l'aride montagne de la Quarantaine. Mais là, aussi bien que dans le désert de Pharan, sa chère solitude lui fut dérobée. Obsédé par une multitude avide de le voir et de l'écouter, il chargea Elpidius du soin de ses disciples et disparut. On apprit plus tard qu'il s'était réfugié à Suca, dans une caverne à laquelle on arrivait par une échelle. Parvenu à un âge très avancé, il pouvait à peine aller puiser de l'eau. Un soir, il pria avec tant d'ardeur que Dieu fit jaillir une source au pied de son rocher.

Sur le point de mourir, le saint solitaire se traîna jusqu'à sa chère laure de Pharan, où, après avoir béni tous ses disciples réunis, il se coucha sur une pierre nue et expira. La grotte que je venais d'explorer, la vallée, la source, les ruines voisines, s'appellent Kharitoun, nom qui leur vient de saint Chariton. Ses disciples se rendirent célèbres par la sainteté de leur vie. Des solitaires de Saint-Saba, ayant quitté leur monastère, se présentèrent à saint Aquilin, abbé de Suca, il refusa de le s recevoir dans sa laure. Les Sarrasins massacrèrent les religieux et brûlèrent leur habitation avec l'église. Ils eurent aussi leur jour de triomphe : lorsque l'empereur Héraclius entra à Jérusalem en 629 avec le bois précieux de la vraie croix, les moines de Suca ou Saint-Chariton, avec ceux de Saint-Saba l'accompagnaient.

Un pèlerin russe du commencement du XIIe siècle a retracé dans ses écrits l'aspect de la solitude de Suca et célébré les vertus des disciples de saint Chariton. « Ce monastère, dit-il, se trouve au midi de Bethléhem, au bord du torrent d'Etham, non loin de la mer de Sodome, au milieu des rochers. L'âpreté du désert y est horrible, l'eau y manque totalement et l'aridité y est complète. Cependant, le couvent de Saint-Chariton présente un aspect pittoresque : il est resserré entre des montagnes de pierre ; il était autrefois ceint de murailles ; un effrayant défilé rocailleux est à ses pieds. Deux églises se trouvent dans l'enceinte du couvent. Dans la plus grande, on montre le tombeau de saint Chariton, et, en dehors des murs, une cave sépulcrale très vaste. Les saints Pères qui y reposent paraissent comme s'ils étaient vivants ; on en compte jusqu'à cinq cents. C'est là que gît saint Cirique, le confesseur, dont le corps est d'une parfaite conservation. Là gisent les deux fils de Xénophon, Jean et Arcadius. Ces reliques exhalent une odeur balsamique. »

A l'entrée de l'oued Kharitoun, on remarque un énorme pan de mur ; c'est peut-être les derniers vestiges du monastère de saint Chariton.

Je passai un quart-d'heure à me reposer auprès du filet d'eau qui a désaltéré saint Chariton ; d'énormes corbeaux et des corneilles tournoyaient au-dessus de la vallée, paraissant attendre mon départ pour venir boire à cette eau. Un berger peu vêtu m'apporta du bon lait et me demanda des secrets pour le préserver du mauvais œil ; il était déjà muni d'un sachet suspendu à son cou et qu'il me montra rempli de chiffons de papier barbouillé de versets du Koran. Voici la traduction du plus remarquable : « Seigneur, efface mes péchés et aie pitié de moi, tu es le plus miséricordieux. » Il était de la tribu des Odollams, une des plus petites de ce pays ; lui, ses brebis et ses chèvres s'abritaient dans les cavernes du voisinage. J'admirai l'adresse de ces nomades à dissimuler l'entrée d'une excavation qui leur sert à divers usages. S'il y a quelques arbustes ou broussailles autour de leur refuge, ils ont grand soin de les préserver de la dent de leurs troupeaux, et savent effacer jusqu'aux traces de leurs pas; ils n'y entrent que le soir, en sortent le matin avant le jour. Lorsque mon drogman m'indiquait un de ces trous, il m'aurait semblé impossible d'y arriver s'il ne m'avait fait remarquer au bas de la paroi dans laquelle il était creusé un sentier à peine tracé, interrompu à dessein, puis continué plus haut par intervalles.

Pendant notre marche le long des collines, je vis des Bédouins s'arrêter et dresser leurs tentes pour camper. Les animaux, brebis, vaches, chèvres, moutons, se couchèrent sous la garde de plusieurs chiens. Une tente, celle du scheikh, je présume, s'éleva d'abord, les autres se dressèrent tout autour. En un instant, le sol se couvrit de points noirs assez semblables à d'énormes taupinières. Les chameaux s'agenouillèrent, on les déchargea, puis d'un pas lent, ils allèrent rejoindre les troupeaux de la tribu. Cette place, auparavant déserte, s'anima tout à coup : les hommes, les femmes, les enfants s'appelaient, se triaient, quelques cris aigus retentirent subitement ; un cavalier nous aborda, dit deux mots à mon drogman et rejoignit les siens. De légères colonnes de fumée montèrent en spirales vers le ciel, puis se fondirent dans l'espace.

Sur le chemin de la montagne des Francs, je rencontrai un homme chassant quelques brebis devant lui et une Bédouine portant sur son dos un enfant enveloppé dans son manteau. Nous savons déjà les usages multiples auquel sert le manteau de la femme arabe : c'est le lit de son enfant, sa tente, son sac de provisions, sa couverture; elle le tourne et le retourne de mille façons.

La montagne des Francs, *El Fureidis* des Arabes, est un cône tronqué, isolé de tous côtés; au nord, par l'oued El-Ta'amirah ; au sud-ouest, par celui d'Ourthas qui se joignant au premier en prend le nom; à l'ouest, une plaine basse et accidentée arrive à ses pieds. On reconnaît, au nord-ouest, des travaux de nivellement opérés sur une vaste échelle : des fragments de murs en indiquent la direction. Dans cette enceinte se trouve un vaste réservoir dont les bords furent jadis revêtus d'une muraille et au milieu duquel est une île couverte de débris.

Voici comment s'expriment MM. Maus et Salzman sur les débris de l'île qui se trouve au milieu du réservoir aujourd'hui à sec : « Ce bassin, dont la description exacte nous a été laissée par Josèphe, a 69^m 40 de longueur sur une largeur de 46^m 40. Au centre se trouve un îlot formé par les vestiges d'une construction que nous avons étudiée et fait déblayer avec soin. Nous y fîmes une large tranchée qui fut poussée jusqu'à 1^m 50 au-dessous du niveau du sol du bassin. A cette profondeur, le terrain était vierge et se composait de couches de calcaires veinées d'argile ferrugineuse. Les résultats de ce travail furent les suivants : Nous pûmes constater qu'il y avait autrefois au centre du bassin, un petit édifice circulaire appareillé comme les autres constructions d'Hérodium. Cet édifice avait été fouillé longtemps avant notre arrivée. Il ne reste pas trace de débris sculptés. Le massif visible aujourd'hui présente, y compris les pierres éboulées sur son pourtour, un développement de 17^m sur 3 de hauteur. Au sommet de ce massif, nous avons trouvé le sol d'une chambre et les traces d'un pavage en mosaïque formé de gros cubes noirs et blancs, semblables à ceux trouvés dans le donjon. Enfin, nous pûmes constater l'existence de deux pieds-droits d'une porte donnant accès dans cette chambre. Que pouvons-nous réédifier avec ces éléments ? un château d'eau ? une fontaine monumentale, comme on l'a cru ? Nous n'avons trouvé trace d'aqueduc ou de tuyaux ni autour de l'îlot, ni dans les fondations. Un lieu de repos pendant les grandes chaleurs de l'été ? L'endroit eût été bien mal choisi et d'un accès bien incommode. Ne serait-il pas plus naturel d'y voir un tombeau dans cet édicule isolé au milieu d'un étang, protégé par lui? Les exemples sont nombreux de tombeaux construits dans ces conditions. » Ces savants explorateurs croient que là était la tombe d'Hérode.

Il est facile de s'assurer par les restes de soutènement, qu'une série de terrasses embrassaient la base de ce dôme. On ne peut retrouver, ni le chemin, ni le fossé, ni les ruines d'une église dont parle Pockcoke.

Je descendis de cheval pour gravir ce cône singulier. Arrivé au sommet, je dominai du regard, pour la dernière fois, l'héritage des tribus de Juda et de Benjamin. Au nord, tout s'incline vers l'oued Kharitoun ; au midi, sont de hauts plateaux bordés de collines que séparent de profondes vallées ; à l'est, l'œil après avoir glissé sur des prairies cultivées, arrive brusquement à ne reconnaître qu'un massif de calcaire, une région aride, où les plaines, les bassins, les gorges se heurtent et semblent se hâter pour se précipiter dans un abîme. Le district autour de Bethléhem semblait à mes pieds. C'est un pays montagneux, moucheté de larges bandes verdoyantes sur une masse crétacée très mouvementée. On peut suivre la direction des vallées principales dans leurs nombreuses sinuosités et ramifications.

La vallée Ourthas, la plus méridionale, prend naissance aux vasques de Salomon et se dirige au levant ; elle reçoit un peu avant le village Ourthas deux autres oueds.

La vallée Es-Rahib, ou vallée des Moines, commence au sud de Bethléhem, bâtie sur son flanc nord, court à l'est, où elle change son nom en celui de Ta'amirah, et vient contourner le mont des Francs au nord, tandis que l'oued Ourthas l'environne au midi. Ces deux vallées, réunies au-devant de cette montagne comme les deux branches d'une tenaille, se confondent sous le nom de Ta'amirah.

Au nord de Beit Sahour, on remarque l'oued Alya ; à l'ouest de la cité de David, un peu au-delà du tombeau de Rachel, s'ouvre l'oued Hamed, qui coupe l'oued Ouard ou vallée des Roses. Une petite boursouflure du sol au nord de Bethléhem sert à marquer la ligne de partage des eaux. Celles de gauche s'écoulent dans la Méditerranée ; celles de droite, au levant, dans l'oued Alya et la mer Morte.

Toute la circonférence du sommet de la montagne des Francs est couronnée de vestiges de murs qui surplombent et forment un bassin à l'intérieur comme le cratère d'un volcan. Ces fortifications d'enceinte en grosses pierres de taille étaient flanquées de quatre tours aux quatre points cardinaux. Une seule, celle de l'est, conserve encore quelques assises. A l'intérieur on voit une citerne ou magasin, une ou deux marches d'escalier, des débris de voûtes. Ce monticule mesure neufs cents mètres de circonférence, il s'élève de cent vingt mètres au-dessus de la plaine.

C'est probablement ici l'emplacement de Bethacara, Bethzacaria, ou Bethakerem, forteresse bâtie sur une montagne à soixante-douze stades (douze kilomètres) de Jérusalem, selon Josèphe ; Jérémie l'a cité chapitre vi, v. i. Sur cette hauteur était un phare pour signaler l'approche de l'ennemi ou demander du secours ; dans le premier cas, on agitait des torches, dans le second, les feux étaient immobiles. C'est près de là que Judas Maccabée attira Antiochus Eupator et Lycias, et c'est là qu'Eléazar se dévoua pour ses frères en se jetant sous un éléphant qu'il supposait porter le roi.

On lit dans Josèphe que le roi Hérode, chassé de Jérusalem, poursuivi par les Parthes et les juifs jusqu'à Bethacara, ne se crut pas en sûreté dans ce désert et alla chercher asile sur le sommet de Masada avec sa mère, sa sœur et Marianne sa femme ; mais bientôt environné par des ennemis acharnés à sa perte, il se vit forcé de combattre : il les battit complètement. Pour conserver le souvenir de cette victoire, il construisit une ville et une forteresse sur la montagne où s'était opéré son retour de fortune ; il nomma la ville Hérodium, la fortifia et y fit élever de grandes constructions en tout genre, des palais, des logements pour de nombreux serviteurs. Autour de cette acropole les maisons opulentes formaient une ceinture non interrompue et donnaient à la plaine l'aspect d'une belle cité.

Hérode mourut à Jéricho ; son fils Archélaüs lui fit de pompeuses funérailles. On le transporta à Hérodium sur un char enrichi de pierreries, la tête couronnée d'un diadème, un sceptre à la main ; une armée de Thraces, de Germains, de Gaulois suivaient ce cadavre ; cinquante esclaves portaient et brûlaient des parfums.

Ce tyran iduméen fut-il déposé dans l'île ou dans l'acropole ? Je ne sais.

Lorsque les Romains s'emparèrent de Jérusalem, les maraudeurs des environs faisaient des ruines d'Hérodium leur repaire favori. Lucius Bassus fut obligé de les assiéger pour en débarrasser le pays.

Saint Jérôme dit qu'il voyait de Bethléhem Bethasa ou Bethacharme, il ne nomme pas Hérodium ; on connaît cependant sa préférence pour les noms grecs.

En 1432, Félix Fabri appelait la montagne des Francs Béthulie. Il vante la fertilité des environs et raconte qu'en Orient on croyait que les chevaliers de Saint-Jean s'y étaient maintenus quarante ans après la prise de Jérusalem en 1183. Ils ensemencèrent le terrain qui était autour d'eux ; leur nombre fut augmenté par l'arrivée des pèlerins qui n'avaient pu s'embarquer ; tous vécurent de ce qu'ils enlevaient dans leurs excursions. Mais une peste ayant décimé ces guerriers, enlevé les femmes et les filles, ceux qui survécurent émigrèrent.

Morisson raconte une histoire à peu près semblable à celle du chanoine d'Ulm, et en fixe l'époque au temps du règne de Sélim, en 1570.

Les chevaliers de l'ordre Mont-Joie habitèrent quelque temps la montagne des Francs ; ils en furent chassés par les Arabes en 1180. Le roi d'Espagne, Alphonse X, incorpora ces chevaliers dans l'ordre de Calatrava.

Félix Fabri, 1483, Zuallart, 1486, Quaresmius, 1625, Doubdan, 1652, Troilo, 1658, appellent Hérodium Bethulie ; Cootwich, 1598, Rauwuff confondent ce site avec Thékoa, Breydenbach et Adrichomius avec Masada.

Le nom de mont des Francs ne remonte qu'à la fin du XVIIᵉ siècle. On le trouve pour la première fois dans Le Bruyn, Maundrell et Morisson. Celui d'Hérodium était perdu depuis longtemps, lorsqu'il fut prononcé par un moine de Saint-Saba que l'abbé Mariti avait pris pour guide à Bethléhem. Bergren et Raumer proposèrent alors d'identifier le mont des Francs avec Hérodium, identification admise aujourd'hui par tous les savants.

Le soleil avait parcouru plus de la moitié de sa course quand j'arrivai sur la montagne des Francs. Le tableau qui se déroulait autour de moi attachait mes regards par son étrangeté et sa variété et captivait mon esprit par ses souvenirs. Nos impressions, nos émotions changent avec la décoration du paysage. C'est là un des plus grands charmes d'un voyage. De chaque hauteur dans le sud de la Palestine, l'œil découvre de nouveaux points de vue : la lumière sous ce ciel ardent est une magicienne ; elle fait resplendir tous les objets qu'elle éclaire, les revêt de nuances inimaginables ; la multiplicité des formations géologiques de cette région se prête à ses jeux. Le Jourdain descendait dans le lointain au milieu d'une traînée verdoyante ; au nord j'apercevais Jérusalem, le mont des Oliviers ; au midi Thékoa, les collines d'Hébron, celles qui touchent au Sinaï ; à l'occident, des montagnes me dérobaient la Méditerranée, mais j'étais près encore de cette belle mer qui baigne les côtes de la Grèce, de l'Italie et de la France; Bethléhem était à l'ouest-nord, riche du berceau d'un enfant qui attire les hommages des chrétiens depuis dix-huit siècles.

Nous aurions le droit d'être étonné que le mont des Francs n'eût pas ses légendes. En voici deux que les Arabes redisent sous la tente : A minuit des spectres habillés de blanc paraissent subitement au sommet. Sous leur vêtement percent leurs ossements; leur barbe semblable à la moisissure descend sur leur poitrine, un immense turban couvre leur tête; assis sur des sièges couverts de signes hiéroglyphiques, ils murmurent une prière, puis quittent leur place, forment un cercle, s'inclinent et demeurent immobiles jusqu'à l'arrivée d'un vieillard tenant d'une main un sceptre d'ivoire et d'ébène, et de l'autre un rouleau couvert d'une écriture que lui seul sait lire. Ce vieillard parle lentement et son discours éveille des pensées douloureuses, car ses auditeurs versent d'abondantes larmes. Si les Bédouins pouvaient comprendre ce langage, ils deviendraient tous plus riches que le sultan. L'un d'eux, s'étant caché dans les ruines pour surprendre leur secret, fut piqué par un insecte dont les yeux fascinateurs le tinrent immobile jusqu'à ce qu'il mourut. Lorsque le soleil se lève, un oiseau au brillant plumage chante un air mélodieux et les spectres s'évanouissent.

Autre légende que me raconta Alinéba : elle présage une fin funeste pour les habitants du désert : Trois gigantesques guerriers armés de lances aussi grosses qu'un tronc d'arbre, aussi longue qu'un palmier sont couchés dans trois sépulcres creusés sur la montagne des Francs.

Personne ne peut impunément en approcher. Ces hommes invulnérables, venus d'un pays lointain, ravagèrent l'Arabie pendant plusieurs années. Un jour, surpris par la fatigue, ils s'endormirent. Azraïl les toucha de sa baguette d'ivoire pendant leur sommeil, ils ne rouvrirent plus leurs yeux à la lumière. L'ange de la mort ordonna aux Bédouins de les ensevelir : ce qui ne fut pas facile, car à mesure qu'on couvrait ces cadavres avec de la terre, ils se redressaient sur leurs pieds et la rejetaient avec tant de violence qu'ils renversaient les malheureux condamnés à ce rude travail. Leurs trésors sont cachés dans une caverne. Il y a au-delà du Jourdain dans un rocher trois sépulcres de géants qui, rappelés momentanément à la vie, viennent frapper à coups d'épée les tombes des guerriers de la montagne des Francs qu'on entend proférer des paroles menaçantes. Allah, malgré sa puissance, ne pourra empêcher ces géants de se livrer de sanglants combats quand ils parviendront à se débarrasser de leurs chaînes. L'année qui précédera ces batailles sera malheureuse. La lutte durera longtemps et divisera les tribus du désert qui s'entre-détruiront.

Au bas de la montagne, je rencontrai un Arabe blâmant mon drogman de m'avoir conduit sur ces ruines, parce que, disait-il, je venais pour emporter les trésors qui y sont cachés. Tous ces nomades croient que nous avons des secrets pour découvrir l'or, l'argent enfouis sous les débris d'édifices anciens. Mon Arabe soupçonneux était accompagné d'un enfant doué de deux yeux superbes ; je lui fis donner le reste de mes provisions ; le père et le fils les dévorèrent rapidement. Personne ne sait ce que l'estomac d'un Bédouin peut contenir. Ces pauvres êtres vivent comme les oiseaux, de ce que la Providence leur envoie.

J'escaladai le versant qui domine l'oued Ourthas pour traverser le plateau qui le sépare de la vallée des Moines et j'arrivai à la porte du couvent de Bethléhem, où je trouvai le P. Jean, secrétaire du Custode de Terre-Sainte. Alinéba me quitta avec peine ; j'aurais désiré le conserver plus longtemps, car il fut pour moi non-seulement un guide, mais je dirais un ami. Je remontai à cheval et nous partîmes au galop pour arriver à Jérusalem avant la fermeture des portes.

Seul, sans escorte, sans firman, j'ai visité la région la plus mal famée de la Palestine. Persuadé que la Providence fournit à chaque pays le genre de nourriture qui convient à son climat, j'ai vécu comme les Patriarches, mangé du pain cuit sous la cendre, bu de l'eau des citernes ; j'ai été moins volé dans l'antique et toujours sauvage désert de Juda que dans les cités les plus populeuses et les mieux gardées de l'Europe. En quittant un hôtel, le voyageur qui se dispose au départ ne cause qu'un regret ; c'est toujours celui de n'avoir pu l'exploiter plus longtemps. Le Bédouin en me voyant partir m'a toujours adressé ce souhait si doux sur la terre étrangère : Massalami, bon voyage!

Je rapportai de mon excursion quelques insectes, beaucoup de fleurs, des échantillons de bitume, et enfin des souvenirs que je rappellerai quand ils seront seuls à me réconcilier avec la vie. Je venais de contempler des sites merveilleux, un pays étrange d'aspect, une végétation prodigieuse, et une terre désolée, digne de précéder l'Enfer du Dante, une région convulsionnée où les lignes tourmentées se poussant l'une sur l'autre sont brisées par des pics isolés, des mamelons, des soulèvements inattendus ; j'avais éprouvé une chaleur qui brûle tout, je m'étais reposé aux bords de fraîches eaux, aux pieds de douces et verdoyantes collines, de montagnes peu élevées, mais anormales par l'escarpement et les déchirures de leurs pentes ; j'avais pu étudier de près des gorges qui inspirent l'effroi ; j'étais entré dans des cavernes où reposent les ossements des géants ; j'avais contemplé une mer mystérieuse reposant sur un abîme de bitume, et c'est, je l'avoue, avec un profond sentiment de regret que je quittai cette contrée étrange, belle de contrastes, où l'homme aujourd'hui comme jadis s'enivre de plaisirs et de fureur, que la nonchalante paresse et l'énergie farouche se disputent, une contrée livrée par la Providence à diverses nations, jamais possédée paisiblement par aucune, ni par les tribus chananéennes que remplacèrent momentanément les Hébreux, ni par les Grecs, ni par les Romains, ni par les Ottomans à qui elle appartient maintenant par droit de conquête, mais qui n'osent y pénétrer, ni même par les Arabes vagabonds campés au milieu des ruines, paissant leurs troupeaux dans ses pâturages, mais toujours prêts à lever leurs tentes et à quitter ces solitudes sans y laisser une trace de leur passage. « Car, dit Poujoulat, l'Arabe du désert qui n'a pas connu la paix d'une demeure fixe pendant sa vie, ne connaît pas la paix de la tombe après sa mort : sa froide dépouille devient errante comme le fut sa propre vie. Le Bédouin se pose sur la terre comme l'oiseau du ciel, mais ne s'y attache pas. Après son trépas, le vent mêle ses cendres à la poussière qui tourbillonne et vous ne pourriez pas plus trouver son sépulcre que celui du vautour ou de l'épervier. »

En rentrant à Jérusalem, je répétai ces paroles d'un poète arabe : « Vie errante, vie enivrante, près d'Allah, loin des sultans. »

Littera quæcumque est toto tibi lecta libello.
Est mihi sollicitæ tempore facta via.

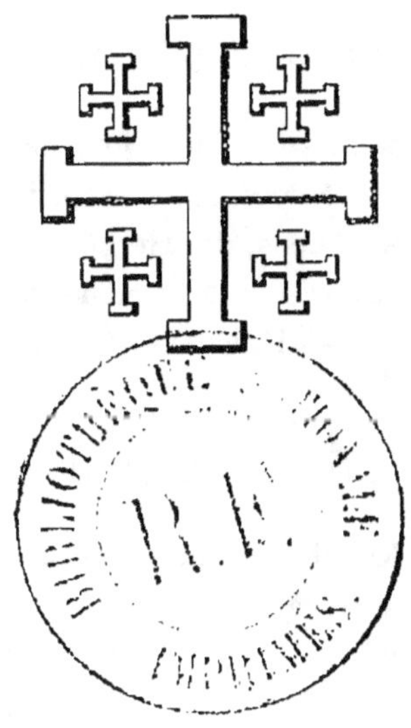

BIBLIOTHÈQUE R. F. IMPÉRIALE

TABLE DES MATIÈRES

CHAPITRE QUATORZIÈME

CHAPITRE QUINZIÈME

CHAPITRE SEIZIÈME

Lyon. — Impr. Alf. Louis Perrin. — 2-83.

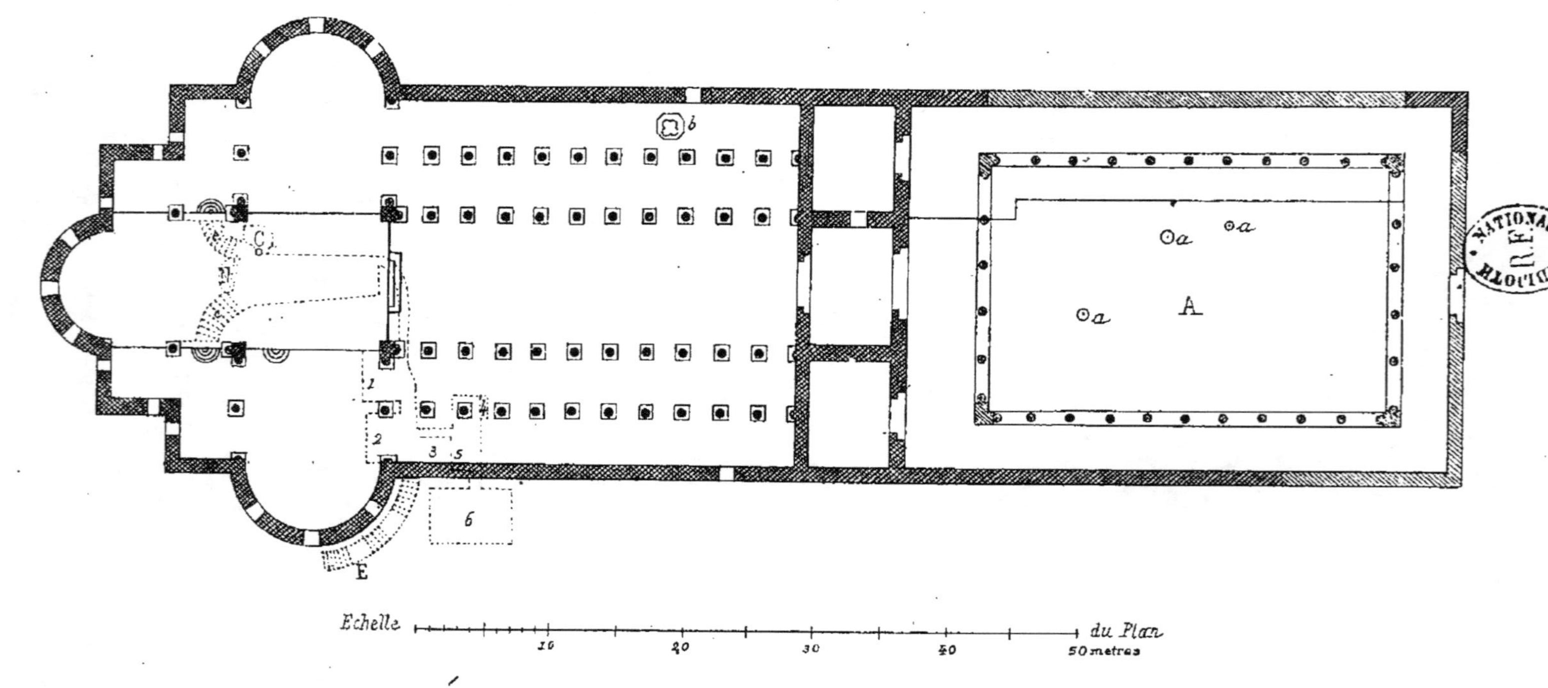

BETHLEHEM
BASILIQUE DE LA NATIVITÉ
Plan parterre & restauration de l'Atrium

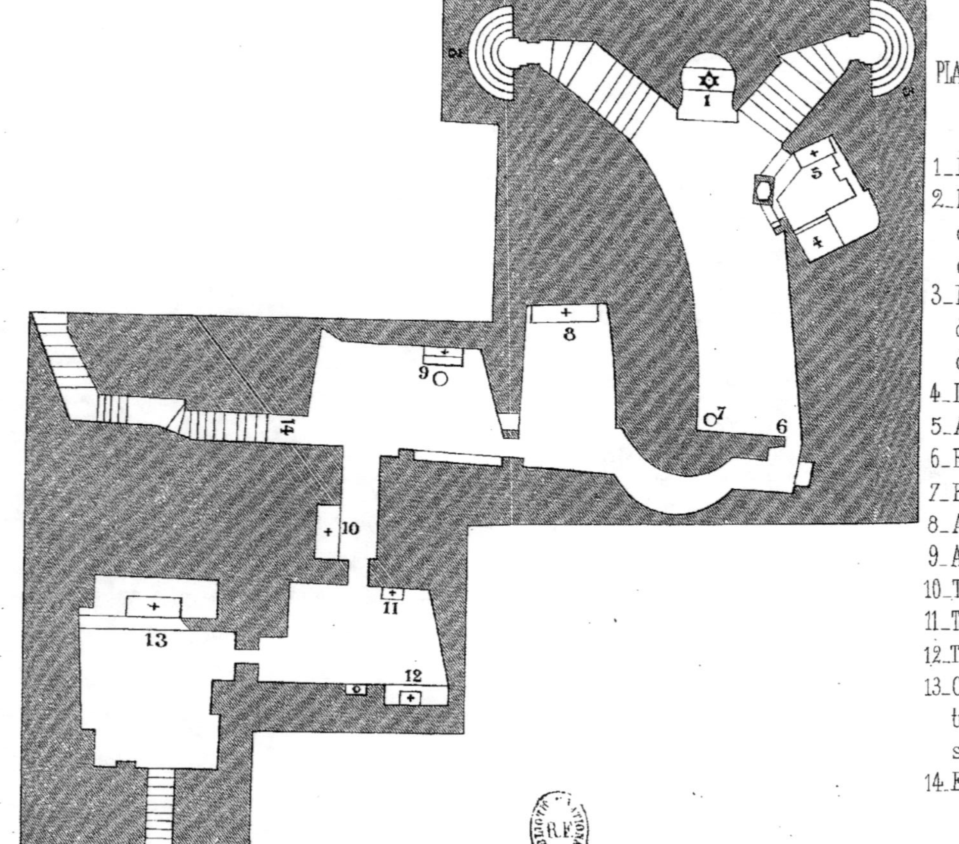

PLAN DE LA GROTTE DE LA NATIVITÉ

LÉGENDE

1_Lieu de la Nativité
2_Escalier du Nord conduisant du chœur supérieur de l'Eglise dans la Grotte
3_Escalier du Midi conduisant du chœur supérieur de l'Eglise dans la Grotte.
4_Lieu de la Crêche
5_Autel des Mages
6_Entrée occidentale de la Grotte
7_Puits ou Citerne
8_Autel de St Joseph
9_Autel des Innocents
10_Tombeau de St Eusèbe
11_Tombeau de Ste Paule et de sa fille
12_Tombeau de St Jérôme
13_Chapelle de St Jérôme ou il a traduit la Bible et composé ses ouvrages.
14_Escalier conduisant au couvent

IMP A ROUX, LYON

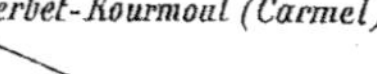
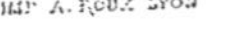

ESQUISSE DU LITTORAL DE LA MER MORTE
de Masada, Sebbeh à Engaddi, A'in Djeddi

IMP. A. ROUX LYON

BIBLIOTH · NATIONALE
R.F.

www.ingramcontent.com/pod-product-compliance
Lightning Source LLC
Chambersburg PA
CBHW051254060726
47596CB00001B/115